대림정사

유마거사

부처님께 모래를 밥인양 공양하는
전생의 어린시절의 아쇼카 왕(Ashoka)

3

「아쇼카 왕의 시토(施土) 인연상」

King Ashoka

마야데비 사원의 스투파 및 승원터

활안스님

붓다를 말하다

바이샬리에 떠오르는 아침햇살

베실리성에 나타난 일광삼존불(一光三尊佛)

간디스 강변에 지어진 역대 임금님들의 궁전들

부처님의 향실(기원정사)

기원정사 내의 아난다 보리수 나무(여기에 수다타장자가 금은전을 깔았던 곳이다.)

수닷타장자의 집터(사위성)

보리수 잎

부처님 어머니 마야부인을
제도한 지장보살

꿈을 꾸고 부처님을 찾아가는 쁘라세나짓왕

미래불 미륵보살 반가상

부처님이 잡수시던 우물(기원정사)

부처님 당시 꼬살라국의 수도였던 슈라바스티의 성터

흡혈귀 야차신

마음을 찾는 심우도(尋牛圖)

동방만월세계 약사부처님

지옥으로 끌려 들어가는 제바달다

제바달다(왼쪽의 돌을 들고 있는 사람)와 암살자들이 부처님을 죽이려 하는 모습

술취한 코끼리를 항복받는 부처님

비푸라 언덕(데바닷타 석실)

미륵보살(彌勒菩薩)에게 법을 설하는 석존(釋尊)

부처님께 수기한 연등부처님

인도 중앙박물관에 소장되어 있는 부처님 사리탑(신까삘라국에서 출토된 것)

11

부처님 열반상

부처님 열반탱화

파키스탄에 모셔져 있는 부처님 사리탑(원형)

각나라 사람들이 부처님 사리를 봉송하고 있다.

석가모니 부처님의 진신사리(眞身舍利)

사리를 분배받는 8개국 지도자들

천상에서 내려오시는 부처님 계단(삼도보계)

까삘라국에서 출토된 사리함

불상이 조성되기전 불교의 상징으로 숭배하던 삼보륜(三寶輪)과 석존의 터번

빔비사라 왕의 감옥터(영축산에 있다)

기바의사의 봉사지(영축산)

일본 묘법사 부처님(영축산)

인도 제12대조사 마명대사

인도 유학생 현장법사

영축산 전경

천태종개조 천태대사 지의대사

미소지으며 중생들을 접인하시는 부처님

하리티와 그녀의 남편 판치카(Pancika, left)

추천의 글

　불교는 석가모니 부처님께서 설하신 가르침입니다. 불교가 무엇인지 이해하는 데에는 무엇보다 먼저 불교의 교주이신 석가모니 부처님의 생애를 바로 이해하는 것이 중요합니다. 부처님의 생애를 모르고서는 불교의 진리와 정법을 알 수 없습니다. 2500년전 히말라야 샤카족의 작은 나라 카필라국에서 태어난 고따마 싯다르타 태자는 성스러운 깨달음을 얻고자 출가하고 수행하여 마침내 깨달음을 얻어 석가모니 부처님이 되셨습니다.

　석가모니 부처님은 역사적인 실존인물로서 우리와 같은 인생을 살다 가신 분입니다. 나는 누구인가? 살고 죽는다는 것은 무엇이며 인간의 고통은 어디서 시작되며 어떻게 하면 고통을 벗어날 것인가를 치열하게 연구하고 수행하신 분입니다. 석가모니 부처님의 깨달음은 온 우주의 진리로 세상을 밝게 비추는 등불이며, 강물을 건너는 배와 뗏목으로도 비유되고 있습니다. 그러나 부처님의 가르침은 너무도 신비스러운 존재로 알려져서 일반인들은 부처님을 신적인 존재처럼 생각하는 경향이 있습니다. 그래서 고단한 현실을 살아가는 보통사람들의 세상과는 동떨어진 분으로 여겨지고 있는 면도 있습니다. 세상과 우주의 이치를 깨달으신 이 인간 붓다 석가모니부처님의 생애는 많은 문헌과 유물 유적을 통해서 전해지고 있습니다.

　그렇게 방대한 자료 속에서 활안스님께서는 우리가 알기 쉽도록 아직 세상에 잘 알려지지 않은 일화를 바탕으로 이번에 책을 내셨습니다. 특히 불교방송 텔레비전인 BBS TV 프로그램인 '활안 스님의 붓다를 말하다' 방송을 통해 많은 시청자들에게 부처님의 생애와 가르침을 알기 쉽게 전달하여 호평을 받고 있습니다. 그래 서 불교방송을 통해 강의되었던 내용을 정리하고 보완하여 책으 로 출판을 하게 된 것입니다.

석가모니 부처님의 생애와 사상을 알기 쉽게 풀어주신 활안스 님께 다시 한 번 감사드리며 많은 분들께서도 꼭 읽어보시길 권해 드립니다. 이웃에게 부처님의 가르침을 전하는 전법의 공덕은 헤 아릴 수 없이 크다고 합니다. 이번에 출간된 '활안스님의 붓다를 말하다' 신간을 통한 포교와 전법이 우리 사회를 밝고 행복하게 하 는 보살행이 될 것을 확신하면서 추천의 말씀을 드립니다.

감사합니다.

BBS 불교방송 사장 이 채 원

머리말

　부처님의 역사를 정리하는 데는 부처님의 유언에 따라 8상성도를 기준으로 풀어가는 방법이 있고, 시간과 공간을 따라 교학적인 면에서 정리하거나 초시간 초공간적인 면에서 선적(禪的)으로 풀이하는 방법도 있습니다.

　① 도솔천에서 내려 오셔서
　② 룸비니에서 탄생하시고
　③ 네 문을 구경하시고, 생·노·병·사를 깨달아
　④ 성을 넘어 출가하시고
　⑤ 설산에 들어가 도를 닦고
　⑥ 보리수 밑에서 도를 깨닫고
　⑦ 녹야원에서 전법하시고
　⑧ 쌍림에서 열반하셨다

하는 방법이 8상성도이고,

　① 까삘라국에서 정반왕의 아들로 태어나
　② 7세부터 정상적인 교육을 받고
　③ 29세에 출가하여
　④ 35세에 성도하시고
　⑤ 45년간 설법하시고

⑥ 80세를 일기로 돌아가셨다

이것은 세속적인 이력을 통하여 인간 석가의 역사를 살펴본 교학적인 방법입니다. 그러나 진짜 법신 부처님의 입장에서 보면,

① 도솔천에서 한 발짝도 옮기지 않고 왕궁에 태어났으며
② 어머니 뱃속에서 태어나지 않고 일체중생을 다 제도하고
③ 49년 설법이 똥치고 제치는 방법이라, 녹야원에서 쿠시나가라까지 한 말씀도 하신 일이 없다고 한 방식으로 설법하신 것은 선적인 방법입니다.

그러면 이 가운데 어떤 방법이 옳으냐 하는 것 보다는 부처님이 이 세상에 태어나신 것은 중생을 제도하기 위한 수단과 방법이라, 하루도 의미 없이 사신 날이 없습니다. 그래서 성도 전 왕자로서의 삶은 일반적인 삶이고, 출가 후 고행정진하신 것은 수도인의 삶이나, 성도 후 45년 동안은 완전히 중생과 세상을 위해 사셨기 때문에 마흔 다섯 번의 안거를 통해서 무슨 일을 하셨는가를 불전을 통해 추적한 것이 "활안 스님의 붓다를 말하다" 입니다.

사실 아함경만 해도 100권 320경이 넘는데, 이를 다 이야기 한다는 것은 제한된 시간에 거의 불가능한 일이지만, 초기 원시근본불교를 대각불교의 정신에 입각하여 종합적으로 설명한 것이 이번 '붓다를 말하다'입니다.

그리고 대승불교경전은 후세 북인도, 파키스탄과 중국 그리고 티베트에서 조립된 것이므로 이번 강의에서는 거의 넣지 아니했으나, 특히 한국불교에서 크게 유행하고 있는 정토사상 가운데 미타정토사상과 미륵정토사상, 약사 · 신장 등 사상들은 근본불교의

입장에서 양념으로 조금 넣어 풀이해 보았습니다.

비록 2500여년의 세월이 흘러갔다 해도 부처님 유적지는 어떤 종교의 교주보다도 그 자취가 뚜렷하게 남아있어 지금도 계속해서 발굴되고 있습니다.

특히 인도에서는 우타르프라데시 주(州)에 있는 바라나시, 쿠시나가르, 쉬라바스티(기원정사), 상카시아가 중심이 되고, 이웃에 위치한 비하르 주에서는 보드가야, 사위성의 영축산, 나란다, 바이샬리가 중심이 되며, 국경을 넘어 네팔에서는 룸비니와 까삘라국이 중심이 되어 발굴되고 있습니다.

서양학자들은 고고학적 가치가 있는 자료를 중요시하고 있지만 부처님 당시의 생활여건을 고려해 볼 때 거대한 저택이나 대형 사찰 또는 관청건물이 아닌 이상에는 숲이나 공원, 강변이 중심이 되어 있었으므로 경전 속에 나타난 일화나 사건들은 당시의 승원이나 절·마을들을 배경으로 찾아보면 거의 확인될 수 있습니다.

45회의 안거 중 거의 20회까지는 잠시도 쉬지 않고 옮겨 다니셨기 때문에 중인도와 북인도 일대가 대부분 불교권의 영향 하에 있었다고 보아도 과언은 아닙니다. 1200명이 넘는 대중이 함께 유행했을 때는 거의 3천명에 가까운 수행원들이 따라 다녔으므로 거의 빠진 마을이 없을 정도로 포괄적이었다 볼 수 있습니다.

단지 이 글을 쓰고 연구하는데 가장 큰 애로는 지명과 인명 등을 우리말로 어떻게 표기하느냐 하는 문제였습니다. 한국은 2천년 이상을 한자 문화권 속에 들어있어 인도의 지명과 인명이 한문식으로 발음 되어 있는데 갑자기 산스크리트와 빨리어 발음으로 바꾸어 놓으면 쉽사리 이해할 수 없으므로 여기서는 적당히 배합하였습니다.

실로 부처님의 공덕은 무량합니다. 세계종교 인구의 양상으로 볼 때 불교, 이슬람교, 기독교 순으로 자리매김하고 있지만, 기독교는 이미 서양식불교에 로마의 정신사상과 이스라엘의 민족정신이 가미된 것으로 보아 그 바탕을 거의 불교에 두고 있으므로 전 세계 인구의 3분의 2가 불교 속에 있다고 보아도 과언이 아닙니다.

그런데 불교인들 자체도 내가 어느 정도의 불교 속에서 살고 있는지 조차도 깨닫지 못하고 있는 사람들이 많습니다. 그러므로 중국의 사회과학연구소에서는 50년 전부터 불교를 '우주과학'이라 판정하고, 철학적 과학적인 면에서, 사상과 학문, 정치적인 면에서까지 역사적 사실을 고증하고 인간적인 부처님을 신비 속에서 개발하고자 노력하고 있습니다.

같은 산스크리트어와 빨리어도 인도가 300년 이상 영어권에 속해 있었기 때문에 지명과 인명이 영문화된 것도 많이 있습니다. 그러므로 오랜 세월에 걸쳐 한문식으로 구전되어 온 대부분의 불전 속 지명과 인명을 한문식으로 발음 표기하면서 그 가운데서도 우리가 성지순례 때 알아두어야 할 곳은 영어와 빨리어 식으로 섞어 발음하였으니 이해해 주시기 바랍니다. 예를 들어 말씀드리면,
  ① 죽림정사를 웰루와나라 한다든지
  ② 가비라국을 까삘라국이라 한다든지

③ 왕사성을 라자가하

④ 사위성을 사왓티

⑤ 기수급 고독원을 제타동산 아나타삔디까라고 부르는 것 등입니다. 한편 인명에 대해서도,

① 석가모니를 쌰까무니라 한다든지

② 사리불을 싸리뿟따

③ 목건련을 목갈라나 라고 하면 얼핏 이해가 잘 아니 되는 면이 있으나 다양한 시대, 새로운 학문을 개척해가는 사회에서는 어쩔 수 없이 극복하여야 할 난제가 아닌가 생각합니다.

그동안 이런 것을 위해서 애써주신 서경수 박사님, 원의범 교수님, 이기영 박사님들께 감사드리며, 최근 들어서는 각묵스님, 최봉수 교수님, 전제성 박사님 등의 개척정신에 심히 감사드립니다.

부처님 45회 안거지 가운데 오늘날까지 확인된 20여 곳의 절들을 찾아 그곳에서 일어났던 사건들을 대강 정리해 보았습니다.

① 베나레스의 사슴동산 (鹿野園)

② 라자가하의 웰루와나 (竹林精舍)

③ 까삘라왓투의 니그로다 동산

④ 사왓티의 제타숲 아나타삔디까 (祇樹給孤獨園)

⑤ 웨살리 쿠타가라 승원 등 이름난 곳은 대강 다 찾아보았으며, 오늘날까지 원형상태로 보존되어 있는 것을 확인할 수 있었습니다.

그러나 33천의 옥좌나 바카지방의 수수마라숲, 고사가의 세 부호가 지은 세 채의 불당, 발로칼라나카의 우팔리봉토, 웨란자시 밖에 있는 님바나무숲, 늪지 속에 있었던 찰리카 승원, 안다숲의 불

탑, 알라위시의 야차동산, 직조공의 딸과 사냥꾼 쿡쿠타밋타를 제도한 찰리동산, 승원 등 아직 찾지 못한 곳도 많이 있습니다.

　그러나 오늘날 인도는 델리, 칼카타, 남부 항구도시 이외는 2,3천년전 원시형태를 벗어나지 않고 있기 때문에 더 이상 발전하여 원시적인 촌락이 무너지기 전에는 누구나 마음만 먹으면 모두 찾을 수 있다 생각합니다.

　인도정부 자체가 문화재 보호를 위해 안간힘을 쓰고 있으나, 불교유적지에 관한 한 고따마붓다 대학이나 뉴나란다 대학 출신만으로는 감당할 수 없기 때문에 여러 대학에 고고학과를 개설하고 문화재 인식능력을 키워가고 있습니다. 그러나 전례로 이름 있는 해당 지방대학의 학자들이나 민속학자들의 힘을 빌리지 아니 하고는 유적지를 찾는 인연은 그리 쉽지 않습니다.

　첫째는 불교에 조예가 깊고 대장경을 열람한 학자들을 만나야 하고

　둘째는 현지에 살면서 오랜 전통 속에 구전을 전해 받은 지식인을 확보하여야 하며

　셋째, 인도 고고학 학회 산하에서 일하는 불교문화재 전공학자들을 만나야 하기 때문입니다.

　저자는 열 여섯번이나 인도여행을 통해 많은 자료를 확인할 기회를 갖기는 했지만 더 이상 유적지가 자연훼손을 시작으로 인위적 파괴행위가 일어나고 있기 때문에 단 한 곳이라도 먼저 찾아야 되겠다는 생각 속에서 이런 말씀을 드리는 것입니다.

　지금은 그래도 빨리어를 시작으로 산스크리트, 그리고 그 지방 사람들이 사용하는 힌디어 등을 깊이 있게 연구 학습한 학자들을

우리나라에서도 많이 배출하고 있기 때문에 이들의 도움으로 기초 언어라도 익혀 나갈 수 있어 큰 다행이라고 생각합니다. 이전에는 한 해에 한 곳의 새로운 유적지도 발굴할 수 없어 불자로서 안타까운 마음을 어쩌지 못한 적도 있습니다.

그 동안 인도에 가서 삶의 터전을 마련한 한국스님들과 교포들, 그리고 현지 가이드들이 깊은 관심을 가지고 탐색하고 있으니 이 방송을 시청하는 여러분께서도 물심양면으로 협력하여 우리 부처님의 역사가 사실적으로 드러나 인류사상에 큰 빛이 될 수 있도록 도와 주시기 바랍니다.

심지어 불교는 종교를 초월한 종교로 사회적 윤리도덕이며, 또한 교육적인 방법을 초월해서 사람 같은 사람을 만드는 학문이라고 평가하고 있습니다. 말하자면 부처님의 지혜가 아니고서는 명리와 사랑, 욕락의 구렁텅이에서 벗어나지 못하고 있는 인류를 구제할 수 없다고 역설하는 사람들도 있습니다. 그런데 안타깝게도 불교를 하는 사람들은 불교의 탈을 쓰고 세속의 욕망 속에서 벗어나지 못하고 있기 때문에 불교가 시대상황에 뒤떨어진 종교로 평가되고 있다고 지탄하는 사람들도 있습니다. 이것은 일선지도자들이 귀담아 들어야 할 21세기의 율문이라 생각합니다.

그 동안 여러 가지로 부족한 방송을 끊임없이 들어 주시면서 격려해 주신 여러분과 BBS불교방송국 제작진 여러분과 추천서를 써 주신 불교방송 이채원 사장님께 다시 한 번 감사를 드립니다.

불교 2557년 4월 BBS TV 강의를 시작하면서
활 안 한 정 섭

목 차

제31강 가섭존자와 3처전심

1. 하금사의 아들 필발라 마납

가섭 존자는 큰 가섭이라 불리었습니다. 불제자 가운데는 우루빈나가섭, 가야가섭, 나제가섭의 3가섭과 십력가섭 등이 있었기 때문에 '마하'라는 말을 앞에 붙여 구별하였습니다.

'대가섭'은 마가다국 사람으로 '필발라 마납'이라 불렀으며, 니구율장자의 아들입니다. 부처님께서 성도하신 뒤 한참 있다가 불교에 귀의, 두타행으로 일생을 지냈기 때문에 "두타제일 가섭 존자"라 불렀습니다.

성은 바라문이고 아버지는 음택(飮澤), 어머니는 향지(香至)로서 대대로 하금사(鍛金師 ; 금으로 목의 투구를 만드는 사람)를 하여 부자로 잘 살았습니다. 그러나 자식이 없어 3년 동안 니구율나무에게 삼생(三牲)으로써 기도하였으나, 그래도 기미가 없자 7일을 예약하고
"그래도 아이가 생기지 않으면 내 나무를 베어 거리에 버리겠다."

하였는데, 마침내 태기가 있어 아들을 낳았습니다. 관상쟁이가 보고 말했습니다.

"이 아들은 범천인이 탄생한 것이니 청정을 본위로 삼고 세상락을 즐겨하지 않겠습니다. 때가 되면 출가할 것이니 억지로 말리지 마십시오."

아버지는 아침부터 저녁까지 돈 거래를 한 사람들의 명단을 점검하고, 빚을 갚은 사람들에게는 상을 주고 갚지 못한 사람들에게는 벌을 내려, 항상 그의 집안이 장터처럼 붐비었습니다. 그래서 그는 이런 생각을 하였습니다.

'나도 장차 크면 저 일을 계승하여야겠다.'

그러나 생각해 보면 빚을 갚지 못한 사람들이 노예가 되어 학대를 받는 모습을 볼 때,

"진실로 사람이 할 일이 아니다. 그런데 나는 어찌하여 이렇게 피부까지 하얗고 금빛 나는 모습을 가졌는가. 아이들은 나만 보면 너희 아버지는 따로 있을 것이라 하며 놀려대는데, 진짜 우리 아버지는 어느 다른 곳에 있다는 말인가."

하고 의심하였는데 그 후 얼마 있다가 아버님께서 명령하였습니다.

"네 나이 성년이 되었으니 이제 결혼하여 자손을 보도록 하여야겠다."

"아버님. 장가가는 것은 어렵지 않으나 나와 똑같은 아들을 낳아 남의 놀림감이 될까 두렵습니다."

"세상 일이 어찌 마음대로 되겠느냐. 전생의 업보로 그리 된 것을!"

"만약 저와 똑같은 여인을 만난다면 결혼해도 좋지만, 그렇지 아니하면 결혼하지 않겠습니다."

"네가 정히 그렇게 생각한다면 내 매파를 놓아 알아보겠다."

아버지는 아름다운 여인상을 금으로 만들어 매파에게 주면서 말하였습니다.

"누구고 이 상을 좋아하면 좋은 남편감이 생긴다고 하라. 만일 우리 아들이 좋다는 사람이 나타나면 나에게 말하라."

이에 매파가 바라나시에 갔다가 한 부호의 8남매 가운데 막내가 황색을 가진 것을 보고 찾아가 중매하였습니다.

그 때 당시는 신랑 신부가 맞선을 보지 않고 양가의 아버지끼리 선을 보고 결정하면 그만인데, 이 두 사람은 피차의 의심을 풀어주기 위해 맞선을 보고 결혼하였다고 합니다.

마하가섭이 물었습니다.

"그대는 어려서부터 놀림을 당하지 않았습니까?"

"문밖출입을 하지 못했습니다."

"그렇다면 우리 둘 사이에서 난 아이들도 그럴 것이니, 제2세에게까지 그런 참괴심을 물려주지 말고, 우린 결혼하더라도 아기를 낳지 않도록 합시다."

"좋습니다. 저도 오랜 세월 그런 것을 고민해 왔습니다. 그러나 부모님께서 굳이 결혼해야 한다고 해서 결혼 후에 남편께서 허락한다면, 장차 출가하여 비구니가 되기를 희망하였습니다."

"어쩌면 생각이 그렇게 비슷한지 모르겠습니다. 나도 부모님께서 종용하여 결혼을 하기는 하지만, 부모님께서 돌아가신 뒤에는 출가하여 사문이 되고 싶습니다."

이렇게 하여 두 사람은 결혼하여 한 방에서 자면서도 형제처럼 다정하게 지내도 육체적인 관계를 갖지 않았다고 합니다. 결혼한 지 20년이 되도록 아이가 없어 부모님께서는 다시 또 다른 여자를 얻으라고 하였지만, 말씀을 듣지 않고 오직 두 부모님만을 지극 정성으로 모시다가, 두 부모님께서 돌아가신 뒤에는 바라문교의 비구 비구니가 되었습니다.

그들은 출가 전 부모님께 물려받은 모든 재산을 노예들에게 돌려주고, 자신들은 유단 옷 한 벌과 옥발우 하나씩만 가지고 떠났습니다. 출가 후에는 원래 어려서부터 익혔던 베다의 경전들을 더 구체적으로 익히고 넓혀 바라문으로서의 자질을 깊이 있게 다듬어 갔습니다.

〈잡비유경 제4권〉

2. 다자탑전 반분좌

그런데 하루는 웨살리성 다자탑 앞을 지나다가 부처님께서 천이백 대중에게 인천법문하시는 것을 보고,

"거룩하신 부처님, 제자가 왔습니다."

하니 부처님께서

"가까이 오너라."

하였습니다. 가까이 가서 보니 부처님은 누더기를 입고 있고, 자신은 유단 옷을 입었는지라 그것을 벗어 부처님께 드리니 부처님은 친히 받아, 그것을 자리에 깔고 반만 앉고 반을 남겨 가섭 존자에게 앉게 하시며,

"나에게 있는 정법안장 열반묘심을 그대에게 부촉한다."

고 하였습니다. 바른 진리는 네 눈 속에 있고, 영원한 평화는 네

마음 속에 있다는 말입니다. 모든 대중은 망연하여 그 뜻을 알지 못하고 있었으나 당시 교수사로 있던 사리불과 목건련은,

"아, 부처님의 법이 가섭 존자에게 전해지고 있구나."

어렴풋이나마 짐작하고 있었습니다. 그것은 인격적으로 볼 때 는 사리불 목건련이 훨씬 뛰어났지만, 부처님은 그들이 부처님보 다 먼저 이 세상을 떠나 대중을 거느릴 수 없다는 것을 알고 있었 기 때문입니다. 이렇게 하여 부처님께 법을 받은 가섭 존자는 털 끝만큼도 계를 어기지 않고, 불도를 닦아 범행제일 가섭 존자란 칭 호를 받게 되었습니다. 인천법문은 5계 10선 법문입니다.

'다자탑'이란 아들 많은 사람의 탑이라는 말입니다. 한 장자가 아들 60명을 두었는데, 집에만 들어가면 서로 '우리 아버지', '우리 남편' 하며 많은 가족들이 귀찮게 하였으므로 40살이 넘어서는 산 에 가서 명상으로 시간을 보냈습니다.

그런데 하루는 마을사람들이 나무하러 왔다가 나무 하나를 베 어 거꾸로 끌고 가면서 몸부림치자, "세상 살기가 저렇게 어렵구 나." 하였는데, 며칠 있다가 한 사람이 와서 똑같은 나무를 베어 가 지를 다 베어 버리고는 나무만을 메고 가는 것을 보고, "나도 저렇 게 가지를 추려버리고 살아야겠다." 하고는 그날부터 말을 하지 아니했습니다.

그랬더니 애들이나 부인들이 더욱 화합하여 잘 살아 죽은 뒤 "우리 아버지는 성자처럼 사셨으니 사거리에다 탑을 세워주어야 한다." 하고는 탑을 세우고 탑 이름을 '다자탑'이라 하였습니다. 그 후 가족들은 각자가 나무 하나씩을 탑 주위에 심어 마침내 주위

6km가 넘게 대공원이 형성되어 지나가는 사람마다 쉬어가고 새들의 보금자리가 되었습니다. 그래서 부처님도 1200명의 대중을 거느리고 그곳에서 머물렀던 것입니다.

그러나 마하가섭이 부처님께서 법을 받았으나 당시 출가한 비구, 비구니들은 그러한 두타행을 좋아하지 아니했으므로, 그의 법문까지도 들으려 하지 아니했습니다.

부처님께서 기수급고독원에 계실 때 가섭 존자에게 말씀하였습니다.
"그대도 나와 같이 설법하라."
"예. 감사하신 말씀입니다만 요즘 비구들은 가르치기 어렵습니다. 법을 듣고도 잘 참지 못하기 때문입니다."
"누가 그런 사람이 있는가?"
"아난의 제자 반두와 목건련의 제자 아부비 같은 분들이 그런 무리들입니다."
부처님께서는 그들을 불러 확인하시고 꾸짖으신 뒤 착한 법을 열심히 듣고 믿고 행할 것을 경계하였습니다.

가섭 존자의 도반 바타도 원래는 바라문교의 비구니가 되어 고향(베나레스) 부근에서 살았으나 가섭존자가 불교에서 귀의하였다는 소식을 듣고 불교에 돌아와 숙명통을 얻어 자신의 얼굴이 희고 밝은 것은, 전생에 부처님의 탑을 수리하고 탑 주위를 청소한 데 원인이 있다고 알고 부모를 원망하지 아니했습니다.

이렇게 전생 일을 안 바타 비구니가 환희에 차 있다는 사실을 아

신 부처님께서는

"바타 비구니는 무수한 전생 일을 아는 제일가는 비구니다."

라고 칭찬하시고,

"바타의 본 이름은 묘현이고, 가섭 존자는 그의 아버지 니구율이 필발라 나무에 대고 빌어서 얻었기 때문에, 본 이름을 필발라라 불렀다."고 말씀해 주었습니다.

옛사람이 시를 지어 찬탄하였습니다.

아금신해선근력(我今信解善根力)
급여법계연기력(及與法界緣起力)
불법승보가지력(佛法僧保加持力)
소수선사원원만(所修善事願圓滿)

내가 믿고 알고 닦은 힘과
법계의 연기력
그리고 불 · 법 · 승 3보의 가지력으로
닦은 바 선사 · 원행이 원만히 이루어졌다.

3. 영축산의 염화미소

그리고 영축산에서 법화경을 설하실 때는 천녀가 바친 꽃을 부처님께서 가만히 들어 대중에게 보이시니 백만 대중은 망연하였으나, 오직 가섭 존자가 은근히 미소 지었기 때문에 '영산회상 염화미소(靈山會上 拈花微笑)'라는 말이 생기게 되었습니다.

꽃을 본 가섭존자가 왜 방긋이 웃었을까요. 어떤 사람은 배고픈

고기가 낚시 밥을 먼저 문다고 하는 사람도 있지만 그 꽃은 꽃과 열매가 동시에 이루어지면서도 처염상정(處染常淨)하기 때문에 불성의 원리를 깨닫고 웃었다 하는 사람도 있습니다. 그러나 거기에 너무나 깊은 의미를 부여하지 말고, '기쁘면 웃고, 슬프면 운다'는 평범한 진리를 생각해 보십시오. 그래서 옛사람이 시를 지었습니다.

"보살제화헌불전(菩薩提華獻佛前)
유래차법자서천(由來此法自西天)
인인본구종난시(人人本具終難恃)
만행신개대복전(萬行新開大福田)

보살이 꽃을 들어 부처님께 바친 것은
서천(인도)에서부터 시작된 것이다.
사람 사람이 마음의 꽃을 가지고 있는 것 믿는 사람이 드문데
육도만행의 대복전이 이로부터 개척된 것이다."

하는 시 입니다. 그래서 부처님은 법화경 수기품에서
"대가섭은 장차 3백만 나유타 부처님을 친근 공양하고, 큰 법을 펴다가 성불하면 광명여래(光明如來)가 될 것이다."
라고 예언하였습니다. 이것은 전생에 바타와 함께 부처님의 탑 주위를 늘 청소하고 불상에 개금을 한 인연입니다.

사리불은 가섭 존자보다 먼저 출가하여 선배 교수사로 있었지만, 종종 가섭 존자를 만나면 의심난 것을 물었습니다. 마하가섭이 바라나시 이씨빠따나의 미가다야에 계실 때 저녁 무렵 홀로 선

정에 들었다가 마하가섭이 있는 곳으로 가서 물었습니다.

"노력을 기울이고 섬세하게 느끼면 올바른 깨달음을 얻고 열반에 들어 평화를 얻을 수 있습니까?"

"그렇습니다. 이미 생겨난 악을 끊고 아직 생겨나지 않은 악도 생겨나지 않게 하면 불리할 것은 없습니다. 이미 생겨난 선을 불어나게 하고, 생겨나지 않은 선을 생겨나게 하면 여러 가지 유리한 일이 생겨날 것입니다. 그러니 무엇이든 거칠게 하지 말고 섬세히 하여 반드시 이루어질 수 있게 하십시오."

"한 가지 더 묻겠습니다. 여래께서는 사후에도 존재합니까?"

"그런 말씀 한 것을 듣지 못했습니다. 왜냐하면 그것은 깨달음에 도움 되는 것도 아니고, 신통을 위한 것도 아니며, 열반을 얻는 것도 아니기 때문입니다."

"그렇다면 부처님은 주로 무슨 말씀을 하셨습니까?"

"고통에 관한 문제, 고통의 원인에 관한 문제, 고통을 없애고 열반을 증득하는 문제에 대하여 말씀하시는 것으로 압니다."

그런데 이렇게 서로 문답을 주고받으며 공경하고 사랑하는 사람들이 있는가 하면, 가섭 존자가 너무 남루한 옷을 입고 어려운 사람들만을 보살피고 있는 것을 보고, 업신여기는 사람들도 있었습니다.

한 번은 가섭 존자가 밥을 얻으러 가지 않고 어여쁜 여자에게 밥을 얻어먹는 광경을 보았습니다. 한 스님이 부처님께 일렀습니다.

"부처님, 부처님. 가섭 존자가 늙어가지고 젊은 여인과 환담을 나누며 밥을 먹고 있습니다."

"아니다. 그 여인은 사람이 아니고 천녀이다. 지금으로부터 석

달 전 가섭 존자가 탁발을 나갔다가, 목숨이 얼마 남지 않은 거지 여인이 이웃집 뜨락에서 흘러나오는 뜨물을 받아 끓여 마시려는 것을 보고 발우를 내밀었다. 당황한 여인은 우선 자신이 나체인 것을 느끼고 울타리 밑으로 몸을 숨긴 뒤 말했다.

'거룩하신 이여, 이것은 쉰 뜨물이기 때문에 드실 수 없습니다.'

'괜찮다.'

여인은 자신을 시험하는 줄 알고 속으로

'먹지도 않을 것이면서…'

하고는 그 뜨물을 발우 속에 부어주었습니다. 그런데 가섭 존자는 그 자리에서 그것을 다 마셨습니다. 원래 스님들은 탁발한 물건을 많건 적건, 좋건 나쁘건 반드시 절로 가지고 와서 나누어 먹게 되어있는데 그 자리에서 마셔버리자,

'아, 이것은 장난이 아니었구나.'

하고 뉘우쳤습니다. 그 때 가섭 존자가 물었습니다.

'그대의 소망이 무엇인가?'

'천제(天帝)의 과는 차마 생각할 수 없고, 하늘나라에 태어나 먹고 싶은 음식이나 먹고, 입고 싶은 옷을 마음대로 입고, 누구에게나 보시하고 싶은 것이 있으면 마음대로 보시할 수 있었으면 좋겠습니다.'

'그래. 그대의 소망이 반드시 이루어지리라.'

하고 축원해 주었는데, 그녀는 그 뒤 얼마 있다가 죽어 도리천에 태어났고, 태어나자마자 온갖 진미(珍味)가 눈앞에 전개되자,

'이것이 무슨 복인가.'

생각하다가 가섭 존자에게 뜨물 한 바가지 공양한 공덕임을 알고 '내 반드시 이 음식을 가지고 가서 가섭 존자에게 먼저 공양하겠다.' 하고 내려와 공양한 것이다. 아마 3일 동안은 가섭이 탁발

가지 않으리라."

그래서 대중스님들은 비로소 그 의심을 풀고, 가섭 존자의 두타
행에 대하여 더욱 공경심을 가지게 되었습니다.

4. 12두타

① 인가를 멀리 떠나 숲이나 광야의 한적한 곳에 살고,

② 항상 음식을 빌어서 생활하며,

③ 빈·부를 가리지 않고 평등심으로 차례로 밥을 빌고,

④ 한 자리에서 먹고 거듭 먹지 않으며,

⑤ 발우 안에 든 것만으로 만족하고,

⑥ 정오가 지나면 과일즙이나 석밀 등도 마시지 않으며,

⑦ 헌옷을 빨아 기워 입고,

⑧ 상·중·하 3의 이 외는 아무것도 쌓아두지 않으며,

⑨ 공동묘지 옆에서 무상을 관하고,

⑩ 나무 아래 있는 곳에서 만족을 느끼며,

⑪ 습기·새똥·독충을 피해 노지(露地)에 거쳐하고,

⑫ 앉기만 하고 눕지 않는 것이 그것입니다.

가섭 존자는 늘 이렇게 살다보니 잘 입고 잘 먹고 잘 자는 사람
들이 함께 하기를 꺼려하였습니다.

특히 비구니 스님들은 이 같은 생활을 하기 어려웠고, 아난존자
와 같이 부처님을 시봉하며 총명예지한 사람들에게 법문을 듣던
사람들은, 가섭 존자를 보면 옷에 때가 묻을까 가까이 하기를 싫어
하였습니다. 하루는 부처님께서 비구니 스님들에게 가서 법문하

라고 하여 할 수 없이 갔습니다.

그런데 한 비구니가 꾸짖었습니다.

"어떻게 당신이 우리 스님(아난존자)과 같이, 청정한 큰스님이 있는 곳에 와서 법문할 수 있습니까?"

"나도 부처님의 한 제자이고, 부처님께서 주신 옷을 입고 부처님의 말씀을 따라 왔다."

하는 데도 화를 내고 법문을 듣지 않으려 하자, 장차 이 일이 대중공사에 붙여져 그를 체탈도첩하고, 나머지 비구니들을 경계한 일이 있습니다.

5. 곽시쌍부(廓市雙趺)

시인 방기사스님이 가섭 존자를 찬탄하였습니다.

"온갖 탐욕을 끊고
세간에 쌓인 번뇌 완전히 벗어났네.
원수 악마 항복받고 시끄럽고 속된 무리 여의었으며
5욕을 벗어 고요한 맘 익혀 맑고 빈 마음 욕심 없어라."

그렇지만 마하가섭은 누구의 칭찬이나 헐뜯음에 관계없이, 항상 청정한 마음으로 500비구를 거느리고 살다가, 부처님께서 열반에 드신 뒤에는 큰 상제로서 초상을 잘 치르고자 쿠시나가라로 갔습니다.

그런데 부처님께서 관 밖으로 두 다리를 쭉 뻗어 내보이셔서 이것을 곽시쌍부(廓示雙趺)라 하고, 이를 3처전심의 하나로 추존하였습니다. 그러나 가섭존자는 자기에게만 특별히 보인 것이 아니라 모든 불자들에게 "내 발자국을 보고 살아라" 한 것을 나타내 보인 것이다 하고, 왕사성 칠엽굴에서 경·율 2장을 편집하였다고 합니다. 그리고 다음과 같은 전법게를 아난존자에게 주었습니다.

법법본래법(法法本來法)
무법무비법(無法無非法)
하어일법중(何於一法中)
유법유불법(有法有不法)

법이라는 법의 본래 법에는
법도 없고 법 아닌 것도 없다.
어찌 한 법 가운데
유법 불법이 있겠느냐?

<아육왕경·미륵하생경>

영축염화시상기(靈鷲拈華示上機)
긍동부목접맹구(肯同浮木接盲龜)
음광불시미미소(飮光不是微微笑)
무한청풍부여수(無限淸風付與誰)

영축산에서 상기에게 꽃을 들어 보이니
눈먼 거북이 구멍 뚫린 나무 만난 것 같네
음광(가섭)만약 미소를 짓지 않았다면
한없는 맑은 바람을 누구에게 전했으리…

제32강 앙굴라말라와 청정태자경

1. 살인귀 앙굴라말라

부처님께서 싸밧티시 제타 동산에 계실 때 살인귀가 나타났습니다. 부처님께서 막 탁발하여 공양을 마치고 있었는데 비구들이 달려오며 말했습니다.

"살인귀가 나타났습니다. 보는 사람마다 찔러 죽이고 그 손가락 하나씩을 잘라 목에다 꿰미로 꿰어 걸고 다닌다 합니다."

부처님은 이 말을 듣고 내가 아니면 그를 구할 수 없다는 생각을 가지고 발우와 가사를 들고 그가 있는 곳으로 천천히 걸어갔습니다. 소 치는 사람들이 말했습니다.

"부처님, 그 길로 가시면 아니 됩니다. 살인귀가 뛰어 오고 있습니다."

부처님이 천천히 걸어가시자 살인귀가 보고 소리쳤습니다.

"사문아, 게 섰거라."

"나는 언제나 서 있지만 네가 서지 못하고 있구나."

앙굴라말라는 그 소리에 깜짝 놀라 쳐다보니 다른 사람이 아니라 부처님이었습니다. '모든 사람들은 자기만 보면 다 도망치는데 어찌하여 저 사람은 나를 보고도 내 앞으로 다가오고 있는가' 하고 칼을 던지고 엎드렸습니다.

"거룩하신 부처님, 살인귀 앙굴라말라가 예배드립니다."

"일어나라. 누가 그대를 이렇게 만들었는가?"

"저의 스승 때문입니다."

"남을 핑계하지 말라."

2. 스승의 부인 쫑가녀

아힌샤캬는 계속해서 말했습니다.

"저는 홀어머니 밑에서 있다가 열한 살에 바라문교에 입교하였습니다. 12년 동안 교육을 마치고 선생님의 신복 제자로 시봉을 하고 있었는데, 선생님께서 먼 길에 초대를 받아 가시면서 젊은 사모님에게

"당신을 보호할 만한 제자 한 사람을 선택하라."

하여 제가 선택되었습니다. 그런데 그 날 저녁 사모님과 오직 제가 집을 지키고 있었는데 사모님께서 저에게 특별히 공양을 준비하여 대접해 주시면서 말했습니다.

"아힌샤카님, 아힌샤카님은 외롭지도 않으세요. 나는 80이 넘은 노인을 이 젊은 나이에 모시고 살다보니 한 가지도 만족한 것이 없습니다."

"그런 말씀 하지 마십시오, 그런 말씀하시면 스승님께 큰 죄를 짓습니다."

"아닙니다. 사실이 그러한데요. 이것은 스승님도 잘 알고 계시는 일입니다. 오늘 저녁 한가한 밤을 가졌으니 우리 둘이서 재미있는 밤을 보내십시다."

하고 차를 권했습니다.

"이것은 평상시 선생님께서 즐겨 드시는 차입니다. 차 한 잔만 들어 보세요."

향기가 진동하여 기쁜 마음으로 받아 마셨는데 천지가 뱅뱅 돌기 시작하였습니다. 그것은 차가 아니라 쏘마주에다 흥분제를 탄 것이었습니다.

"어, 이상한데."

하고 자리를 뜨려 하자 사모님은 목을 어깨로 껴안고 입을 맞추었습니다.

"안 돼!"

하고 소리치자 벌써 그 어깨는 허리를 감았습니다. 아힌샤카는 온 힘을 다하여 뿌리치고 일어서면서

"이 독사보다도 무서운 손, 이 손에 걸리면 죽지 아니하면 죽음보다 더 무서운 병에 걸립니다."

하자 사모님은 논리적인 언변으로 설득했습니다.

"아힌샤카님, 종교가 무엇입니까. 모든 중생의 고통을 벗겨주고 소망을 들어 주는 것 아닙니까. 나는 오래 전부터 아힌샤카님을 향한 사랑의 목마름에 불타 있었고 오직 당신의 품에 안기는 것이 소원이었습니다. 저의 소망을 들어 주세요."

하고 몸을 맡겼습니다. 그런데 아인샤카는 무정하게도 그를 뿌리치고 나와 욕했습니다.

"구렁이보다도 더 징그러운 년!"

이 소리를 들은 여인은

"뭐라고, 나는 그대를 사랑하는데, 그대는 나를 저주해! 반드시 나는 그대에게 복수하고 이 세상을 하직할 것이다."

하고 그곳에 있는 술을 다 마셔 버리고 미친 듯이 날뛰다가 그만 잠이 들었는데 이틀이 되어 남편과 그의 제자들이 집에 도착한 뒤에야 겨우 깨어났습니다.

3. 쫑가녀의 이중 복수

스승님이 걱정이 되어 물었습니다.

"이 어찌된 일이요?"

"아힌샤카가 나를 이 지경으로 만들었습니다."

화가 난 스승은

"잘 보호하라고 선택해 놓은 제자가 이 무슨 짓이람!"

하고 당장 칼을 가지고 와서 그를 치려 하였습니다.

그때 여인이 말했습니다.

"여보, 당신은 80살이 넘은 노인으로 죽음이 얼마 남지 아니했는데 사람을 죽이고 죽으면 악도에 떨어질 것이고, 늙어서 스승님이 제자를 죽였다 하면 그 명예가 땅에 떨어질 것입니다. 그러니 아힌샤카가 스스로 죽게 하세요."

"어떻게 스스로 죽게 한다는 말이요."

"아힌샤카가 우리 집에 와서 12년 동안 공부한 것은 깨달음을 얻기 위한 것이었는데 지금 깨달음이 머리끝까지 차올랐습니다. 내일 정오까지 사람 100명을 죽여 그 손가락으로 염주를 해 걸면 성불한다고 일러보세요. 죽기는 마찬가지이기 때문에 반드시 그렇게 할 것입니다. 그러면 관청에서 와서 그를 살인귀로 체포하여 사형시킬 것이니 그렇게만 된다면 당신은 손 하나 까딱하지 않고도 목적을 달성하게 될 것입니다."

사실 이 여인은 두 가지 복수를 생각하고 있었습니다. 사랑하고 싶지 않은 사람을 사랑해야 하는 고통, 사랑하는 사람을 사랑하지 못하고 마지막엔 다른 사람에 그 사랑을 빼앗긴다는 안타까운 심정이 있었기 때문에 그러한 복수를 생각하게 된 것입니다.

그런데 이 미련한 영감님은 그런 속도 모르고 멍청하게 넘어가 이튿날 아침 아힌샤카를 불렀습니다.

"너는 그동안 내 집에 있으면서 제자로서 성실하게 살아왔는데 내가 보니 너의 도가 머리끝까지 차올라 오늘 정오가 되면 툭 터질 것 같은데 한 가지 조건이 있다."

"무슨 조건입니까?"

"사람으로서는 대단히 실천하기 어려운 조건이다."

"도라고 하는 것이 아무렇게나 얻어지겠습니까? 스승님의 말씀은 내 목숨을 버려서라도 꼭 실천하겠습니다."

"너만 희생되면 좋은데 많은 사람들이 희생될 것 같다."

"그래도 이 세상에 태어나 한번쯤은 도를 깨달아 보고 죽고 싶습니다."

"그렇다면 후회 없이 꼭 실천하겠느냐?"

"예, 원망하지 않고 꼭 실천하겠습니다."

스승은 자리 밑에서 날카로운 칼을 내어 주면서

"이것으로 사람을 죽여 손가락을 베어 목에 걸되 정오까지 백명을 채워야 한다."

"예!"

하고 뛰쳐나간 아힌샤카는 사람을 보는 대로 죽여 99명에 달했습니다. 마지막 한 사람만 죽이면 되는데 뒤에서는 어머니가 나타났고 앞에서는 부처님이 나타나 만난 것입니다.

4. 스님이 되어 산모를 구한 앙굴라말라

그때 군인들이 주위를 에워쌌습니다.

부처님께서 말씀하셨습니다.

"이 살인귀를 부처님이 데리고 갔다 하면 임금님께서 좋아할 것이다."

군인들이 가서 임금님에게 사뢰니

"참으로 희한한 일이다. 내일 날이 밝으면 부처님께 가서 그 살인귀를 내 눈으로 확인하리라."

그런데 부처님은 아힌샤카를 데리고 와서 목욕시키고 그의 소원대로 스님을 만들었습니다.

아침이 되니 모든 스님들과 같이 앙굴라말라도 3의를 입고 발우를 들고 탁발을 나가게 되었습니다.

그런데 몇 발짝 걸었는데 인가 몇 채가 있어 들어가니 남자 한 분이 마당에서 서성거리다가 사정했습니다.

"스님, 우리 마누라를 구해 주십시오. 어제부터 아기를 낳으려 하다가 살인귀가 나타났다는 말을 듣고 아기가 위로 올라 붙어 숨을 몰아쉬고 있는데 무슨 방법이 없겠습니까?"

"나는 신참 비구라 잘 알지 못하오니 우리 선생님께 가서 물어 가지고 오겠습니다."

하고 발우를 땅에 놓고 달려갔습니다.

스님은 아무리 바빠도 길거리에서는 발우를 손에서 놓지 않게 되어 있고, 달리지 않게 되어 있는데 발우를 놓고 뛰는 것을 보고 사람들이 의아하게 생각하였으나 아힌샤카는 아무 생각 없이 가서 부처님께 물었습니다.

"부처님 부처님, 지금 산모가 죽게 되었는데 어떻게 하면 살릴 수 있겠습니까?"

"음, 간단하다. 네가 그 집에 가서 문지방에 卍 자를 손으로 그리고 '나는 태어난 이후로부터 사람을 한 사람도 죽인 일이 없습니다.' 하고 크게 세 번만 외쳐라. 이것이 사실이라면 곧 아이를 낳게 될 것이다."

"부처님 무슨 말씀이십니까? 어제 제가 99명의 목숨을 끊었는데…"

"그것은 네가 속인으로 있었을 때 이야기이고 출가한 뒤 스님이 된 이후로 사람을 죽인 일이 있느냐?"

"없습니다."

"그렇다면 어서 가서 큰 소리로 외쳐라."

그는 정신없이 달려가 부처님이 시키는 대로 한 번 외치고, 두 번째 소리에 이어서 세 번째 소리가 끝나기 전에 방안에서 아기 울음소리가 들려왔습니다. 순산하였습니다.

그때 사람들이 아힌샤카가 외치는 소리를 듣고 몰려와 보니 어제 자기 부모형제를 죽이고 친족들을 죽인 살인귀였습니다. 그래서 각기 가지고 있는 막대와 돌, 괭이·몽둥이로 치니 아힌샤카는 겨우 부처님께 이르러

"살기도 원하지 않고 죽기도 바라지 않고
이 세상에서 할 일을 마치고

다시는 생이 없는 곳을 향해 갑니다."

하고 숨을 거두었습니다.

5. 빠쎄나디에게 청정태자경을 설하다

그때 빠쎄나디왕은 군대들과 함께 아나타삔디까 사원에 찾아 오셨습니다.
"참으로 희한한 일입니다. 어제의 살인귀가 오늘은 활인의가 되어 죽어가는 산모를 살리고 또 아라한이 되어 순교하였으니 말입니다."
"이것은 자기의 원력과 업을 따라 이루어진 일종의 연극입니다."
하고 다음과 같이 청정태자경을 설했습니다.

『옛날 옛적 적정성에 한 임금님이 살았는데 외아들을 두어 30세가 넘었으나 장가들 생각을 하지 않고 공부만 하고 있어 백성들에게 방을 써 붙였습니다.
"누구나 내 아들에게 이성에 대한 사랑을 알게 하면 유부녀 무부녀를 가리지 않고 태자비를 삼으리라."

이 광고를 본 사람들이 너나없이 왕궁을 찾았으나 태자는 전혀 사람들을 쳐다보지 않아 그만 실패로 돌아갔습니다. 그런데 하루는 한 여인이 하얀 소복을 하고 와서
"태자방 옆에 방을 하나 달라."
고 하여 주었더니 들어가자마자 계속 울음을 터트려 시끄러워

공부를 할 수 없었습니다. 그래서,

"어떤 여자가 와서 이렇게 남을 괴롭히는가?"

하고 들여다보니 옛날 신선서에서 보았던 선녀처럼 머리를 헝클어뜨리고 화장기 없이 순수한 모습을 한 여인이라 책에 나온 그 선녀가 아닌가 하고 가까이 하게 되었습니다.

그런데 남녀의 정이란 음식과 달라서 이상스럽게 빨아들이는 기운이 있어 한 보름동안 실컷 살다보니 선녀도 별것이 아니라는 것을 깨달았습니다.

"여봐라, 이 여자 말고 또 다른 여자는 없느냐?"

하여 처음에는 며칠에 한 번씩 한 사람씩 갈아 치우다가 나중에는 매일 갈아치우고 국내에는 새 여자가 없었기 때문에 장차 시집갈 처녀들까지도 초야권을 가지도록 법률로 만들어 공포하였습니다.

그런데 하루는 농부들이 정자에 모여 있었는데 한 여인이 몸에 실오라기 하나도 걸치지 않고 네거리를 활보하였습니다.

"저. 저럴 수가 있느냐! 축생과 같구나."

하니 여인이 외쳤습니다.

"뭐라고, 이 세상에 남자라고는 청정태자 한 사람뿐인데 여자들 사이에 여자가 옷 벗고 지나간들 무슨 이상이 있다는 말이요."

하고 흥분시켰습니다.

그렇지 않아도 지나친 태자의 행동에 멀미를 일으키고 있던 참인데 이 같은 사건이 생기니 그곳에 모였던 사람들이 왕궁에 몰려가 청정태자를 내놓으라고 하여 막대로 치고 돌로 찍어 죽이니 숨을 거두면서 말했습니다.

　"나는 오직 도를 구해 성불하기를 바랐는데 괜히 아버지께서 이 성에 대한 맛을 보게 하여 나를 이 지경에 이르게 하였으니 다음 생에는 기필코 훌륭한 스승을 만나 출가하여 아라한과를 얻고 오늘 나를 죽인 99명을 모두 죽이고 그 손가락을 꿰어 걸리라."

　하고 숨을 거두었습니다.』

　그러므로 어제 죽은 99명은 그때 청정태자를 죽인 사람들이고 바라문 스님은 그때의 왕이고, 옷 벗고 나체로 돌아다니던 여인은 사모님입니다. 이 세상 인과란 이렇게 털끝만큼도 어김없이 이루어지고 있으니 세상 사람들을 인과인연으로 다스리면 무서운 법률보다 낫습니다.

　임금님은 노래 불렀습니다.

　예전에는 방일하였어도 지금은 방일하지 않는 자
　저질러진 악을 선한 일로 덮으니
　구름을 벗어난 달처럼 그는 세상을 비춥니다.

　이것이 저 유명한 청정태자경입니다.
　이 경이 이란, 이집트, 중동지방에 가서 아라비안나이트로
　변형이 되어 많은 사람들을 울리고 웃겼습니다.

(1) 출가자의 여덟 가지 복
　라자가하 마가다국 왕의 아들 아린다마와 고문의 아들 소나까는 함께 탁실라에 유학한 뒤 한 사람은 왕이 되고 한 사람은 출가

사문이 되었습니다. 헤어진 지 50년 만에 옛 벗을 그리워한 왕은 노래를 불렀습니다.

"친구를 찾아주는 사람에겐 천 냥의 상금을 주겠다."

이 소식을 들은 소나까가 그 앞에 나타나자 초라한 모습을 보고 물었습니다.

"어찌하여 이렇게 궁핍하게 되었는가?"

"성스러운 길에서 법락을 즐기는 자는 결코 가난하지 않소."

"어찌하여 그렇게 살고 있소."

"출가자는 결코 외롭지 않습니다."

이에 왕이 물었습니다.

"출가자에겐 어떤 복이 있습니까?"

"여덟 가지 복이 있나니

① 재물이나 곡식을 저장하지 아니하여도 부족함이 없고
② 허물 없는 음식을 먹어 부담이 없고
③ 고요한 음식을 섭취하는 즐거움이 있으며
④ 시주자에게 집착하지 아니하므로 분노가 일어나지 않고
⑤ 불에 희생되지 않고
⑥ 도적에 걱정 없고
⑦ 안락하게 여행하고
⑧ 사는 곳에 미련이 없으므로 가는 곳마다 안락합니다."

제33강 가난한 여인의 등불과 차재연씨의 인등

1. 가난한 여인의 등불

사밧티성에 아주 가난한 여인이 살고 있었습니다. 여인은 너무 가난했기 때문에 이집 저집 돌아다니면서 밥을 빌어 겨우 목숨을 유지하고 살았습니다.

그런데 어느 날 성 안이 떠들썩하여 물으니

"쁘라새나짓 왕께서 석달 동안 부처님과 그의 제자들에게 옷과 음식과 침구와 약을 공양하고 오늘 밤에는 또 1만개의 등불을 켜 연등회를 연다."

고 하였습니다. 이 말을 들은 여인이 생각했습니다.

"쁘라새나짓 왕은 많은 복을 짓는구나. 그런데 나는 아무것도 가진 것이 없으니 어떻게 할까? 나도 등불을 하나 켜서 부처님께 공양했으면 좋겠는데…"

하고 여인이 지나가는 사람에게 겨우 동전 몇 개를 얻어 기름집 으로 가지고 갔습니다. 기름집 주인은,

"그까짓 것 가지고 어디에다 쓸 것이냐, 기름 반 종지도 되지 않는데."

하자 간절한 마음으로 말했습니다.

"이 세상에서 부처님을 만나 뵙기란 참으로 어렵다 들었습니다. 이제 부처님을 뵙게 되었으니 얼마나 다행한 일입니까. 나는 가난하여 아무 것도 공양할 것이 없어 겨우 이것을 동냥해 왔으니 이것만큼이라도 주셔서 부처님께 등불 공양을 올릴 기회를 주십시오."

주인은 여인의 말에 감동하여 기름을 곱절이나 주었습니다. 여인은 기쁜 마음으로 등을 만드는 사람에게 말하기를,

"종지의 기름과 심지는 내 몫이고 내 남편의 몫이니 잘 켜 주십시오."

하고는 등에 불을 붙여 가지고 다니다가 부처님께서 다니시는 화장실 골목에다 불을 밝히면서 마음속으로 기원하였습니다.

"보잘것없는 등불이지만 이 공덕으로 다음 생에는 나도 부처가 되게 하옵소서."

밤이 깊어 다른 등불은 다 꺼졌는데, 유난히 여인의 등불만은 홀로 밝게 빛나고 있었습니다. 등불이 다 꺼지기 전에는 부처님께서 주무시지 않으므로 아난다는 손으로 불을 끄려 하였으나 꺼지지 않았습니다. 부처님은 그것을 보고 아난다에게 말씀하셨습니다.

"아난다여, 부질없이 애쓰지 말라. 그것은 가난하지만 착한 여인의 넓고 큰 서원과 정성으로 켠 등불이다. 그러니 결코 꺼지지 않을 것이다. 그 등불의 공덕으로 그 여인은 오는 세상에 '수미등왕여래'가 될 것이다."

하고 다음과 같은 게송을 읊으셨습니다.

"대원위주대비유(大願爲炷大悲油)
대사위화삼법취(大捨爲火三法聚)
보리심등조법계(菩提心燈照法界)
조제군생원성불(照諸群生願成佛)

큰 원으로 심지를 삼고 대자비로 기름을 삼고
봉사하는 마음으로 등불을 삼아
깨달음의 등불을 켜 법계를 비치니
이 빛 보는 자는 누구나 다 성불하리라.

이 말을 들은 쁘라새나짓 왕은 부처님께 나아가 여쭈었습니다.
"부처님 저는 석 달 동안이나 부처님과 스님들께 큰 보시를 하고 수천 개의 등불을 켰습니다. 그런데 어찌하여 등 하나만을 켠 그 여인에게만 수기하고 저에겐 수기를 주지 않으십니까? 저에게도 수기를 주십시오."
"불도란 그 뜻이 매우 깊어 헤아리기 어렵고 알기 어려우며 깨치기도 어렵습니다. 그것은 하나의 보시로써 얻을 수 없는 것이기도 하지만 백천의 보시를 얻기 위해서는 먼저 여러 가지로 복을 짓고 좋은 벗을 사귀어 많이 배우며, 스스로 겸손하고 남을 존경해야 합니다. 자기가 쌓은 공덕을 내세우거나 자랑해서는 안 됩니다. 이와 같이 하면 뒷날에 임금님께서도 반드시 불도를 이루시게 될 것입니다."
하고 수기를 주었습니다.

2. 차재연씨의 인등(引燈)

(1) 시들어가는 서당

우리나라에서도 인등에 대한 이야기가 있습니다. 용인에 사는 차재연씨는 전래로 유교적인 집안으로, 집에서 서당을 하여 동네 사람들을 공부시켜 왔습니다.

그런데 한일합방을 하고 나서 서당도 시들해졌습니다. 아버지께서 어머님께 말씀하셨습니다.

"학생이 모여야 선생 노릇을 해 먹지!"

"이제는 공부만 가지고는 살기 어려운 세상이 될 것 같습니다."

"그래도 배운 도둑질이라고 진서를 익혀야 주재소 사환이라도 해 먹지."

이렇게 한숨을 쉬었는데, 2, 3년 세월이 갈수록 국민학교로 학생들이 몰려 서당에서는 야간 생도 두세 명만 앉아 있으니 접장 선생님도 떠났습니다. 어머니가 아버지께 말씀드렸습니다.

"도시로 나가야 발전이 있지. 전답 모두 빼앗기고 나면 도지 가지고 살겠어요?"

"그래도 조상 땅 지키고 사는 것이 상책이지 도시로 나간다고 무슨 뾰쪽한 수가 있겠는가."

피차 의논하다가 결국 살림을 나누어 두 살림을 차리게 되었습니다. 큰 아들 차재연은 어머니를 모시고 동대문으로 나오고, 동생 재문이는 아버지를 모시고 서당을 지키게 되었습니다.

(2) 고무신 장사 차재연

어머니는 동신화학 주식회사에서 만드는 고무신공장에 다니게 되었고, 아들 재현은 공장 도매가게에서 고무신을 판매하는 일을 하게 되었습니다. 그런데 털메기 신던 사람이 고무신을 신으면 새로운 신사 모습을 갖추어 장사가 잘 되었으나 고무신에서 고무 독이 생겨 발에 상처가 났으므로 하나의 고통거리가 생겼습니다.

그래서 모든 사람들이 고민하고 있을 때 어떤 사람이 와서 고무 독을 빼내는 비방을 가져왔습니다. 그러나 사람들은 믿으려 하지 않기 때문에 재연이 그것을 사서 특허를 내니 일약 발명가가 되었습니다. 이렇게 하여 많은 돈을 벌자 여기저기서 "사장님, 사장님!" 하였습니다. 예나 지금이나 돈이 왕이라, 나이 26, 7세에 사장님이 되고 보니 무서운 것이 없었습니다.

그런데 부자세계는 노동자들의 삶과는 전혀 달랐습니다. 노동자들은 하루도 일을 하지 아니하면 먹고 살 수 없기 때문에 몸부림치며 새벽부터 일을 해야 했지만 사장님들은 모여 앉기만 하면 다방에 가서 담배 한 대 피우고는 어두컴컴한 골방으로 들어가 밤낮 없이 화투를 가지고 투전놀이를 하였습니다.

세월이 가는지 오는지 알 수가 없었고, 투전에 쓰는 돈은 날로 불어나 어떤 때는 뭉텅이로 땄다가 가마니로 나가기도 하고, 집채가 들락날락하다가 선산까지 팔아먹는 사람도 있었습니다.

날마다 '사장님'이란 이름에 팔려 한량으로 세월을 보내고 있는데, 하루는 투전방에 도적이 들었습니다.

(3) 감옥살이 인생
"도둑이야!"

하는 순간 방안의 불은 꺼졌고, 도둑들은 문밖을 에워싸고 있는데, 한 사람이 큰 소리로 외쳤습니다.

"야, 이놈들아. 백성들은 도탄에 빠져있는데 너희들은 날마다 주지육림에 세월 가는 줄 모르고 사느냐. 이리 내 놔라."

하고 판돈을 모두 다 쓸어갔습니다.

도둑이 일어나려 하는데 차재연이 물었습니다.

"돈이 얼마나 필요한가?"

"아쉬운 대로 다섯 가마니만 있으면 되겠소."

"그러면 내 열 가마니를 줄 터이니 우리 집으로 오시오."

하고 명함을 주었습니다. 알고 보니 만주벌판에서 독립지사들의 뒷바라지를 하는 사람들이었습니다.

차재연은 이들에게 요즈음 돈으로 환산한다면 약 1억 5천만원 정도 되는 큰돈을 주면서,

"필요하면 언제나 말해라."

하고 일러주었습니다. 그들은 만주에서는 마포장사로 그리고 중국에서는 비단장사를 하여 제법 큰돈을 끌어 모으게 되었고, 그들의 후원을 받는 독립운동가들은 승승장구 그 세력을 확대해가고 있다가, 마침내 꼬리를 잡히고 말았습니다.

봉천에서 독립군 두 사람이 잡히니 조선에는 노름꾼 열 명이 잡혀 결국은 차재연까지 잡혀가게 되었습니다. 용인의 아버지와 동생도 잡혀가게 되었고, 서울 동대문 가게도 문을 닫게 되었습니다.

그리고 1년 8개월 징역형을 받아 평양 감옥에서 지내다 보니 발톱과 손톱이 다 빠졌습니다. 겨우 형기를 마치고 살아 나왔으나

이 세상 어느 한 곳에 의지할 길이 없었습니다. 그래서 평양서부터 용인까지 걸어오면서 남의 헛간에서 자기도 하고, 마구간에서 얻어먹기도 하며 근근 득신으로 내려와 고향으로 가니 집도 서당도 다 없어지고, 아버지 동생도 고문으로 죽고 없었습니다. 고향으로 돌아 온 차재연에게

동네사람들은,

"제 아버지 잡아먹은 놈!"

하며 돌팔매질을 하였습니다. 그래서

"얻어먹어도 도시가 났겠구나."

하고 서울로 올라오다가 안양에 이르러 어느 다리 밑에서 하루 밤을 자게 되었는데, 새벽녘에 관악산에서 밝은 불빛이 비쳤습니다.

"분명 불은 불인데, 무슨 불인지 한번 올라가 보자."

하고 한 발짝 한 발짝 가다가 보니 옛날 아버지와 어머니께서 관악산 연주대에 와서 아들딸 잘 되라고 '차재연 수명장원' 하며 세워놓은 장명등이었습니다.

차재연은 이것을 붙들고 한참 동안 울고 있으니 법당에서 뚝 떨어진 요사채에서 자고 있던 스님이 올라오셨습니다.

"이 밤중에 왠 사람이 와서 절을 시끄럽게 하고 있는가?"

하고 들여다보더니,

"아이구, 차재연이 아닌가. 이렇게 아버지와 어머니가 자네를 위해 기도하고 등불을 켜 놓았는데, 네가 큰일을 저질러 주재소에 가 있으니 여기까지 와 조사해간 일이 있네. 어떻게 살았는가?"

하고 우선 방으로 데려와 잘 수 있게 하였습니다. 그 동안 얼마나 고생을 하였는지 따뜻한 방에 누우니 연속 3일을 잤습니다.

"밥이나 먹고 자야지. 이제 어떻게 할 것인가?"

"무엇을 하겠습니까. 도와주십시오."

"그래. 산신각에 기와를 입히려고 저 밑에 기와를 갖다놓았으나 지게질 사람이 없어 올려오지 못하고 있으니, 하루에 두 짐씩 힘 따라 올려보게."

그래서 6개월 만에 겨우 천장이나 되는 기와를 다 올렸습니다. 주지스님은 감사하고 돈 30원을 주시면서,

"시장에 가서 고깃국이나 한 그릇 사먹고 오라."

하였습니다. 그러나 그것을 가지고 가서 고깃국 한 그릇을 사놓고 나니 어머니 아버지 생각이 나서 넘어가지 아니 했습니다. 그래서 나머지 돈으로 아버지와 어머니께서 좋아하시던 물건을 사가지고 와서 부처님께 올리고 밤새도록 절을 하면서 한 없이 울었습니다.

"부처님, 죄송합니다. 아버지, 어머니 용서하세요."

얼마 동안인지 몸부림치다가 잠이 들었는데, 비몽사몽간에 어머니께서 하얀 쌀을 커다란 함지박에 가득 부어 주면서 말했습니다.

"요것 가지면 너 평생 먹고 남을 것이다. 그러나 이것은 네 것이 아니고 부처님 것이니, 네가 알아서 해라."

너무나도 기분이 좋아 빙긋이 웃고 있는데, 예불을 마치고 나오시던 주지스님이,

"날이 훤히 밝도록 도량석도 하지 않고 웃기는 왜 웃고 있는가?"

"자다가 꿈에 어머님을 뵈었습니다."

하고 꿈 이야기를 하니,

"됐네. 그분은 어머니가 아니고 관세음보살이네. 자네 행동에 감동하여 나타나신 것이네. 내가 산신각 탱화를 모시려고 모아 놓

은 돈이 있는데, 그것을 자네에게 줄 터이니 자네 마음대로 한번 해보게."

"제가 무엇을 하겠습니까? 아무 것도 하고 싶은 생각이 없습니다."

"가지고 가봐. 시장에 나가면 알 바가 있을 것이니까."

하여 아침 먹고 주지스님께서 주신 돈을 가지고 안양시장으로 갔습니다.

(4) 씨앗장사 차재연

마침 그 날은 장날이라 사람들이 법석대었습니다. 돌아다니다 보니 봄날이 되어 그런지 씨앗장사 앞에 사람들이 많이 서 있었습니다.

한 나절을 시장바닥을 돌아다니다 장이 파한 뒤에 물었습니다.

"그것을 어디에서 떼어 옵니까?"

"경성제대 농과대학에서 사옵니다."

"누구나 살 수 있습니까?"

"예. 많이 있습니다."

하여 그곳에 가서 주인에게 말했습니다.

"나는 거처도 없는 사람인데, 누가 돈을 주어서 씨앗장사를 해볼까 하는데, 받아주시겠습니까?"

"그럼요. 잘만 팔아주면 보너스도 드립니다."

"그럼 이 돈을 다 받아 놓으시고, 내가 필요한 만큼씩 말씀드리면 씨앗을 주십시오."

하고 씨앗을 가져와 장바닥에 펴 놓았습니다. 날마다 이 장 저 장 다니면서 씨앗을 팔았지만, 어머니께서

"이것은 네 돈이 아니고 부처님 돈이다."

하였으니 돈을 만지고 싶은 생각이 없었습니다. 그래서

"한 됫박에 얼마…"

하고 써 붙여 놓으니 시골사람들이 다른 씨앗보다 종자가 좋고 값이 싸니 많이들 사갔습니다.

재연은 생기는 대로 씨앗주인께 맡겼습니다. 알고 보니 그 분도 불교신자라 말했습니다.

"부처님 돈이라면 어느 절 부처님 돈인 줄을 알아야 하는데, 그것도 물어보지 아니 하다니… 참으로 미련한 분이네. 법주사 부처님 돈인지, 불국사 부처님 돈인지 알아야 갖다 드리지 않아요?"

듣고 보니 그 말이 옳았습니다. 그래서 날마다 밥만 먹고 나면 생각했습니다.

"불국사 부처님 돈이냐, 아니면 법주사 부처님 돈이냐?"

생각해 보니 석굴암 부처님은 돌로 되고, 불국사 부처님은 쇠로 되었으며, 법주사 부처님은 나무로 조성되어 있었습니다.

"허! 석굴암 부처님은 정으로 치면 깨질 것이고, 불국사 부처님은 용광로에 들어가면 녹아버릴 것이고, 법주사 부처님은 불 속에 들어가면 타 버릴 것이고, 관악산 부처님은 흙으로 만들어 졌으니 물에 들어가면 풀어져 버릴 것이다. 그렇다면 어떤 분이 진짜 부처님일까?

그래서 돈의 주인공을 찾아 끝까지 추적하다가,

"아! 그 부처님."

하고 자기도 모르는 사이에 무릎을 탁 쳤습니다.

"돌부처, 쇠부처, 나무부처, 흙부처를 알아보는 부처, 바로 그 부처는 정으로 쳐도 깨지지 않고, 불에 들어가도 녹지 않으며, 물에 들어가도 풀어지지 않는 부처. 만일 그 부처가 내 부처라면 모든 사람들이 다 그 마음을 가지고 있으니, 모두 부처가 아닌가. 그렇다면 이제부터 이 부처님들을 위하여 돈을 벌어야지."

하고 그날부터 벌린 돈을 찢어진 것은 풀로 붙이고, 구겨진 것은 다리미로 다려 종이로 만든 부처님께 올리고 발원하였습니다.

"부처님, 오늘도 당신의 돈이 이만큼 들어왔습니다. 돈은 돈다고 해서 돈이라고 한 것이 아닙니까. 잘 돌아 사람을 죽이지 말고 살리는 곳으로만 돌게 해주십시오."

하고 시장에 나가면 모든 사람들께 부처님 대접을 하면서 열심히 장사를 했습니다.

소문이 퍼지자 농장 주인이 말했습니다.

"우리 사장님께서 차선생을 뵙고자 합니다."

가서보니 일본사람이었습니다.

"나하고 같이 축산업을 하지 않겠습니까?"

"무엇이고 필요한 대로 하겠습니다."

그래서 큰 농장단지의 관리인이 되어 갔습니다.

(5) 농장지배인 차재연

그런데 일꾼들을 관리하고 임금지불을 담당시킨 차재연이 새벽부터 밭에 나가 밭을 매고 물꼬를 트는 것을 보고 농장주인이 깜짝 놀라 말했습니다.

"사실은 거룩하신 분이 씨앗장사를 하느라 골몰하기 때문에 조금 쉬면서 일꾼들을 관리해 달라 한 것인데, 이 직을 맡으면서 직접 농사를 지으시니 면목이 없습니다."

"아닙니다. 나도 노는 일에 염불한다고 밭에 나가 공부하는 중입니다. 부처님께서 여래의 밭에 보리종자를 심고 번뇌의 풀을 뽑으면 열반의 씨를 얻는다 하여 이렇게 깨달음의 농사를 짓고 있습니다."

"여기 계시면 계속 흙일을 할 것 같으니 축산단지에 가서 소와 돼지를 살펴주세요."

그리하여 축산단지로 갔는데, 새벽부터 일어나 닭, 돼지, 개, 소, 말 등에게 인사를 하고 다녔습니다.

"닭부처님, 잘 주무셨습니까? 소부처님, 잘 주무셨습니까? 건강하게 잘 자라 중생들을 복되게 해 주세요."

하고 낱낱이 다니며 인사를 하니 그 또한 놀라 물었습니다.

"닭이나 돼지를 부처라 하는데, 무슨 말씀입니까?"

"사람은 죽으면 쓸모없는 몸을 땅에 묻어버리는데, 이놈들은 죽으면 주인양반께 돈벌이 해주고, 중생들에게 좋은 영양제가 되니 이보다 더 큰 부처가 어디 또 있겠습니까. 그래서 인사드리는 것입니다."

"허허. 나도 남산 동본원사에 다니는 불자입니다. 그러나 선생님같이 부처님을 믿는 분은 처음 보았습니다."

하고 땅바닥에 엎드려 5체 투지하였습니다. 그리고는 자신의 양아들이 되어 달라고 부탁하였습니다.

"실로 나는 자식이 없습니다. 일본은 전쟁 중이라 온 나라가 너무 들떠 있고, 또 지진이 많아 늘 불안함으로 조선으로 나와 살려 왔는데, 아마도 선생님을 만나려고 온 것 같습니다. 만일 우리 부부가 죽으면 인천의 동명목재와 수원의 영농단지가 모두 국가 것이 될 것 같습니다. 그러니 우리들 살아 있을 때까지는 우리가 관리할 터이니 죽은 뒤에는 산 부처님께서 가지십시오."

하고 일가친척들을 모아 양아들 입양식을 거창하게 베풀어 주었습니다.

그런데 공교롭게도 두 달도 되지 않아 8.15 해방이 되니 양아버지는 그 동안 모은 모든 재산을 차재연에게 일임하고 일본으로 떠났습니다. 이에 차재연은 논 문서, 밭 문서, 자동차, 목재소 문서 해서 수백억 원에 해당하는 증서를 가지고 관악산에 올라가 부처님께 사뢰었습니다.

"부처님, 당신의 돈이 이만큼 자라서 돌아왔습니다. 산신각 기와 입히고, 탱화 모시고, 허물어진 집들을 고친 뒤 나머지 돈을 가지고 네 가지 불사를 하겠습니다.

첫째는 아버지, 어머니 산소를 찾아 모시어 드리고,

둘째는 부모님과 같은 나이 또래인 부모님들을 100분만 모시고 살겠으며,

셋째는 평양서부터 고향까지 돌아오는 동안 하룻밤도 편히 잠을 잔 일이 없었습니다. 이때 집의 고마움을 알게 되었습니다. 그래서 집 없는 사람들에게 집 천 칸을 지어 드리겠습니다.

넷째는 절에 신세도 많이 졌으니 부처님을 위해서 부처님 자손들을 기르는 절을 하나 짓겠습니다.

(6) 보은의 불사

그리하여 용인군 화운면 3거리에 땅 100만평을 사서 아비지와 어머니 묘지를 만들어 들이고, 거기에 화운사란 절을 지어 한국 최고의 포교사와 대강사를 모셔 비구니 강당을 개원, 60명이 넘는 학인들을 길러냈습니다.

그리고 새로 결혼한 부인의 마을에 210마지기 전답을 사서 80여

명의 무의탁 노인들이 농사짓고 살도록 양로원 아닌 양로원을 만들어 드렸습니다.

그리고 6.25전 국내에 인연 닿는 대로 집 천 칸을 지어 보시하였는데, 6.25때 일본사람 앞잡이라 하여 부르주아로 몰려 인민재판을 받으러 가면 증인들이 나와서,

"이 분이 집을 지어주어 저희들이 편히 살고 있습니다."

"이 분이 약을 지어주어 저의 아버지 병을 고쳤습니다."

하고 갖가지 증언이 나타나 죽지 않고 살아 수원에다가 신영여객 버스주식회사를 만들어 많은 사람들을 일하게 하였습니다.

지금도 화운사에 가면 이분의 공적비가 서 있는데, 절에 들여 놓은 전답이 5만평이 넘고, 과수원, 원예농장, 농축장 등을 경영했던 사실과 절에 자동차를 사 주고, 자가발전으로 전기를 놓아주었다는 내용이 기록되어 있습니다.

그래서 지금도 관악산에서는 장명등과 인등을 수천 개 켜고 있으며 여기 등불을 켠 사람들은 차재연씨처럼 발심하여 갖가지 사업에 종사하면서 절을 돕고 스님들을 받들고 있습니다.

부처님께서 제타동산에 계실 때 여러 불자들에게 말했습니다.

"불자들은 믿음과 계행, 배움, 보시, 지혜를 갖추어야 한다. 그리고 이 몸이 파괴되어 죽을 때 어느 곳에 태어날 것인가를 생각해 보아야 한다."

부유한 바라문 혹은 장자로 태어나고
하늘나라 임금님이 되어 천하를 다스리고
장수하고 아름답고 행복한 삶을 누린다.

제34강 부모님의 은혜와 효자경

부처님께서 제타동산에 계실 때 아난존자와 함께 길을 가다가 한 무더기 뼈를 보고 절을 하시니 아난존자가 물었습니다.

"부처님께서는 3계의 도사이시고 4생의 자부이신데 어떻게 마른 뼈 위에 절을 하십니까?"

"이 세상 어느 누가 부모 없이 태어난 이가 있겠느냐"

이들이 다 알고 보면 나의 전생의 부모이고 형제이니라. 저 뼈를 두 갈래로 나누어 보아라. 만일 남자의 뼈라면 희고 무거울 것이요, 여자의 뼈라면 검고 가벼울 것이니라."

"세존이시여, 남자와 여자가 살아있을 때에는 그 의복과 생긴 모양으로 능히 구별할 수 있지만, 죽은 뒤에는 똑같은 뼈인데 어떻게 그것을 분간할 수 있습니까?"

"남자의 뼈는 희고 무겁지만 여자의 뼈는 검고 가볍다. 남자는 살아서 경 읽는 소리를 듣고 예배공양 하였지만 여자는 아기를 낳을 적마다 서 말 서 되의 피를 흘리고 여덟 섬 너 말의 젖을 먹여야 하므로 뼈가 검고도 가벼운 것이다."

그 말을 듣고 아난존자가 가슴을 아리는 듯한 슬픔에 눈물을 흘리고 슬피 울면서 부처님께 여쭈었습니다.

"세존이시여, 어떻게 하면 어머니의 은혜를 갚을 수 있겠습니까?"

"어머니가 아기를 배어 낳느라고 열 달 동안 겪어야 하는 지독한 고통은 말로 다 헤아릴 수 없느니라.

어머니가 아기를 잉태한 첫 달에는 풀끝에 맺힌 이슬방울이 아침에 있다가도 한나절이 지나면 없어지듯이, 새벽에는 모여 있다가 낮이 되면 흩어져 버리느니라.

둘째 달에는 잘 끓인 우유죽이 한 방울 떨어진 것같이 되었다가 셋째 달에는 엉기어진 피와 같게 된다.

넷째 달에는 점점 사람의 모양을 이루고,

다섯째 달에는 어머니의 뱃속에서 다섯 부분이 생기는데, 그 다섯 부분이란 첫째 머리 부분이고, 두 팔이 세 부분이고, 두 무릎이 다섯 부분이다.

어머니가 아기 밴 지 여섯째 달에는 어머니 뱃속에서 여섯 정기가 열리나니, 눈, 귀, 코, 혀, 몸, 뜻이 그것이니라.

그리고 일곱째 달에는 어머니 뱃속에서 3백 60 뼈마디와 8만 4천 털구멍이 생기고, 여덟째 달에는 뜻과 지혜가 생기고 아홉 구멍이 자라게 된다.

아홉째 달에는 아기가 어머니 뱃속에서 먹기를 시작하는데 복숭아·오얏·마늘이나 오곡 등은 먹지 않는다. 어머니의 생장은 아래로 향하고 숙장은 위로 향하여 한 더미 산이 있는데, 이 산 이름이 세 가지니 한 이름은 수미산, 한 이름은 업산, 한 이름은 혈산이다. 이 산이 한번 무너지면 한줄기 피로 변하여 아기의 입으로 흘러 들어가게 된다.

어머니가 아기 밴 지 열째 달에는 마침내 낳게 되는데, 아기가 만일 효순한 자식이면 두 손을 합장하고 나오면서 어머니를 괴롭게 하지 않을 것이요, 만일 오역의 자식이면 어머니의 태를 깨뜨리거나 다리로 어머니의 골반을 버티기도 하여, 어머니로 하여금 천 개의 칼로 배를 찌르는 듯 만개의 창으로 가슴을 쑤시는 듯하게 되느니라.

그러므로 이 몸을 낳은 어머니에게는 열 가지 은혜가 있느니라.

첫째는 태에 실어 보호한 은혜이니 이것이 회탐수호은(懷耽守護恩)이고,

둘째는 해산할 때 고통한 은혜이니 임산수고은(臨産受苦恩)이고,

셋째는 아기 낳고 근심을 잊는 은혜이니 생자망우은(生子忘憂恩)이고,

넷째는 쓴 것을 먹고 단 것을 먹여준 은혜이니 연고토감은(咽苦吐甘恩)이고,

다섯째는 마른자리 갈아 뉘고 젖은 데로 나아가신 은혜이니 회간취습은(廻乾就濕恩)이고,

여섯째는 젖 먹여 길러주신 은혜이니 유포양육은(乳哺養育恩)이고,

일곱째는 세탁하여 더러움을 없애준 은혜이니 세탁부정은(洗濯不淨恩)이고,

여덟째는 먼 길 간 후 걱정하시는 은혜이니 원행억념은(遠行憶念恩)이고,

아홉째는 자식 위해 악업을 지으신 은혜이니 위조악업은(爲造惡業恩)이고,

열째는 끝까지 사랑하신 은혜이니 구경연민은(究竟憐愍恩)이다.

그런데 아난아

"내가 중생들을 보니 비록 사람은 되었으나 마음과 행실이 어리석고 미련하여 부모의 큰 은혜와 공덕은 생각하지 못하고 공경하지 아니하며 은혜를 저버리고 인자한 마음이 없어 효도하지 아니하며 의리가 없구나.

어머니가 아기를 밴 지 열 달 동안에 일어나고 앉는 것이 자유롭지 못하며 무거운 짐을 진 것 같고, 음식이 잘 내리지 아니하며 오랜 병을 앓는 사람 같으며, 만삭이 되어 순산할 때에는 한량없는 고통을 받으면서도 잠깐 동안 좋고 나쁜 것이 아기에게 해가 될까 염려하며, 양이라도 잡은 것같이 피가 흘러 자리를 적시게 된다.

이러한 고생을 겪으면서 아기를 낳고는 쓴 것을 삼키고 단 것은 뱉어서 아기를 먹이면서 업어 기르고, 부정한 똥오줌을 받아 내면서 부정한 것을 빨래하되 귀찮은 줄을 모르며, 더운 것도 참고 추운 것도 참으면서 고생되는 것을 싫어하지 아니하며, 마른 데는 아기 누이고 젖은 데에서는 어머니가 자며, 삼년 동안 어머니의 흰 피(젖)를 먹여서 어린 아이가 자라나면 학문과 예술을 가르치고 장가들이고 시집보내어 벼슬도 시키고 직업도 구하여 수고로이 지도하여 애써 기르는 일이 끝나더라도 은정이 끊이었다고 말하지 아니하느니라. 아들딸이 만일 병이 들면 부모도 병이 나고 자식의 병이 나아야 부모의 병도 비로소 낫게 되느니라.

이렇게 갖은 애를 써서 기르면서 어른 되기를 희망하였건만, 자식이 도리어 불효하고 불공하여 부모와 말할 적에는 대답이 불순하고 눈을 흘기고 눈동자를 굴리면서 능멸히 여기며, 형제간에 욕설하고 싸우며, 친척들을 헐뜯고 예의가 없어 규모를 따르지 아니하며, 부모의 이르는 말에 순종하지 아니하고, 형제간에 말할 적에도 일부러 어긋나게 하고, 나가거나 들어올 때에도 어른에게 알리지 아니하고 말과 행동이 버릇없고 괴상하며 제멋대로 일을 행하느니라.

부모들은 훈계하여 책망하고 어른들은 그른 것을 일러주면서도, 점점 자라면서 멋없고 이상한 짓만 하여 순종하지 않고, 잘못된 일도 고쳐갈 줄 모르고 도리어 성을 내느니라.

좋은 친구를 버리고 나쁜 사람을 사귀면, 습관은 드디어 천성이 되어서 드디어 허망한 일을 꾀하기 쉬우며, 혹 남의 꾐에 빠져 타향으로 돌아다니면서, 부모를 멀리 여의고 고향을 등지며, 혹은 장사를 한다거나 군대에 따라다니면서 엄벙덤벙 허송세월을 보내다가 어찌되어 결혼을 하게 되면 살림에 시달리어 오래도록 본집에 돌아오지 아니하느니라.

이렇게 타향으로 다니면서 삼가고 조심하지 아니하다가 혹 남의 모략에 빠져 그릇된 법을 범하기도 하며, 그로 말미암아 형벌을 받고 옥중에 구금도 되며, 혹 모진 병환에 걸리어 무수한 곤경을 당하거나 혹 액난을 만나 춥고 배고픔을 면할 길이 없게 될 적에 돌보아주는 사람은 없고 여러 사람의 천대를 받으며, 혹은 길거리에 나앉아 필경에 죽게 되더라도 구호할 사람이 없고, 죽은 송장까지도 땅 속에 묻히지 못하여 붓고 썩으며, 볕에 쪼이고 바람에 불리며 해골이 낭자하여 타향의 모랫바닥이나 풀밭에 뒹굴게 되며 부모 친척들과는 영원히 만나지 못하게 되느니라.

부모의 마음은 자식을 따라 길이 걱정하기도 하고, 혹은 피눈물 흘리다가 눈이 어둡기도 하며, 혹은 너무도 슬퍼하다가 병이 되기도 하며, 혹은 자식을 기다리다가 몸이 쇠약하여 죽게 되면 외로운 혼이 원한이 되어서 끝끝내 잊어버리지 못하며, 혹은 아들이 효순과 도의를 본받지 아니하고 이단의 무리들과 어울려 부랑하고 포악해져서 나쁜 짓을 일삼는다거나, 남을 구타도 하고 절도 강도를 감행하기도 하여 이웃에까지 피해를 끼치기도 하며, 술 먹고 노름하고 여러 가지 죄를 저질러 형제들에게 누를 끼치거나 부모에게 걱정을 시키기도 하며, 아침에 집을 나갔다가 늦게야 돌아오기도 하면서 어버이로 하여금 근심케 하느니라.

　　부모의 헐벗고 배곯은 것은 아는 체도 하지 않고, 조석이나 초하루 보름으로 봉양할 것은 꿈도 꾸지 아니하며, 부모가 나이 늙어 얼굴이 주름지고 기운이 쇠하게 되면 남이 볼까 부끄럽다고 괄시와 구박하기도 하며, 혹은 아비가 홀로 되거나 어미가 홀로 되어 외딴 방에 혼자 있게 되면 마치 남의 늙은이가 객으로 와서 의탁하는 것같이 생각하여 방을 치우거나 마루를 닦는 일이 없고, 한 번도 살펴보거나 문안하는 일이 없으며, 방이 차고 더운 것이나 옷 입고 밥 먹는 것을 아는 체 아니하여 밤낮으로 탄식하고 슬퍼하게 하며, 혹시 맛있는 음식을 보면 싸 가지고 돌아와서 부모에게 드려야 할 것이건만, 남들이 비웃는다 하여 부끄럽게 여기면서도 좋은 음식을 가져다가 처자를 먹일 적에는 체면도 불구하고 비루한 짓을 저지르며, 아내나 첩과 약속한 일은 꼭꼭 이행하면서도 어버이의 말씀과 부탁은 조금도 어렵게 생각하지 아니하느니라.
　　만일 딸자식이 되어 출가하게 되면 집에서는 그렇게 효순하던 것도 남편을 맞은 뒤에는 점점 불공하게 되어 부모는 조금만 꾸짖어도 곧 원망하면서 남편에게는 정이 깊고 사랑이 간절하면서도 자기의 골육 친척에게는 도리어 생소하며, 혹 남편을 따라 타향에 옮겨가게 되면 부모를 이별하고서도 사모하는 생각이 없이 소식을 끊고 편지 한 장도 보내지 아니하매 부모로 하여금 간장이 끊어지듯이 생각케 하나니, 부모가 딸의 얼굴을 한번 보고 싶어 하는 것이 목마를 때에 물을 생각하듯이 잠깐도 쉬지 아니하느니라. 부모의 은덕을 생각하면 한량이 없건마는 자식의 불효하는 죄악은 말로 형언할 수 없느니라.

그때에 대중들이 부처님께서 부모의 은덕 말씀하심을 듣고 몸을 일으켜 땅에 던지며

'가슴이 쓰리고 마음이 아프옵니다. 저희들이 지금에야 많은 죄를 지은 줄을 알겠나이다. 이전까지는 캄캄하게 깨닫지 못하였던 것이 이제사 비로소 잘못된 줄을 알고 보니 쓸개까지 부서지는 듯 어찌할 바를 모르겠나이다. 어찌 하여야 부모의 깊은 은혜를 갚겠나이까?'

그때에 부처님께서 여러 가지 정중하고 청아하신 음성으로 대중에게 말씀하시었습니다.

"가사 어떤 사람이 왼 어깨에 아버지를 업고 오른 어깨에 어머니를 업고서 수미산을 백번 천번을 돌아서 가죽이 터져 뼈가 드러나고 뼈가 닳아서 골수가 흐르도록 하더라도 오히려 부모의 깊은 은혜를 갚을 수 없느니라.

가사 어떤 사람이 흉년을 당하여서 어버이를 위하여 그 몸의 살을 오려내고 뼈를 갈아 티끌같이 하기를 백천 겁을 하고 손에 잘 드는 칼을 잡고 부모를 위하여 자기의 눈을 도려내어 부처님께 바치기를 백천 겁이 지나도록 하더라도 오히려 부모의 은혜를 갚을

수 없느니라.

가사 어떤 사람이 어버이를 위하여 잘 드는 칼로 자기의 염통을 오려내어 피가 흘러 땅을 적시고 백천 자루 칼로 자기 몸을 쑤시되 왼쪽에서 찔러 바른쪽으로 뽑고 바른쪽에서 찔러 왼쪽으로 뽑기를 백천 겁이 지나도록 하더라도 오히려 부모의 은혜를 갚을 수 없느니라.

가사 어떤 사람이 어버이를 위하여 몸으로 불을 켜서 여래에게 공양하기를 백천 겁이 지나고 뼈를 바수어 골수를 내며 백천 개의 창끝으로 일시에 몸을 쑤시기를 백천 겁이 뜨거운 무쇠탄환을 삼키어 온 몸이 다 타더라도 오히려 부모의 깊은 은혜는 갚을 수 없느니라."

"세존이시여, 지금 저희들은 막중한 죄인이올시다. 어떻게 하면 부모의 깊은 은혜를 갚을 수 있겠나이까?"

"깊은 은혜를 갚으려거든 부모를 위하여 이 경전을 쓰며, 부모를 위하여 이 경전을 외우며, 부모를 위하여 죄를 참회하며, 부모를 위하여 삼보에게 공양하며, 부모를 위하여 재계를 받아 지니며, 부모를 위하여 보시하여 복을 지을 것이니. 만일 이렇게 하면 효도하는 아들이라 할 것이요, 이런 행을 하지 않으면 지옥에 떨어질 사람이니라."

말만 들어도 가슴이 아프고 마음이 쓰립니다. 오늘 당장 전화라도 한번 드리고 집에 가면 손발을 씻겨드리세요. 그리고 돌아가신 분들은 탑묘을 찾아뵙고 그 분들의 정신을 생각하여 자손만대에 끊어지지 않게 하십시오.

제35강 녹야원의 전설과 바라타의 출가

1. 바라나시

바라나시는

① 산 사람과 죽은 사람이 한데 어울려 있고

② 귀한 사람과 천한 사람이 한데 섞여있으며

③ 더러운 것과 깨끗한 것,

④ 단순한 것과 복잡한 것,

⑤ 선한 것과 악한 것이 한자리에 용해된 도시로 알려져

⑥ 이러한 전통을 바탕으로 세계에서 가장 오래된 힌두대학이 있어 1000년을 넘는 전통을 자랑하면서 세계적 학자들을 길러내고 있습니다.

그런가 하면 수천년 전부터 내려오는 각 나라 임금님들의 별장이 즐비하게 들어서있고 제각기 다른 종교의 시스템이 천태만상으로 장엄되어 그 속에서 흘러나오는 의식(儀式) 또한 가관입니다.

위에서는 송장을 태워 개, 돼지 닭들이 그 찌꺼기를 주워 먹고 있는데 아래서는 다생의 죄업을 씻는 사람들이 그 물을 먹고 마시고 씻고 있으며 이 광경을 배를 타고 유람하는 사람들이 생명의

불꽃을 태우며 찬송하고 염불하고 있습니다.

북쪽에서는 바루나강 남쪽에서는 아시강이 합류되어 교통의 요충지가 되고 만물의 교역지가 되어 다양한 종족이 왕래하므로 풍족한 물품들이 거래되어 이곳에 오면 세상에 거의 없는 것이 없습니다.

옛날 옛적 힌두종족의 할아버지 바이바쉬바타마누가 이곳에 왕조를 건립하여 7대손 루나족의 카쉬를 장악함으로써 그 이름을 '카쉬'라 부르게 되었다 합니다.

이들 부족들은 명상할 때 사용하는 매트를 제작하였는데 그 재료를 인근 습지에서 자생하는 풀들을 채취하여 썼으므로 이름을 따서 '아난드 반드(황홀한 숲)'라 명명하기도 하였습니다.

사실 이같이 많은 사람들이 이곳에 모인 것은 황홀한 숲속에서 명상하여 우주의 신비를 체험하는 데 목적이 있었던 것입니다.

그런데 이 역사적인 장소에 5비구가 내려와 있었기 때문에 부처님이 여기 오시게 되고 이 도시에서 제일 큰 부자 야사의 가족들을 제도하고 야사의 친구 54명을 제도함으로써 종교 도시 베나레스에서 불교가 뿌리를 내리게 된 것입니다.

2. 얼룩사슴과 야자사슴 이야기

그러나 부처님은 뒤에 얼룩사슴과 야자사슴 이야기를 들려주어

이 자리가 장차 오래전부터 불교와 인연이 깊은 "녹야원"으로 이해되게 되었습니다.

　불교가 한창 융성하고 있을 때 부처님의 4촌동생 데바닷다가 출가하여 부처님을 흉내내어 데바종단을 형성함으로써 한때 불교교단이 어려움에 빠진 일이 있습니다.

　그런데 그때 데바종단에 한 비구니가 아이를 가지게 되었습니다. 이것이 사회에 알려지면 크게 명예가 추락될 것 같아 데바스님은 그의 상좌들을 시켜 흔적 없이 죽여 버리라 하였습니다.

　그런데 두 사람이 산속으로 데리고 가면서 물었습니다.

　"너의 고향은 어디이고 누구의 딸이냐?"

　"아무 곳에 사는 아무개 장자의 딸입니다."

　듣고 보니 한 스님의 고향 사람이었습니다.

　"내가 너의 아버지하고 잘 아는 사이인데 너를 어찌 죽일 수 있겠느냐? 집으로 돌아가서 아이를 낳고 잘 살아라."

　하며 놓아 주었습니다.

　그런데 그 비구니 스님은 환속하고 싶은 생각이 없어 혹 이쪽 종단에 가서 이야기하면 내 마음을 알아줄까 하여 부처님을 찾아갔습니다. 부처님은 우선 출가가 문제가 아니라 아이를 낳는 것이 급하게 되었으므로 자신의 향실에서 아이를 낳게 하고 우선 산모를 보호한 뒤 물었습니다.

　"너는 어찌하여 아이를 가지게 되었느냐?"

　"저도 알 수 없습니다. 제가 일찍이 출가를 희망하자 아버지께서 '태어나기 이전부터 약속해 놓은 약혼자가 있으니 거기 가서 승낙을 받고 출가하라.' 하고 시집을 보냈기 때문에 아무 생각 없이 시집을 갔습니다.

하룻밤을 남편과 같이 자고 나서 '나는 세속적인 삶이 싫으니 나를 놓아주면 가지고 온 지참금에 대해서는 말하지 않겠다.' 하자 그가 나를 놓아주어 출가하게 되었습니다."

"그렇다면 이것은 너의 허물이 아니니 아이가 성장할 때까지 잘 보호하고 그때 가서 재출가하도록 하라."

하였습니다. 그런데 이 스님은 이미 삭발하고 승복을 입은 여승이었기 때문에 아이를 데리고 다니면서 걸식하자 사람들이 희롱하였습니다.

"비구니스님이 아기를 낳아 가지고 밥 얻으러 다니면서 부끄러워할 줄을 모르는구나."

소문이 나서 부처님께 아뢰니 경계하셨습니다.

"어린 아이들을 데리고 다니면서 밥을 얻으면 계율에 어긋난다."

그래도 그 아이는 틈만 나면 밖에 나가 남의 가게에 가서 과자를 달라고 울기도 하고 훔치기도 하였기 때문에

"비구니가 아이들을 데리고 다니면서 남의 가게의 물건을 훔치면 계율에 어긋난다."

하여 여러 가지 자질구레한 계율이 생기게 된 것입니다.

3. 녹야원의 이름

그런데 부처님은 이 비구니에 대한 전생담을 녹야원과 연관을 지어 말씀하신 바 있습니다.

『옛날 옛적 내가 500명의 야자사슴을 거느린 사슴왕이 되어있을 때 얼룩사슴도 500명의 권속을 거느리고 녹야원에서 살고 있었다. 하루는 임금님께서 사냥을 나왔다가 많은 노루들이 피를 흘리

고 죽자 야자사슴과 얼룩사슴왕이 의논하여 매일 한 마리씩 제비를 뽑아 임금님 주방으로 보내도록 하고 사슴들을 함부로 죽이지 말아달라고 하여 승낙을 받았다.

그런데 하루는 얼룩사슴 가운데 새끼 밴 사슴이 걸려 가게 되자 사정하였습니다.

"세상구경도 못하고 죽을 사슴이 불쌍해서 그러니 나대신 누가 바꿔 갈 수 없습니까?"

한 마리도 응답하지 않자 마침내 임금님께 가서 사정하니

"누가 너를 대신할 자 있겠느냐. 죽기는 매 한가지이니 그만 가라."

하여 울면서 가다가

"혹 야자사슴왕은 들어줄는지 모르니 한번 의논해 보아야겠다."

하고 찾아가니 뜻밖에

"잘 왔다."

하면서

"내 나이 많아 어떻게 이 몸을 처리할까 걱정하고 있었는데 내가 너 대신 갈 터이니 몸조심하고 새끼를 낳으면 잘 길러 임금님께 보내라."

그런데 사람왕은 뜻밖에 야자사슴왕이 오는 것을 보고,

"대장들은 잡아먹지 않기로 하였는데 어떻게 임금님께서 직접 오셨습니까?"

하고 묻자 사실대로 답변하니

"사슴들이 사람보다 더 낫구나."

하고

"다시는 사슴고기를 먹지 않겠다."

선언하였습니다. 그래서 지금까지 인도 사람들은 사슴고기를

먹지 않고 있다는 것입니다. 그런데 사슴들은 그 뒤로 모여 의논하였습니다.

"사람왕이 우리 고기를 먹지 않기로 했으니 사람들이 짓는 전답에 가서 해를 끼치지 말고 우리 또한 약초를 먹고 뿔을 길러 사람들을 보신하도록 하자."

하여 그때부터 사슴뿔, 즉 녹용을 약으로 먹게 되었다 합니다.

사람보다도 나은 짐승들입니다. 그래서 사슴이 평화의 상징으로 일컬어지게 되었고 사슴은 다른 짐승과 달리 일반 곡식을 잘 먹지 않고 풀이나 칡넝쿨 같은 것만을 먹어 그 뿔이 더욱 약이 되도록 하고 있는 것입니다.

부처님은 이 이야기를 마치고 나서

"그때의 얼룩사슴왕은 데바닷다이고 500명의 권속은 그의 권속이며, 야자사슴은 나고, 야자사슴이 보호했던 새끼 밴 사슴은 바로 저 비구니 스님이다."

하여 전생의 인연과 연관을 지어 풀어주셨습니다.』

그래서 현재의 미가다야가 녹야원이란 유명한 수행장소로 알려졌고 드디어 세계유네스코문화유산으로 등재되어 많은 사람들이 사슴을 더욱 사랑하는 풍습이 생기게 되었다 합니다.

4. 아시타선인의 조카 나라타

(1) 용녀의 노래
아시타 선인의 조카 나라타는 숙부의 예언을 듣고

"이 세상에 반드시 부처님이 출세하실 것이다."

확신을 갖고 있었으나 관상을 보러 오는 사람들이 너무 많았기 때문에 거기에 푹 빠져 있었습니다. 그런데 하루는 갠지스강 가에 나갔다가 한 처녀가 은구슬을 담은 금발우와 금구슬을 담은 은발우를 들고 노래 불렀습니다.

"무엇이 자재하기에 물든다 하는가?
어떤 것을 청정이라 하고 어리석다 하는가?
어떤 사람을 지혜인이라 하는가?
어찌하여 모이면 떠나 인연을 다했다 하는가?"

나라타가 그 이유를 물으니 아버지 에나까 빳타가
"이것을 아는 사람에게 내 딸과 함께 금과 은발우 속에 든 금은 구슬을 다 주겠다." 하였습니다.
나라타는 몇 가지로 궁리했으나 해답을 얻지 못하다가 마침내 일곱 그루의 싸리싸가 나무 아래에 계신 부처님을 만나 답을 얻었습니다.

"6식이 자재로운 까닭에 심왕이 물든 것을 물들었다 하고,
물들 것이 없는데 물이 들므로 어리석다 하며,
큰 물에 빠진 까닭에 방편을 다했다 하고,
일체 방편이 다한 것을 지혜로운 사람이라 한다."

이때 나라타가 이 답을 가지고 강가에 가니 벌써 그 여인은 간 곳이 없고 그의 아버지께서 말했습니다.
"그 답은 그대의 답이 아니라 깨달은 사람만이 할 수 있는 답이다."

하고 사라지므로

"35년전 우리 삼촌의 말씀이 꼭 맞다."

하고 그 후 7일째 되던 날 히마원타를 떠나 이시파타나 녹야원에 이르러 다시 부처님을 만나 출가하였습니다.

(2) 모니행(牟尼行)

"모든 행을 성취하여 피안에 이르신 고타마 부처님, 어떤 것을 모니행이라 합니까?"

"① 신앙심을 지닌 자에게 모니행이 있고

② 출가 비구의 모니행이 있으며

③ 아직 배움이 남아 있는 유학 모니행이 있고

④ 이미 배움이 끝난 무학 모니행이 있으며

⑤ 홀로 도를 깨달은 벽지불 모니행이 있고

⑥ 그 어떤 것도 따라올 수 없는 깨달음의 모니행이 있다."

"그렇다면 그 모니행은 어떻게 실현해야 합니까?"

"내 사랑하는 아들아, 마을에서 욕을 듣거나 절을 받을 때 공평무사하라. 마음에 분노를 억제하고 교만하지 말며 고요히 행하라. 숲속에서 여러 가지 사건이 꽃처럼 나타나 여인들이 모니를 유혹할 것이니 그들을 멀리하고, 두려워하는 생명을 죽이거나 죽게 하지 말라. 범부들이 집착하는 욕구를 버리는 눈을 갖추어 지옥행을 벗어나라.

배가 고프면 정량의 음식만 먹고 바라는 것을 버려라.

걸식한 뒤 숲 속으로 들어가 나무뿌리 위에서 선정을 닦으라. 그리하면 크게 기뻐할 것이다.

밤이 지나고 새벽이 왔을 때 마을로 들어가 음식을 받을 때 기뻐하는 마음을 버려라.

말을 끊고 부주의한 의사를 표시하지 말 것이며, 얻고 얻지 못한 것에 근심하지 말고 평등하라. 보시를 업신여기면 아니 된다.

집착을 끊고 흐름이 없으면 모든 행위가 버려진 비구에게는 열기가 발견되지 아니 한다.

혀로 입천장을 압박하고 배에 호흡이 들어가는 가를 살펴 마음에 의지처가 없어야 한다.

출가수행자는 홀로 사는데 능숙해야 하나니, 만일 혼자 지내면서도 즐거워하면 사방으로 유행하여도 걱정할 것이 없다.

선정에 들어 애욕을 버린 현자를 칭찬하면 지금보다 더 부끄러움과 믿음을 일으켜야 한다.

사문의 말 속에는 의미가 갖추어져 있는 말, 확실히 알고 있는 법, 자신을 자제할 줄 아는 자만이 모니행을 할 수 있다."

나라타는 그날로부터 부처님을 뵙고 법을 듣고 모니행에 관계된 질문까지도 잊어버리고 숲속으로 들어가 하루도 한 나무뿌리에 반복해서 앉지 않고 유행하다가 7개월 만에 반열반에 들었습니다.

5. 혼란에 빠진 메기야

부처님께서 짤리까시 짤리까실에 계실 때 메기야 존자가 시자로 있었습니다. 잔뚜가마 마을에 탁발 갔다가 아름다운 경치에 팔려 그 곳에 가서 명상하겠다고 하였습니다. 두 번이나 말렸는데도 굳이 가겠다 하여 보내면서 다섯 가지 주의를 주었습니다.

① 공부가 성숙되지 않았다면 착한 벗을 친구로 사귀고

② 계율을 잘 지키며

③ 싫어 떠나야 할 것은 떠나고 소멸하여야 할 것은 소멸해야 한다.

④ 약하고 불건전한 것은 가까이 하지 말고

⑤ 지혜로써 모든 것을 꿰뚫어 보아야 한다.

하고, 탐욕을 위해서는 부정관, 분노를 잠재우기 위해서는 자애심, 사유를 제거하기 위해서는 호흡, 자만을 제거하기 위해서는 무상을 닦아야 한다 하였습니다.

메기야는 보름도 못 되어 돌아왔습니다.

"왜 돌아왔느냐?"

"가자마자 애염에 물들고 도둑놈 때문에 시끄러워 공부가 잘되지 않았습니다."

"네가 전생에 그곳에서 임금으로 지낼 때 여자들을 데리고 놀던 자리이고, 도둑을 잡아 죽인 장소이니 그렇지 않겠느냐 가보아라. 지금도 네가 단칼에 목을 벤 도둑의 뼈가 그대로 있다."

그래서 메기야는 그곳에 가서 확인하고 열심으로 정진하여 깨달음을 얻었습니다. 인연 있는 사람이나 인연 있는 장소를 만나면 자기도 모르는 사이에 머리털이 곤두서고 가슴이 두근거리기도 합니다. 경험이 있으신 분들은 아실 것입니다.

제36강 나란타촌에서의 포교

나란타는 중인도 마가다국 왕사성 북쪽에 있는 촌입니다. 부처님 당시 부처님 법문을 듣고 500상인이 500만평의 땅을 사 기증함으로써 시무염지(施無厭地)로 이름난 곳입니다.

서기 7세기경 중국 현장법사가 유학 하였을 때는 인도불교의 중심지로 30만평이 넘는 대지에 교수들만도 680명이 거처할 정도로 어마어마하게 큰 나란다대학이 건립되어 세계 각국의 유학생들을 받아 교육시켰으므로 인도에서뿐 아니라 세계에서 가장 먼저 생긴 불교대학으로 명망이 높았습니다.

장차 중국에 건너와 대승불교를 전한 금강지와 선무외삼장 같은 분들도 이곳에서 공부하였고, 북송 초(980) 중국에 온 법현스님 보타흘다 등도 모두 이곳 출신으로 알려져 있습니다.

1. 장고 행자와 부처님

부처님께서 나란타 촌 바비리나 숲에 계실 때 니간타 장고행자가 오니 부처님께서 물었습니다.

"몇 가지 행으로 선행을 닦고 있는가?"

"저의 스승님 니간타 친자는 벌칙을 마련하여 악업을 짓지 않게 하고 있습니다."

"악업은 누가 짓는가?"

"신·구·의 3업이 짓는데 그 가운데서 신·구업이 중하고 의업이 가볍다고 하셨습니다."

"행자여, 나는 악을 징벌하지 않고 오직 악업을 행하지 않게 할 뿐이다. 그 가운데서도 뜻의 업이 가장 무겁고 몸과 입으로 그 경중을 다룬다. 왜냐하면 뜻이 명령하지 아니하면 몸과 입이 작동할 수 없기 때문이다."

이 말을 들은 우파알리는 자기 스승에게 고백하고 불법에 귀의하여 다음과 같이 시를 지었습니다.

"사내답고 용맹스러워 어리석음 떠나고
더러운 생각 끊어 항복 받아 바로잡고
대적할 이 없이 미묘하게 생각하니
3학을 배워 익혀 다시는 근기가 없는
나는 그 부처님의 제자랍니다.

큰 덕 얻어 자재로이 말하고
잘 생각 못하여 꽉 막혔을 때
잘난 체도 않고 구부리지도 않고
흔들리지도 않고 항상 자재하신
나는 그 부처님의 제자랍니다.

아첨 없이 항상 족함을 알고
아낌없이 떠나 만족 얻으시고
사문 되어 깨달음을 성취한
최후의 몸을 얻은 깨끗한 도사
나는 그 부처님의 제자랍니다.

병 없고 헤아릴 수 없이 지극히 심오한 성자
항상 평온하고 용맹스럽고 법에 머물러 생각 미묘한
용 가운데 용, 다시는 돌아오지 않는 두려움 없는 성자
나는 그 분의 제자랍니다.
<중아함경 제32권, 4. 대품 우파알리경>

부처님께서 왕사성에 계실 때 500개의 발우를 넓은 벌판에 내어
놓고 5백 비구에게 말했습니다.
"이 몸은 생겨나고 사라지는 법이다."
그때 소 한 마리가 벌판으로 들어와 발우를 부쉈습니다.
부처님께서,
"이 몸은 나도 아니고 내 것도 아니다. 이렇게 알면 집착할 것이
없으니 악마의 경계에 머물지 아니하면 모든 속박에서 벗어나리
라."
<발경, 1102>

또 부처님께서 왕사성 넓은 벌판에서 600비구와 함께 계시면서
6촉입처에 대해 설명하였습니다.
"6촉은 발생하고 사라지는 것이다."
그때 대지를 흔들 만한 큰 힘을 가진 장사가 나타나자

"이는 파순이다. 두려워하지 말라. 6근·6경에 사랑하고 미워하는 것만 없어지면 모든 결박에서 벗어난다."

<입처경, 1103>

2. 두마 바라문과 바라두바자 바라문

부처님께서 유종가제 마을과 타구라 마을 사이 어떤 나무 밑에 앉아 계실 때 두마 종족의 바라문이 지나가다가 부처님의 발자국을 보고 와서 물었습니다.

"당신은 하늘입니까?"

"하늘도 용도 귀신도 아니고 모든 번뇌에서 벗어난 분다리꽃입니다."

"물속에 있으면서도 물에 젖지 않고, 수없는 고통을 벗어나 죽음의 한계를 벗어난 어른이신 것 같습니다. 그런데 부처님 저희 마을에서는 오래전부터 대자재천과 타화자재천과 변정천, 광음천, 도솔천, 야마천, 도솔천을 섬기고 거기 해와 달, 별천자를 모시고 희생재를 모셔왔습니다. 그런데 각자 그것을 믿는 사람을 따라 해와 달이 높다 하고 천왕들이 높다하여 시비가 그치지 않고 있는데 이 순서가 맞는지 모르겠습니다."

"해와 달이 음식 잡숫는 것 보셨습니까? 그리고 여러 천인들께서 음식 드시는 것 보았습니까?"

"보지 못했습니다."

"그렇다면 남의 말만 듣고 생각하시지 말고 이치적으로 생각해 보십시오. 사람들도 귀하게 사는 사람은 거친 음식을 먹지 않는데, 하물며 하늘임금들이 무엇을 먹을 게 없어서 소, 양, 말의 머리를 드시겠습니까? 그들은 난이슬 등 선식(鮮食)을 하고 있으며 삼매법열로써 양식을 삼고 있습니다.

그 해와 달, 별은 우리로부터 가까이 있기 때문에 수미산 중턱에 있다 하여 천자라 하고 4천왕은 수미산 중턱에 있고 도리천은 수미산 꼭대기 있다 하여 지상천이라 부르고 나머지는 모두 허공 가운데 있으므로 그 수명과 키, 복을 따라 위로 순서를 정했으나 나는 그들의 삶의 질을 따라 도덕군자와 선정, 삼매의 순서로 3계 중생을 판별하고 있습니다.

사왕천, 도리천, 도솔천, 염마천, 화락천, 타화자재천은 욕심이 있는 세계이므로 욕계천이라 부르고 범천, 광천, 정천, 복천은 선정의 깊고 얕음을 따라 정한 것이나 불성의 원리로 보면 하등에 높고 얕은 것이 없습니다. 그러므로 천당을 믿고 사는 사람들은 높고 낮음에 관계없이 선행을 좋아하고 선정과 지혜를 즐기므로 스스로 그 마음을 깨끗이 가지는 것이 좋습니다.”

“그러나 세상 사람들은 영군특을 좋아합니다.”

“영군특이 무엇입니까?”

“모든 권한을 가지고 마음대로 휘두르는 사람입니다.”

“그렇지 않습니다.”

“영은 영특한 사람이니 영군특은 특별한 지혜를 가진 군인으로 세상을 복되게 만드는 사람이니 나의 시를 한번 들어보시오.

성내며 마음에 원한 있고 모든 허물 숨기고 덮으며
계를 범하고 나쁜 소견 일으켜 거짓을 꾸미고
진실하지 않는 자는 영군특이 아닙니다.
난폭한 성질 욕심 많고 인색하며 탐욕으로 속이고 아첨하고
스스로 남에게 부끄러운 줄 모르는 자 또한 영군특이 아니고

다생에 많은 생명 죽이고 해치며 애처로운 마음 없는 자,
마을사람들을 죽이고 때리고 이유 없이 핍박하는 자
어디 가거나 대중의 앞잡이 우두머리로 아랫사람 괴롭히며
두려움으로 협박하고 이익을 빼앗아 챙기는 자
영군특이 아닙니다.

빈 마을 주인이 있건 없건 남의 물건 빼앗아 제것 만들고,
스스로 아내 박대하며 창녀 집에 드나들고
남의 아내 욕보이는 자,
안팎 여러 친척들과 뜻을 같이 하는 좋은 벗들
그들을 침략하는 자,
거짓말로 남 속이고 증거 없이 재물 빼앗아 가는 자
그는 영군특이 아니고

자타의 책임을 물으며 남의 말만 쫓아 위증하고,
악업을 짓고도 죄를 숨기고 감춰두는 자,
잘못된 이치를 가르쳐주고도 잘못된 견해로 사람을 속이는 자,
진실로 공(空)해 가질 것 없는데도
지혜인을 업신여기고 헐뜯고 어리석은 사람 이롭다 여기는 자,

스스로 잘났다 칭찬하고 다른 사람 헐뜯는 야비한 자,
자기 죄를 남에게 덮어씌우고
거짓말로 결박 자를 비방하는 자,
은혜를 입고도 배은망덕하는 자,
사문 바라문들이 법답게 찾아와 구걸할 때
화내고 꾸짖어 주지 않는 자,

나이든 부모 힘이 없어 의지를 구하여도 받들지 않는 자,

어른과 형제 일가친척 가운데
아직 아라한이 아니 된 자를 아라한이라 자랑하는 자,
당초 바라문중으로 태어나 바라문법을 익혔으나
도중에 그만 온갖 나쁜 업을 익혀 타락한 자,
이러한 사람들은 영군특이 아닙니다.

비록 전다라 집안에 태어나 천인이라 부르더라도
그 이름 천하에 퍼지면 전다라라 할 수 없고
바라문 찰제리 공양도 받고 정천에 오르면
비록 종성에 장애가 있더라도 죽어서 좋은 곳에 태어나는 자
이 사람이 영군특입니다."

이 시를 듣고 바라두바자는 곧 출가하여 아라한이 된 뒤 게송을
읊었습니다.

"도 아닌 것으로 청정을 구해 불에 공양하고 제사를 지내며
청정한 걸 알지 못했으니 마치 장님과 같았네.
이미 안락을 얻어 출가하여 계를 받고
삼명(三明)을 밝혀 불도 이루니
진정한 바라문이 되어 티끌 때를 씻고
모든 하늘과 저 언덕을 건너가네."

<영군특경, 102>

부처님께서 죽림정사에서 1,250인과 함께 여름 안거를 지내시

고 이교도의 동산 공작림으로 갔습니다. 거기에는 전모라는 종주교주가 있어 여러 가지 축생론을 펴고 있다가 부처님을 맞아 앉게 하였습니다.

"그대는 무슨 경을 강하였는가?"

"왕사성은 심히 복 받은 곳이다. 한 사람의 성현만 모여도 큰데 푸라아나까사파(不蘭迦葉)·마칼리고오사알라(摩息迦利瞿舍利子)·산쟈벨라티풋타(娑若鞞羅迟子)·니간다나아타풋타(尼犍親子)·파쿠다카챠아야나(彼復迦栴)·아지타케사캄발리(阿夷哆鷄舍劒婆利), 거기 고타마까지 겸해서 여름 안거를 지냈으니 큰 복을 받은 나라라 하겠습니다. 그런데 이 가운데 어떤 분이 가장 높고 존경받을 만합니까."

부처님께서 전모에게 물었습니다.

"우리는 거친 옷과 거친 음식으로 만족하며, 적게 먹는 것을 칭찬하고 거친 평상으로 만족하고, 좌선으로써 마음을 안정하는 것을 칭찬하고 있습니다. 그리고 애욕의 화살을 싫어하며 선정의 기쁨으로써 세상의 고통을 털어버리게 하고 있습니다."

"참으로 기이하고 신통하나이다. 그 많은 권속들을 거느리고 계시면서도, 흩어짐이 없이 공경과 사랑으로 화합하여 살고 계시니…."

<중아함경 제57권, 3. 포리다품 전모경 6·7>

3. 울수가라 범지와 차라주라 촌장

부처님께서 왕사성 죽림정사에 계실 때 울수가라 범지가 친히 찾아뵙고 밀했습니다.

"부처님, 범지는 4성을 위하여 희생제를 지내고 있습니다."

"그렇다면 범지는 누가 위해 줍니까."

"4성이 반드나 특히 8부 신장이 으뜸이 됩니다."

"악기 잘 뜯는 건달과 노래 잘 부르는 구반다, 돈 잘 버는 용왕, 흡혈귀 야차, 재물을 잘 관리하는 마후라가, 춤 잘 추는 긴나라, 허공을 나는 가루라, 하늘 땅 허공 물을 지켜주는 아수라들이 잘 보호한다면 걱정할 것이 없을 것 같습니다."

어느 때 부처님께서 가야시리사의 지제묘에서 1천 비구와 같이 있을 때 머리를 꼬는 재주를 가진 바라문이 신통을 나타내고, 죽은 사람의 혼을 잘 알아맞혀 유명하였습니다.

부처님께서 선정삼매(正受)에 들어, 6종 18변을 부린 사문의 해골바가지를 주면서 "그가 어디가 있는지 알아 맞혀보라." 하니 알아내지 못했습니다. 이에 부처님께선

"남의 마음을 알아차리는 것은 심·의·식을 분별한 것에 불과한 것인데 그는 이미 선정삼매에 들며 심, 의, 식이 끊어졌기 때문이다.

<시현경, 197>

부처님께서 죽림정사에 계실 때 나라 마을 촌장 차라주라가 부처님께 물었습니다.

"옛사람이 이르기를 광대들은 죽어 환희천에 태어난다고 하였는데 사실입니까?"

"내 그대에게 묻겠노라. 구경꾼들이 저 광대의 놀음 때문에 3독 번뇌에 속박되지 않았을까?"

"그렇습니다."

"그렇다면 그는 좋은 곳에 나기 어려운 것이다."

촌장이 슬피 울면서 말했습니다.

"그런데 저는 어리석게도 광대놀이에 정신을 잃고 살았습니다."

<차라주라경, 907>

전사마을 촌장이 부처님께 찾아와 물었습니다.

"전사는 갑옷을 입고 손에 칼을 쥐고 원수를 무찔렀으므로 전항복천에 태어난다고 하는데 사실입니까?"

"남을 상해하고 적을 무찌른 자가 좋은 곳에 갈 것 같은가?"

"그렇지 않을 것 같습니다."

"그렇다면 그는 사람을 죽인 대가로 설사 상을 받았다 할지라도 그 인과는 악취에 떨어질 가능성이 있다."

<전투활경, 908>

제37강 데바닷다 반역

1. 욕심 많은 데바닷다

　데바닷다는 부처님의 사촌동생입니다. 그는 샤카족 명문 출신으로 어려서부터 총명하고 또 힘이 세고 생김새도 뛰어나서 위풍이 당당한 위인으로 나타나고 있습니다. 부처님께서 재세시 여러 학동들과 무예를 습득할 때 최후까지 부처님의 상대자는 데바닷다였다고 기록되어 있고, 또 야소다라비를 놓고 결혼을 위한 최후의 경쟁자도 데바닷다였다고 기록되어 있습니다.

　그런데 그는 누구보다도 세속적인 욕심이 강해 출가 후에도 종종 부처님을 괴롭힌 일이 많았습니다.

　"부처님, 이제 부처님께서는 나이도 많고 오랫동안의 교화생활로 몸이 지쳐 있으니 이제 그 법주(法主)의 지위를 저에게 넘겨주십시오."

　"데바야 고맙다. 그러나 법은 누구의 것이 아니다. 그것은 누구나 깨달아야 할 진리일 뿐 그것을 주고받을 주인과 객이 따로 없다. 그러니 이 법을 깨닫지 못한 너에게 어떻게 법을 물려줄 수 있겠느냐?"

부처님의 이 같은 대답에 데바는 매우 불쾌했습니다. 온 세상의 주인이 되는 부처님의 자리, 뭇 성현 중생들이 마지막으로 돌아가 의지하는 부처님의 자리는 이미 국경을 초월하고 종족을 초월하여 법왕이 된 자리라 데바가 보기에는 세상에 이보다 더 높은 자리가 없었습니다.

그러나 부처님은 3계의 도사(導師)요 4생의 어진 아버지이지 세속적인 욕망이나 명예 속에 권력의 쟁취자가 아님을 분명히 하고, 또 그것은 오직 깨달은 자들에 의해서만 계승될 뿐이지 세속적인 명예나 권력으로서 계승되는 것이 아님을 분명히 가르쳐 주신 것입니다. 그런데 데바닷다는 부처님의 이 같은 답변을 듣고 그 자리를 나에게 물려주지 않는가 하여 매우 불쾌하게 생각하고 마침내는 '이놈 두고 보자'는 식으로 자리를 물러나왔습니다.

그리고 그 후 또 얼마 있다가 그를 추종하는 몇몇 사람들과 의논한 뒤, 다음과 같이 건의했습니다.
"세존이시여, 진리를 구한다는 것은 욕심을 적게 하고 만족함을 알아 생에 자유를 얻는 것이니, 다음 계목은 다 같이 그러한 목적을 달성하는 방편이라 생각됩니다. 모든 비구들에게 선포하여 시행하게 하면 어떻겠습니까?

첫째, 죽을 때까지 숲속에 살 것.
둘째, 죽을 때까지 탁발하여 초대를 받고 배불리 먹지 말 것.
셋째, 죽을 때까지 누더기를 기워 입고 남이 베푸는 시주의 옷을 입지 말 것.
넷째, 죽을 때까시 나무밑에서 살며 지붕밑으로 들어가지 말 것.

다섯째, 죽을 때까지 고기를 먹지 말 것."

이것은 곧 불교교단에 대한 일종의 반역의 표시입니다. 이 중의 첫째와 넷째는 본래 같은 것이고, 첫째와 둘째, 셋째는 현재의 비구들이 다 같이 지키고 있는 율문이었으나 단지 부처님이나 제자들의 초대가 있으면 그 곳에 나가 부드러운 음식을 받아먹고 주는 옷을 받아 입었으며, 때로는 치병설약(治病設藥)을 위해선 오정육(五淨肉)[1]의 복용을 허락하고 있었기 때문입니다.

사실 부처님의 계율은 자비정신이 근본 바탕이 되어 모든 생명을 존중하므로 서로 화합하고 상호부조적 정신을 길러 뒷날 업의 굴레에 매이지 않게 하는데 목적이 있었으므로 계율을 지키는 것이 목적이 아니고 오직 그것은 마음에 자유를 얻는 한 가지 방편에 불과한 것이었으므로 절대적인 것은 아니었습니다. 그래서 부처님은 좋게 타이르듯 말씀하셨습니다.

"데바여, 부처님은 극단적인 향락과 고행, 이 두 변은 불교인이면 누구나 마땅히 버려야 할 길이라고 생각한다. 비구가 걸식하고, 숲속에서 선(禪)을 닦으며, 산 고기를 먹지 않고 분소의(糞掃衣)를 입는 것이 원칙이지만 때를 따라서는 촌가에도 들어갈 수 있으며, 시주의 초대를 받을 수도 있고, 시주가 주는 옷을 받을 수도 있다. 수행을 위해 나무 밑에 있는 것도 좋지만 정사가 있으면 그 속에 들어가서 도를 닦는 것도 해로울 것은 없다. 사람이 병이 나서 고통을 겪을 때는 고기를 약으로 쓸 수도 있으며, 다만 자리

---

1) 5정육이란 ① 직접 잡지 않고 ② 죽이는 것을 보지 않고 ③ 죽는 소리를 듣지 않고 ④ 피를 보지 않고 ⑤ 자연사하여 여러 사람의 손을 거친 깨끗한 고기를 말합니다. 여기서 이름 지어진 것이 정육점입니다.

(自利)만을 위해서 탐욕으로 얻는 옷과 음식이 아니면 받아먹고 써도 괜찮다."

데바는 더욱 화가 났습니다. 그래서 밖으로 나와 그의 동료들을 총동원했습니다.

"고타마는 욕심쟁이다. 모든 사람들의 공양과 귀의를 자기 혼자만 받으려 한다. 이런 사람을 따라 가다가는 우리도 그렇게 되고 말 것이니 가자."

이렇게 하여 그의 충실한 부하 코칼리카(瞿伽利) · 카타모라카티샤카(伽留羅提舍) · 칸다데바풋다(騫陀達多) · 사문닷타(三聞達多) 등과 함께 상두산(象頭山)으로 들어갔습니다. 당시 인도에는 수행상 부처님과 같이 중도적인 행을 하는 것보다도 율법 주의적 고행주의 풍습에 크게 물들어 있었으므로 오히려 그런 것을 좋아하는 사람들이 많았습니다. 데바의 반역에 동조하는 사람은 이상의 세 사문 외에도 5백 명이나 되는 비구가 동조하여 그들과 함께 상두산에 모였습니다.

2. 빔비사라왕의 왕위 찬탈

한편 데바는 자기의 세력이 강대해지자 거만한 생각이 날로 충천하여 '어떻게 하면 부처님의 세력을 완전히 부셔버리고 데바 천하를 구축해 볼까?' 하는 생각으로 꽉 차 있었습니다.

그 때 데바는 생각했습니다. '고타마가 가장 외호를 받고 있는 빔비사라왕을 제거하면 된다. 그렇게 하려면 먼저 그의 아들 아잣타삿투 왕자를 사귀어야 한다." 하고 온갖 계교를 다 부려 아잣타 삿투 태자를 사귀었습니다.

하루는 아잣타삿투가 높은 누에 올라 앉아 무예를 익히고 있었는데 그 때 마침 데바가 그 옆을 지나며 여러 가지 신묘한 기교를 그에게 보여 주었습니다. 나이 어린 왕자는 그가 미처 배우지 못한 여러 가지 기교를 가진 데바를 보고 스승이 되어 가르쳐 달라 했습니다. 데바는 못이기는 척 하면서도 만족한 표정으로 그를 지도하여 말 타고 활 쏘고 창 던지고 말하는 법으로부터 부모를 섬기고 신하를 다루며 나라를 다스리는 일에 이르기까지 여러 가지 기예를 모두 가르쳤습니다. 빔비사라왕은 이 말을 듣고 '스님으로서는 해야 할 일이 아닌데…' 하고 매우 걱정했으나 태자가 좋아하는 일이라 어찌 할 수 없었습니다.

그런데 그 어린 왕자의 마음을 완전히 빼앗아버린 데바는 그의 후원을 받아 커다란 정사를 짓고 나서 이렇게 말했습니다.

"태자님. 요즘 소문에 의하면 고타마는 사교를 퍼뜨려 민심을 유혹하고 있다고 합니다. 당신의 아버지 빔비사라왕도 그 고타마에게 미혹되어 나라의 재산이 기울만큼 큰 재물을 보시하고 있습니다. 이대로 가다가는 나라의 정치가 문란해서 외세의 침입을 받지 않을까 걱정입니다. 그리고 이대로 가다가는 태자님은 임금 노릇 한번 못하고 헛세월만 보낼까 걱정됩니다."

"그러나 데바부처님, 아버지의 은혜는 수미산보다도 높고 어머님의 은혜는 바다보다도 더 깊다 하지 않았습니까?"

"그렇습니다. 그러나 요즈음 들으니 태자님은 고타마를 섬기는 빔비사라왕의 반대 되는 나를 섬긴다 하여 태자님의 생명을 노리고 있다는 소문을 들었습니다."

아잣타삿투 태자는 이 말을 듣더니 갑자기 얼굴빛이 변했습니다. 데바는 다시 기회를 놓치지 않고 그의 결심을 깊숙이 충동했습니다.

"태자님. 이렇게 어름어름하고 있을 때가 아닙니다. 속히 결행을 하십시오. 그리하여 태자님은 마가다국의 새로운 왕이 되고 나는 온 천하의 새로운 부처님이 되어 금륜(金輪)의 태평성국을 이루어 봅시다."

태자는 이 말을 듣자 곧 흥분하여 칼을 쥐고 왕궁으로 갔습니다.

"빔비사라왕을 체포하라, 그렇지 않으면 내 생명이 위험하다."

명령이 떨어지자 데바의 무리들이 벌써 왕궁을 빙 둘러 쌌습니다. 빔비사라왕은 태자가 칼을 들고 들어온다는 소문을 듣고 순순히 타일러 계승해 줄 것을 약속하였습니다.

"다만 삿된 스승에게 유혹되어 나라 일을 그르치지 않도록 하라."고 부탁했습니다.

갑자기 금륜보관을 머리에 쓰고 7보의 장검을 허리에 찬 태자는 새 왕이 되어 형용할 수 없는 기쁜 마음이었습니다. 그래서 자기가 지어준 데바의 절에 가 대보시회를 베풀고 사은회를 가졌습니다. 그 때 데바는 또 충동을 했습니다.

"오늘 왕관을 쓰고 허리에 보검을 찼다 해서 결코 안심할 수는 없습니다. 언제 어떻게 될지 모르는 이 현실 속에서 대왕은 만족한 웃음이 나오십니까. 하루 빨리 빔비사라왕을 체포해 없애야 합니다."

"데바부처님, 아무리 권력이 좋다 하더라도 아버지를 죽일 수야 있겠습니까?"

"그렇지만 아버지에게 도리어 죽는 것보다는 낫지 않겠습니까?"

그런데 그날은 마침 음력 14일이라 빔비사라왕께서는 직접 부처님께 법을 들으러 가는 날입니다. 빔비사라왕이 부처님께 가서 법문을 들을 때는 영축산 밑 언덕바지에 언제나 정복을 벗어 놓고 평복을 입은 뒤 1보1배를 하고 갑니다. 이 내력을 잘 알고 있는 데바닷다는 그 곳에 부하들을 잠복시켜 왕장을 뺏어 오도록 하고 자신은 아잣타삿투 태자와 함께 그에 대한 만반의 준비를 하고 있었습니다.

그런데 마침 부처님은 빔비사라왕이 마지막 아들에게 당할 횡액이 있음을 아시고 흰쥐와 검정쥐 즉 안수정등(岸樹井藤)에 대한 이야기를 들려주었습니다.

"옛날 옛적에 어떤 사람이 정처 없이 길을 가다가 미친 코끼리를 만나 도망을 쳤습니다. 도중에 한 오아시스를 만나 옛 우물 속으로 뻗어 들어간 등나무 넝쿨을 잡고 속으로 들어가다 보니 땅 밑에서는 3분지 2쯤 허리가 모래 속에 묻혀 있는 네 마리의 독사와 한 마리의 구렁이가 혀를 널름거리고 있었습니다.

그래서 위를 쳐다 보니 벌써 그 코끼리가 옆에 와 있는데 하늘에서는 꿀벌들이 날았다 앉았다 하는 바람에 꿀 한 방울이 마른 혀에 떨어져 얼마나 달던지 뱀과 구렁이 그리고 코끼리도 다 잊어버리고 꿀 한 방울만을 더 얻어먹으려 나무를 흔들었더니 벌들이 와서 쏘아댔습니다.

꼼짝달싹하지 않고 있으니 어디선가 큰 대상들의 말발굽소리가 들려 희망을 가지고 있었는데, 자세히 알고 보니 그것은 말발굽소리가 아니라 자신이 붙들고 있는 나무뿌리를 흰쥐와 검정쥐가 쏠

고 있는 것이었습니다. 대롱대롱 죽지 못해 매달려 있을 때 어디
선가 불이 나서 태울 만한 것은 모두 다 태워버렸습니다."

빔비사라왕은 이 이야기를 듣고,
"아, 부처님. 그 이야기는 곧 나의 이야기이고, 모든 중생들의 이
야기입니다. 정처 없이 걸어가는 길은 사바세계를 유랑하고 있는
우리의 인생이고, 미친 코끼리는 세월이며, 옛 우물은 옛날에도 빠
져 죽었던 생사의 우물이며, 등나무넝쿨은 생명줄, 네 마리 독사는
4대색신, 한 마리의 구렁이는 욕망, 흰쥐와 검정쥐는 해와 달 그리
고 밤과 낮, 벌들은 삿된 생각, 꿀은 5욕락입니다. 저 멀리 내려다
보이는 생사의 바다 속에 출렁거리는 파도를 보면 바로 이 안수정
등과 같고, 흰쥐와 검정쥐와 같습니다. 부처님 오늘 저는 이 길로
내려가 왕위를 아사세에게 전하고 저도 마지막 구도의 길에 나서
겠습니다."
하고 내려오니 벌써 왕장은 다 떼어가고, 자신을 지키던 병정들
은 죽어 있었습니다.

그런데 태자는 그것도 모르고 데바닷다가 시키는 대로 곧 집으
로 돌아와 일곱 겹으로 둘러싸인 감옥 속에 아버지를 집어넣고 일
체 음식을 주지 못하도록 하였습니다.

그런데 그 때 우요대신이 지나가는 말로 홀로 중얼거렸습니다.
"인과란 결코 헛된 것이 아니로구나."
데바가 듣고 물었습니다.
"그게 무슨 말씀이오?"
"사실은 아잣타삿투 태자를 가지기 전 대왕께서 자식이 없어 어

떤 선인에게 점을 쳤는데, 가야산 꼭대기에 있는 선인이 죽어 아들로 태어날 터이니 3년만 기다리라 하자, 왕이 너무 조급하여 사요와 저를 시켜 그를 죽여 달라 하였습니다. 그리하여 사요와 함께 가서 그를 죽였는데 그 후 사요는 갑자기 병들어 죽었습니다. 그런데 다행히도 왕후께서 태기가 있어 아이를 낳게 되었는데, 이상하게도 그 아이를 배면서부터 그리 착하던 왕후가 질투심이 많아지고 성질이 포악해져 대왕을 물어뜯고 피를 빠는 못된 습관이 생겼습니다. 이상히 여겨 점쟁이에게 다시 물으니 아직 명이 남은 선인을 죽여 원한심을 가진 탓이라 하고 장차 아이를 낳으면 반드시 아버지를 죽이고 왕위를 찬탈할 것이라 예언했습니다. 그래서 위데히 부인은 그 말을 듣고 아이를 낳자마자 죽여 버리고자 높은 누에 산실을 만들고 그 아래다가 날선 작두를 놓았는데 이상하게도 태자는 그 높은 누에서 떨어졌으나 목숨은 상하지 않고 오직 왼쪽 손가락 하나만 절단되고 말았습니다. 누에서 내려와 본 왕후는 너무나도 아이가 잘 생겨 차마 죽일 수가 없어 길렀더니 오늘 이러한 일들이 생기게 된 것입니다. 옛말에 '공부하는 선인을 죽이면 일곱 겹의 옥에 갇혀 죽는다.' 하지 않았습니까?"

이 말을 들은 데바는 쾌재를 부르며 아잣타삿투왕께 가서 우요대신의 이야기를 전했습니다. 왕은 비로소 자기 손가락 하나가 없어진 이유를 알고 문지기에게 일체 음식을 투여하지 못하게 하고 굶겨 죽이도록 명령했습니다. 그런데 20일 후 '이젠 죽었겠지?' 하고 문지기에게 물으니 아무런 이상이 없다는 말을 듣고 태자는 깜짝 놀랐습니다.

어머니 위데히 부인이 깨끗이 목욕하고 온 몸에 꿀과 밀가루를 바르고 족두리 속에 떡을 넣어 그 동안 공양했으며, 한편 부처님은 그 동안 사리풋다를 보내 위로하고 이 세계 밖에 아미타불의 정토인 극락세계가 있다 하여 정신적으로 많은 선열미(禪悅味)를 맛보게 하여 죽지 않고 있다는 것을 알았습니다. 화가 난 왕은 우요대신의 이야기를 하면서 어머니 위데히 부인까지도 방안에 연금하고 일체 출입을 하지 못하게 했습니다.

그러던 어느 날 밥 때가 되었는데 아잣투삿투왕은 그의 아들 우다야 왕자가 강아지하고 밥 먹는 것을 보고 야단을 쳤더니 그때 어머니 위데히가 말했습니다.

"대왕의 아버지는 강아지가 문제가 아닙니다. 대왕이 어려서 손가락에 종기가 나서 울면 그 고름을 다 빨아 잠이든 뒤에야 밥을 잡수셨습니다."

"누가 나를 죽이라 하였습니까?"

"그거야 하루 빨리 자식을 낳아 자리를 물려주고자 한 욕심이지요."

아잣타삿투왕은 갑자기 양심에 가책을 느껴 심한 경련을 일으키면서 외쳤습니다.

"아바마마를 구하라."

그러자 아버지 빔비사라왕은 그의 종자들이 환호성을 울리며 자기 앞으로 뛰어 오는 소리를 듣고 그만 기절하여 한 많은 이 세상을 마치고 말았습니다.

3. 데바의 흉계

이렇게 해서 왕위를 빼앗게 한 데바는 이제 정법의 왕 고타마를 어떻게 죽이느냐가 문제가 되었습니다.

"아잣타삿투 대왕님, 이제 세상은 당신의 세상이 되었습니다. 단지 사마(邪魔) 고타마만 처치하면 일은 끝날 것 같았습니다."

"어떻게 그를 처치하면 좋겠느냐?"

"활 잘 쏘는 명수를 시켜 탁발 나올 때 죽림정사 부근에서 쏘아 죽이면 되지요."

왕은 그렇게 하라고 명령했습니다. 왕의 군대 가운데에서 가장 활을 잘 쏘는 두 사람을 선출해 보냈습니다. 그러나 그들은 일찍부터 부처님의 명성을 잘 듣고 있었고, 또 베다를 공부하여 '죄 없는 선인을 죽이는 자는 무간지옥에 떨어진다.'는 사실을 철저히 믿고 있었기 때문에 그들은 차마 부처님을 보고도 활을 쏘지 못하고 망설이고 있었습니다.

부처님은 이 사실을 미리 아시고 그들이 있는 곳으로 나가 그들을 불렀습니다.

"청년들아, 이리 나오너라. 두려워할 것 없다."

부처님의 이 자비하신 말씀에 그들은 크게 감화되어 활을 버리고 부처님께 귀의하여 제자가 되었습니다.

화가 난 데바는 이번에는 자기 교단원들을 출동시켜 몽둥이를 들고 길 주위에 있다가 붓다가 나오면 그대로 쳐 죽이라 명령했습니다. 그러나 이러한 소식을 미리 듣고 수많은 비구들이 죽림정사를 위요하고 있을 때 어떤 사람은 몽둥이를 들고 또 어떤 사람은 칼을 들고 모두 살기에 차 모여 들었습니다. 이튿날 아침 부처님께서 걸식을 나가니 비구들이 말렸습니다.

"부처님, 지금 부처님을 헤치려는 데바의 권속들이 몽둥이를 들고 이곳에 숨어 있습니다."

"비구들아, 걱정 말라. 부처님은 결코 누구의 위해도 받지 않는다. 다만 너희들이나 그런 복수심을 버리고 하루의 일과를 다하라."

하고 타일렀습니다. 이러한 광경을 옆에서 지켜보고 있던 데바의 권속들은 데바와는 너무도 대조적인 부처님의 자비하신 모습을 보고 곧 감화가 되어 근 백여 명이 부처님께 참회하고 부처님 교단으로 전향하였습니다.

4. 싸리뿟다와 목갈라나의 교화

한편 이때 싸리뿟다와 목갈라나는 부처님께서 말리는 데도 불구하고 데바의 권속들을 교화시키러 갔습니다. 어리석은 비구들이 먼저는 5백 명의 비구들을 데바에게, 이번에는 또 두 법장을 잃었으니 어떻게 하느냐고 탄식하는 사람들도 있었습니다. 그러나 부처님은 '이제 부처님의 진리가 두 선지자에 의하여 더욱 빛나게 될 것이니 걱정 말라' 하였습니다.

사리풋다와 목갈라나가 가야산에 이르자 데바는 두 손을 합장하고 맞아들였습니다.

"참으로 장한 일입니다. 옛날엔 내가 창안한 다섯 개의 계율을 반대하더니 오늘은 스스로 이 깊은 곳까지 찾아오시니 참으로 고맙습니다."

하고 그는 환영법회를 열어 설법을 하다가

"나는 좀 피곤하니 이제 두 법장께서 설법해 주시오"

하고 그는 정사로 들어가 잠을 잤습니다. 목갈라나와 사리풋다는 여러 가지 신통과 비유법문으로 그들을 교화하고,

"여러분, 들어보십시오. 저 데바의 코고는 소리를, 진실한 부처님은 원망이 없습니다. 욕심도 없습니다. 데바는 나이 어린 왕자를 꾀어 죄 없는 부왕을 죽게 하고, 또 사해의 법왕이신 부처님까지도 무고히 살해하려 하고 있습니다."

하고 그동안 일어났던 여러 가지 사건들을 들어 사실대로 알렸습니다. 그리고 "진정한 부처님의 제자라면 곧 우리와 함께 가자."고 하고 일어났습니다.

이 말을 들은 제자들은 모두 자리에서 일어났습니다. 깊은 잠에 빠졌던 데바는 당황한 나머지 이리 뛰고 저리 뛰며 갖가지로 달래 보았으나 모두 다 말을 듣지 않고 가버렸습니다. 먼저는 2백 명의 비구를 유혹해 왔으나 오늘은 8백여 명의 교단을 잃고 보니 데바의 눈은 붉게 충혈되었습니다.

"이 어리석은 고타마 이놈, 내가 그대로 두지 않을 것이다."

하고 그는 몇 사람의 교도들과 함께 영축산 험한 골짜기에 올라가 큰 돌을 굴렸습니다. 그런데 부처님은 이튿날 아침에 그 곳을 향해 탁발하러 가다가 조그마한 파편에 발가락 하나를 다치게 되었습니다.

5. 술 취한 코끼리

데바는 이 일도 실패로 돌아가자 다음은 술 취한 코끼리로 부처님을 죽일 계획을 하였습니다. 아잣타삿투왕에게 5백 마리의 코끼리를 얻고, 그 코끼리에게 술을 먹여 취하게 한 뒤 부처님을 밟아

죽이도록 하였습니다. 부처님은 그 날도 무심으로 그 거리를 나오시다가 갑자기 미친 코끼리들의 습격을 받았습니다. 그러나 부처님은 자비삼매에 들어 조금도 동요하지 않았습니다.

"나라기리야, 너희들은 큰 용을 해치지 말라. 큰 용이 이 세상에 나기 참으로 어렵다. 만일 큰 용을 해치면 다음 세상의 인과가 두렵다."

이 말을 들은 코끼리들은 모두 부처님의 발아래 엎드려 부처님의 발을 코로 불고 일어났습니다. 이 광경을 본 모든 시민들은 부처님을 더욱 존경하게 되었습니다.

6. 아잣타삿투 태자의 참회

한편 아잣타삿투 태자는 이상하게도 아버지 빔비사라왕이 죽은 그 다음 날부터 잠을 이루지 못하고 무서운 열병에 걸려 온 몸에 부스럼이 났습니다. 유명한 기바 의사가 와서 치료했으나 이것은 몸에서 발작한 병이 아니고 마음속으로부터 일어난 병이라 좀처럼 치료가 되지 않았습니다. 기바는 일찍이 빔비사라왕의 부름을 받고 부처님의 병을 치료한 일이 있었으므로 부처님을 잘 알고 있었습니다.

"대왕님, 대왕님의 병은 오직 샤카무니 부처님만이 낫게 할 수 있습니다. 나는 육체의 의왕이나 부처님은 마음의 의왕입니다. 한 번 그 곳으로 가보시는 게 어떻습니까?"

"아버지를 죽이고, 3보를 비방한 죄인이 어디를 간단 말이냐?"

"아닙니다. 부처님은 원수나 친한 이를 가리지 않습니다."

그런데 그 날 밤, 아잣타삿투왕은 비몽사몽간에 돌아가진 아버지를 보고

"아버지, 용서하세요. 아버지, 용서 하세요. 제가 잘못했습니다."

하고 큰 소리로 외치니 아버지는 빙그레 웃으며 말했습니다.

"자업자득(自業自得)이다. 나는 누구도 원망하지 않는다. 다만 부처님의 위대한 가르침이 나를 극락세계로 인도하여 지금은 아미타불의 접인을 받고 있으니 걱정하지 말라. 다만 너의 고통을 덜어주기 위하여 왔으니 내 말을 헛되이 듣지 말고 정법의 왕 샤카무니 부처님께 나아가 참회하라. 그리고 좋은 불사를 행하고 어진 정치를 펴라."

아잣타삿투왕은 꿈을 깨고 나서 도통 잠을 이루지 못했는데 기바가 물었습니다.

"대왕님, 대왕님은 어찌하여 깊은 잠을 주무시지 못하십니까?"

"이 3계를 떠나 모든 번뇌와 망상에서 헤어날 수만 있다면 나는 잠을 잘 수 있으리라."

하고 그 동안의 잘못을 토로하였습니다.

마침내 지바카 의사는 그를 부처님의 위대한 신력에 힘 입히는 수밖에 없다고 생각하고 날을 받았습니다. 여러 가지 공양구를 준비하고 온갖 맛있는 음식을 장만하고 있을 때 이 이야기를 들은 데바가 왕 앞에 나타났습니다.

"대왕마마, 안녕히 주무셨습니까?"

"오, 데바. 나는 지금 생지옥의 고통을 겪고 있습니다. 나는 아버지를 죽인 죄인입니다. 그래서 나는 이 죄를 사하기 위하여 부처님께 참회하러 갈 작정입니다."

"뭐라고, 그 거짓 고타마에게… 그러다가는 이 나라마저도 그 놈에게 빼앗기고 말 것입니다."

"데바여, 부처님만이 성자입니다. 아버지가 선인을 죽이게 한 것도 사실은 나를 하루 빨리 안아 보기 위해서였습니다. 그리고 나를 죽이려 한 것은 오늘과 같은 일이 있을 것을 미리 예측하여 한 것이니 이는 아버지의 잘못이 아니고 결국 나의 잘못입니다."

데바는 화가 났습니다. 이 세상에선 자기보다 높은 사람이 없다고 믿고 있던 아잣타삿투 왕의 입에서 그런 말이 나올 때 그는 견딜 수 없었습니다. 데바 옆에 모여 서서 그가 물러나기를 간청한 대신을 그 자리에서 찔러 죽이고 비호처럼 달려 죽림정사로 달려 갔습니다.

그 때 부처님은 데바가 칼을 들고 자기를 저격하러 오는 것과 기바 의사가 아잣타삿투 왕을 모시고 참회하러 오는 것을 미리 아시고 열 명의 제자와 함께 암바나무 앞에 가 앉으셨습니다.

데바는 독칼을 들고 그 옆을 방황하다가 아잣타삿투 왕이 5백 대의 수레에 여러 가지 공양물을 가진 기사들을 태우고 왕이 탄 흰 코끼리 앞에 의사 기바가 오는 것을 보고 칼을 놓고 부처님 앞에 나아가 발아래 엎드렸습니다. 왕은 부처님을 뵙자 눈물을 흘리며 큰 소리로 울었습니다.
"왕이시여, 눈물을 거두시오. 마땅히 죄인은 과보를 받아야 합니다. 그러므로 아버지를 죽인 죄로 나를 향해 참회하지 말고 백성들을 향해 참회하십시오. 죄는 구름과 같고 참회는 바람과 같습니다. 참회의 바람으로 죄의 구름을 몰아버리면 맑은 법성이 허공의 태양처럼 빛납니다."

대왕이시여, 나는 옛날 옛적에 저 데바를 적자와 같이 사랑했습니다. 그런데도 저 사람은 끝내 세속적인 명예와 이익을 버리지 못하여 종종 잘못을 저질러 왔습니다."

하고 다음과 같은 이야기를 들려주었다.

"옛날 적정성(寂靜城)에 적정이란 왕이 있어 모든 백성들을 친자식과 같이 살펴왔습니다. 그런데 하루는 다 죽어가는 병든 거지가 찾아와 살려 달라고 애원했습니다. 왕은 여러 전의를 시켜 치료했으나 병은 낫지 않고 점점 더해 갔습니다.

전국에서 유명한 의사들을 불러다가 모두 치료해 보았으나 다 허사가 되고 다만 한 노련한 의사가 '이 세상에서 한 번도 성을 내지 않은 사람의 피가 있다면 살리겠다.' 하여 왕은 자신이 한 번도 성낸 일이 없는 것을 여러 증인을 통해 보증하고 '내가 일국의 왕으로서 한 사람의 병자도 구원하지 못한다면 어떻게 만 백성을 구원할 수 있겠느냐.' 하며 곧 피를 빼서 치료하였습니다.

그리고 다 나은 뒤에는 집, 땅까지 마련하여 결혼시켜 새 살림을 시작하게 하였는데 사람이란 참으로 천박한 것이라 그 거지는 자기가 훌륭한 사람이기 때문에 6개월 동안이나 왕께서 피를 빼서 자기를 살렸다 하고, 또 이렇게 살림을 차려 주었다 자랑했습니다. 그러나 그는 누가 보아도 덕이 있는 사람이 아니라 그 사람을 칭찬하기보다는 모두 그 왕만을 칭찬하는지라 화가 난 거지는 '그렇지 않다. 그 왕은 원래 나쁜 병이 들어 있었는데 그 피를 다른 사람에게 빼내 주지 않으면 죽게 되므로 나에게 넣어 주었던 것이다. 그리고 그 대가로 이 집과 땅 부인을 준 것이다.' 하고 허위 선전을 하였습니다.

그러던 어느 날 갑자기 그의 몸에서는 이상한 기운이 감돌더니 하늘에서 벼락이 내려 그 집은 모두 타 버리고 땅은 모두 홍수 재해로 유실되어 다시금 병든 거지가 되고 말았습니다. 대왕이여, 그 때의 왕은 나요, 거지는 저 데바였습니다. 나는 세세생생에 그와 같이 죄를 구원하였지만 저는 그를 끝까지 배반하였으니 그의 마음에 아직 무명이 제거되지 아니한 까닭입니다."

왕과 왕후는 이 이야기를 듣고 크게 뉘우치고 다시금 부처님께 귀의하였습니다.

제38강 극락세계의 연기

1. 위데히의 발원

　빔비사라왕의 죽음과 데바닷다의 반역을 본 위데히 부인은 이 세상에서 살고 싶은 생각이 없어졌습니다. 그래서 부처님을 찾아 뵙고 애원했습니다.

　"부처님 저는 진실로 부모와 자식이 불효하고 형제간이 화목하지 못한 이러한 세상에서는 살고 싶지 않습니다."

　"이 세상의 온갖 고통은 탐욕에서부터 비롯되었습니다. 저 해와 달, 별, 산과 물을 자세히 관찰해 보십시오. 날이면 날마다 항상 밝은 빛을 제공하고 있으나 세금 한번 받아간 일이 없습니다.

　저 넓고 큰 바다를 보십시오. 큰 강, 작은 강, 냇물, 개울물이 모두 한 곳으로 들어와도 그것을 거역하지 않고 다 받아들여 한 맛이 되게 하고 새우나 게, 장어나 고래, 크고 작은 물고기들이 마음대로 뛰놀게 하고 큰 배, 작은 배들이 바람 따라 유랑하게 하되 하나도 장애하지 않습니다.

저 대자연을 본받아 210억국의 장점을 따서 진실로 살기 좋은 국토를 만든 사람이 있으니 그 분이 바로 법장비구입니다."

2. 법장 비구의 서원

"옛날에 법장비구라는 수행자가 있었습니다. 태어날 때마다 나라의 임금님으로 선정을 베풀어 백성을 사랑하더니 세자재왕 부처님 법문을 듣고 발심 출가하여 마흔여덟 가지 원을 세우고 극락세계를 만들어 시방중생들을 접인하고 있었습니다."

마흔여덟 가지 원이란
"나쁜 곳의 이름 없고 나쁜 길에 타락 없고
모두 같이 금색으로 한결같은 모습을 가지고
숙명통을 성취하고 천안통을 성취하며
천이통·타심통을 얻고
신족통을 뛰어 넘어 아상마저 없게 되어
결정코 정각 얻어 온 세계를 비치겠다 서원하고

또 한량없는 명을 얻고 무수한 성문과
중생들이 장수하고 착한 이름 얻기를 발원하였으며,
부처님들을 칭찬하고 십념으로 왕생하되
임종시엔 성현 뵙고 공덕 회향하기를 바랐습니다.

또 묘한 상호를 구족하고 모두 함께 보처가 되어
아침마다 불공하고 소원성취 하기를 바랐으며,
근본지혜 깨달아서 나라연력(那羅延力) 이루고서

한량없는 장엄들과
보배나무 세상 돌아가는 이치를 모두 알게 하되
뛰어난 말재주와 훌륭한 변재로서 청정국토를
두루 비춰 거룩한 음성 이루기를 서원하였습니다.
그리고 지혜로서 안락 얻고 총지를 성취하여
남·여 상이 없는 세계에서 부처님 이름 듣고
위없는 깨달음 얻기를 바랐으며
천인들이 경례하고 생각 따라 옷을 입고
마음들이 깨끗하여 나무마다 부처가 나타나기를 바랐습니다.

또 육근문을 구족하고 현생에서 등지 얻고
듣는 이는 호귀하고 착한 근을 구족하기 원했고,
견고한 불공심으로 듣고픈 일 마음대로
깨닫는 맘 한결같아 인지를 얻기를 발했습니다.

그리하여 그 인연으로 열 가지로 장엄한
극락세계를 형성하였습니다."

3. 극락세계의 장엄

말하자면
① 법장스님 세운 서원을 닦고 익혀 장엄하고
② 사십팔원 원력으로 아름답게 장엄하고
③ 아미타불 이름으로 복과 지혜로 장엄하고
④ 미타·관음·세지 삼대사의 모습으로 보배처럼 장엄하고
⑤ 아미타불 안락국토 평화스럽게 장엄하고

⑥ 청정하온 보배 연못 팔공덕수로 장엄하고
⑦ 뜻을 따라 보배 누각 거룩하게 장엄하고
⑧ 길고 먼 시간으로 밤과 낮을 장엄하고
⑨ 오만 가지 선근으로 24락을 장엄하고
⑪ 30가지 공덕으로 빠짐없이 장엄한 곳이
극락세계라는 것입니다.

또 극락세계에는 여덟 가지 공덕수가 있습니다.

① 맑고 깨끗하고
② 시원하고
③ 맛이 달고
④ 입에 들어가면 물이 부드러워지고
⑤ 빛나고
⑥ 편안하고
⑦ 화평하고
⑧ 기갈이 없어져 근심걱정이 없어지는 것입니다.

시방세계 중생들은 물만 보면 거기에 온갖 시설을 설치하여 끝내는 물을 오염시켜놓고, 거기다가 내 자리, 네 자리를 가려 장사하기에 바쁜데 극락세계는 그렇지 않습니다.
요즘 말로 하면 되는 대로 건축을 하는 것이 아니라 모든 나라, 모든 백성들이 철저한 국토개발에 대한 원과 희망을 따라 영원한 생명관을 가지고 규모 있게 안락한 세계를 만들되,

첫째는 물이 좋고

둘째는 편리한 주택이 서고
셋째는 길이 정비되고
넷째는 즐겁게
다섯째는 갖가지 공덕으로 세계를 꾸민다는 말입니다.

또한 스물 네 가지 즐거운 것이 있습니다.

① 난간이 그대로 울타리가 되고,
② 보배 그물이 허공을 덮고
③ 가로수가 통로를 이루고
④ 7보 못에서 목욕하고
⑤ 8공덕수가 맑고 깨끗하고
⑥ 금모래를 내려다보고
⑦ 계단에서 광명이 나고
⑧ 누대가 허공에 드러나고
⑨ 사방에 향기로운 꽃이 늘어서 있고
⑩ 땅이 황금으로 되고
⑪ 8음이 항상 연주되고
⑫ 밤낮으로 아름다운 꽃이 피고
⑬ 맑은 새벽 산책하고
⑭ 묘한 꽃들이 장엄되어 있고
⑮ 다른 세계에 가서 부처님께 공양하고
⑯ 새롭게 돌아오는 낙이 있고
⑰ 뭇 새들이 아름답게 우짖는 낙이 있고
⑱ 6시로 법을 듣고
⑲ 항상 3보를 생각하고

⑳ 3악도가 없으며

㉑ 부처님이 화생하고

㉒ 나무와 그물이 흔들리고

㉓ 부처님 법문을 즐겨 듣고

㉔ 성문이 발심하는 낙이 있다는 것입니다.

그러니까 극락세계는 무서운 사상이나 독재자에 의한 감금된 세계가 아니라 의·식·주 전반에 걸쳐 대자유를 향유하고 노래와 춤, 시와 문학, 예술 등이 있는 이상적 과학도시인 것입니다. 가고 싶으면 가고, 오고 싶으면 오되 비자가 따로 없고 대자연과 함께 하나가 되어 사는 평화의 도시입니다.

그러니까 옛사람들은 인간세상 사람들이 맛볼 수 있는 유토피아라 불렀는데, 부처님은 그 세계가 하늘에서 뚝 떨어지고 땅에서 푹 솟은 것이 아니라 사람들의 원력과 서원 속에서 이루어진 이상 도시라 하였습니다.

극락세계에서 살 것인지, 타는 불꽃 속에서 살 것인지는 각자 마음에 달려있고, 국민들의 의식에 달려있다 생각합니다. 그렇다고 그것이 어느 한 사람의 이익만을 위해 존재하는 것이 아니라 모든 구성원들의 이익을 위해 존재하기 때문에 여기에는 30가지 이익이 있습니다.

서른 가지 이익이란,

① 여러 가지 공덕으로 장엄된 청정불토를 마음대로 수용하고

② 대승법을 즐기고

③ 무량수 부처님을 친히 뵙고 공양하고

④ 시방세계를 다니면서 모든 부처님께 공양하고

⑤ 부처님의 법문을 듣고 수기를 받고

⑥ 복과 지혜, 자량이 속히 원만 성취되는 이익이 있고

⑦ 속히 무상정등보리(無上正等菩提)를 이루는 이익이 있고

⑧ 모든 보살들이 한 곳에 모여 법회를 보는 이익이 있습니다.

⑨ 항상 물러남이 없는 이익이 있고

⑩ 여러 가지 행원이 생각마다 증진하는 이익이 있고

⑪ 앵무사리가 법음을 노래하는 이익이 있고

⑫ 맑은 바람에 나무가 흔들리면 하늘 음악 소리가 들리는
이익이 있고

⑬ 보배의 물이 흐르면서 고·공·무상을 선설하고

⑭ 모든 음악 소리가 법음을 연창하고

⑮ 48의 큰 행원 가운데 3도의 고통이 영원히 끊어지고

⑯ 진금색신의 이익이 있고

⑰ 모양이 예쁘고 미운 것이 없는 이익이 있고

⑱ 6통을 구족한 이익이 있고

⑲ 정정취(正定趣)에 안주하는 이익이 있고

⑳ 불선(不善)이 없는 이익이 있고

㉑ 수명이 장원한 이익이 있고

㉒ 여러 가지 오락을 즐기는 이익이 있고

㉓ 여러 가지 즐거움을 받는 이익이 있고

㉔ 32상을 구족한 이익이 있고

㉕ 여인이 없는 이익이 있고

㉖ 소승이 없는 이익이 있고

㉗ 8난을 여인 이익이 있고

㉘ 3법인(法忍)을 얻는 이익이 있고

㉙ 몸에서 주야로 광명이 나는 이익이 있고

㉚ 나라연(那羅延)과 같은 힘을 얻는 이익이 있다는 것입니다.

이것이 30가지 공덕장엄(功德莊嚴)입니다.

사실 이 세상의 온갖 갈등과 불행은 남녀 사이에서 벌어지는 것이 많은데, 남녀가 없는 가운데서도 남녀가 있는 이상으로 즐겁게 살 수만 있다면 남녀 없는 것이 더 나을 수도 있습니다. 위데히 부인은 남녀인생 차별 많은 세상에서 갖가지 모습을 보아 왔기 때문에 공감하는 점이 많았습니다.

부처님께서 이렇게 설명하실 때 시방의 부처님들이 4유 상하에 나타나 찬탄하였습니다.

"석가모니 부처님은 참으로 희유한 일을 하신다.

동방 아촉불 · 남방 일월불 · 서방 무량수불 · 북방 염견불 · 하방 사라불 · 상방 범음불 등 10불 세계 극미진수 부처님들께서 나타나 찬탄하실 때 서쪽 하늘에 아홉 개의 연대가 상 · 중 · 하로 나타났습니다.

빔비사라 왕께서 상품상생에 올라 앉아 아미타 부처님께 수기받는 광경이 나타나니 위데히와 아자아타사투왕이 모두 환희에 차 다시는 다른 생각을 하지 않고 불심에 충실하였습니다.

위데히 부인은 이것을 보고 발심하여 '저도 저 세계에 가서 태어나고 싶습니다. 태어나는 방법을 일러 주십시오.' 그래서 부처님께서 염불왕생하는 방법과 문경왕생설로부터, 칭명왕생설에 이르기까지 여러 가지 왕생하는 방법을 일러 주셨습니다.

4. 정토왕생의 방법

염불왕생이란 염불로써 부처님의 나라에 태어나는 방법이니 여기에는 ①염불(念佛) ②염법(念法) ③염승(念僧) ④염계(念戒) ⑤염시(念施) ⑥염천(念天) 등 여섯 가지가 있습니다.

① 염불은 부처님의 상호를 생각하고 관찰하는 것이고

② 염법은 부처님께서 가르쳐 주신 법을 생각하고 관찰하는 것이고

③ 염승은 불제자들인 스님들을 생각하고 관찰하는 것이고

④ 염계는 부처님께서 행하신 계를 생각하고 관찰하는 것이고

⑤ 염시는 온갖 것을 4보께 베풀어 후한이 없게 보시하는 것이고

⑥ 염천은 3계에 28천을 생각하여 관찰하는 것입니다.

그런데 이 가운데서

① 부처님의 상을 관하는 자기의 마음이 곧 부처인 것을 관하는 실상염불과

② 그림이나 불상 등을 관하는 관상(觀像)염불

③ 생각 속에 나타난 부처님을 상상으로 생각하는 관상(觀想)염불

④ 부처님 이름을 입으로 부르며 귀로 듣는 칭명(稱名) 염불,

네 가지 방법이 있으니 조용히 가서 인연 닿는 대로 관찰해 보라고 가르쳐주셨습니다.

그리고 또 믿는 자의 마음에 세 가지가 있으니

① 바른 마음으로 믿고

② 깊은 마음으로 믿고

③ 사랑하는 마음으로 믿어야 한다고 하였으니

이렇게 믿음을 갖는 사람이 극락세계에 가서 꼭 태어나고자 한다면

① 생사고해를 싫어하고
② 극락정토의 법열을 사모하여
③ 악을 그치고 선을 행해야 한다 하고
④ 나와 남이 똑같이 극락세계에 태어나기를 발원하여야 한다고 하였습니다.

이 세상에서 한 가지 두 가지 일을 성취하고자 하여도 밤낮없이 연구하고 노력하여야 하는데 하물며 이 세상을 버리고 저 세상에 태어나는 일이야 더 말할 것 있겠습니까. 그 때문에 하루 이틀 사흘 나흘, 그 명호를 집중적으로 외워가져서 흐트러짐이 없게 하는 것입니다.

그러므로 신라 때 아진은 방아를 찧으면서도 밤새도록 염불하여 육신 등공하였고 달달박박과 노힐부득은 예배 · 공양 · 찬탄 · 독경 · 참회 · 보시로 육신 성불한 것입니다.

(1) 현신정토설(現身淨土說)
이렇게 염불하고 정진하면 극락세계에 가기 이전부터
① 그 몸이 깨끗하고
② 그 모습이 단정해지며
③ 그 땅이 넓어지고
④ 그 자리가 청정해지고
⑤ 그 마음이 선근공덕으로 꽉 차고

⑥ 보이는 사람이 모두 불보살로 보이고

⑦ 자기 집 주인이 아미타불로 보이고

⑧ 아들, 딸들이 관세음보살, 대세지보살로 보이고

⑨ 그래서 권속들이 모두 깨끗하게 되고

⑩ 몸과 입과 뜻으로 하는 일이 맑아지고

⑪ 진여 자성을 보게 되고

⑫ 모두에게 이익을 주고

⑬ 번뇌 망상에 끄달리지 않고

⑭ 그래서 주처가 편안하게 된다는 것입니다.

⑮ 그리고 갔다 왔다 하는 길이 평평해지고

⑯ 드나드는 문이 공·무상·무원이 되어

⑰ 보고 듣는 것이 모두 지혜롭게 되어

⑱ 의지하는 것 자체가 두렵고 근심 있는 것이 하나도 없게 된다는 것입니다.

이것을 전문적인 말로는 18원정설이라 하는데 위데히 부인은 부처님의 법문을 듣고 즉시 그 마음이 극락세계에 가 있는 것 같이 느껴져 행복한 노래를 불렀습니다.

일념망심명요요(一念忘心明了了)
미타부재별가향(彌陀不在別家鄉)
통신자화연화출(通身自化蓮花出)
처처무비극락당(處處無非極樂堂)

한 생각 허망한 마음 놓아버리니
아미타불이 따로 계시지 않습니다

이 몸을 꿰뚫어 연꽃을 피우니
곳곳이 극락세계 아닌 곳이 없습니다.

하는 말입니다. 그리하여 아버지를 죽인 원수를 데리고 법화경을 함께 듣고 나중에는 3장을 결집하는데 제일가는 후원자가 되었던 것입니다.

5. 위데히부인의 수행

위데히부인은 부처님의 법문을 듣고 성불에 대한 열망과 일체종지에 대한 희망을 가지고 열심히 정진하니 전생의 공덕력으로 지원력(志願力)이 나타나고 안팎에 힘이 생기면서 나쁜 생각이 모두 없어져 버렸습니다.

자식이 아버지를 죽였다는 마음, 데바닷다가 부처님을 반역했다는 마음 등 윤회 속에서 허덕이는 마음이 모두 없어져 버렸습니다. 그리고 중생들을 자식처럼 생각하여 말과 행동이 보고 듣는 사람들로 하여금 행복을 증진해 가도록 하였습니다.

"아, 이것이 대비심이고 방편력이구나. 남을 따라 할 때는 그만 흉내 내는 것에 불과했는데, 내가 직접 입으로 염불하고, 귀로 듣고, 마음으로 생각하니 진짜 용맹심이 나타나 자신의 길이 확립되고 남의 길도 안내하는 사람이 되는구나."

하고 저절로 바라밀(波羅蜜)이 닦아졌습니다.

마음이 멀리 떠나게 되니 세속적인 탐욕과 성냄, 어리석음이 없어져 보시 · 지계 · 인욕 · 정신 · 선정 · 지혜가 저절로 닦아졌고 세상을 향한 갖가지 방편과 원력 지혜가 실천되었습니다.

　누가 지키라 하지 아니하여도 계행이 저절로 지켜지고 눈·귀·코·혀·몸·뜻의 6근문이 단속되고, 먹고, 입고, 자는데 양과 시간이 조절되고 행·주·좌·와, 어·묵·동·정에 믿음, 정념, 참회, 정진이 연속되니 저절로 선정(禪定)이 이루어졌습니다. 그래서 노래 불렀습니다.

　"극락세계를 발원하고 염불하는 자들이여,
　탐욕·교만·사견에 물들지 말고
　베풀고 받는 자에 탐욕하지 말고
　10악과 감각적 쾌락에 물들지 말고
　잘 참고 진실하게 자애바라밀을 실천하여
　기쁠 때나 슬플 때나 한결같이 하라.
　마음에 평정이 없다면 염불을 하여도 공덕이 없느니라."

제39강 중생들의 삶과 부처님의 삶

오늘은 부처님과 중생의 삶에 대하여 말씀드리겠습니다. 부처와 중생은 실오라기 하나의 차이도 없으나, 그 쓰는 마음에 따라 차별이 생깁니다.

1. 5백 명의 수행자

부처님께서 싸밧티에 계실 때 5백 명의 수행자들이 명상주제를 받아가지고 수행의 길을 떠났습니다. 얼마쯤 가다가 큰 마을에 이르니 주민들이 쌀죽과 갖가지 음식을 대접하고 물었습니다.

"어디로 가시는 길입니까?"

"공부처를 찾아가는 길입니다."

"저희들이 석달 동안 공양대접을 할 터이니 마을 부근에서 안거해 주십시오."

그래서 안거할 장소를 찾다보니 마을에서 4km가량 떨어진 곳에 큰 숲이 있어 그 곳을 수행지로 정했습니다. 그래서 마을 사람들도 오랜만에 3귀5계를 지키고 함께 수행하는 마음을 가지게 되었다고 기뻐하자 스님들은 안심하고 숲속으로 들어갔습니다.

그런데 그 숲속에 살고 있던 계행을 잘 지키는 귀신들이 스님들이 이곳에 와 있으면 자신들이 어린 아이들을 데리고 나무 위에 올라가 살 수가 없는데 어떻게 할꼬 걱정하다가 수행승들을 쫓아내기 위하여 갖가지 형상을 나타내고 악마의 소리를 지르며 스님들로 하여금 감기 몸살을 앓도록 하였습니다.

그 통에 스님들은 저녁만 되면 마음을 안정하지 못하고 깊은 선정에도 들 수 없었습니다. 저녁에 몸통 없는 귀신을 보았다거나, 머리 없는 귀신을 만났다거나, 또는 돼지 멱따는 소리를 들었다거나 도깨비 춤추는 것을 보았다는 등 스님들은 밤에 겪은 이야기들로 걱정을 하기 시작했습니다. 그뿐만이 아닙니다. 어떤 스님들은 두통을 호소하거나 복통으로 잠을 설쳤다고 불평을 하거나 온 몸에 몸살이 왔다고 어찌할 줄 몰라 하였습니다. 그래서 대중의 뜻을 따라 수좌스님이 부처님께 가서 그 사실들을 아뢰기로 하였습니다.

부처님은 이 말을 듣고 말씀하셨습니다.
"그래 먼 길을 가면서 무기도 없이 떠났느냐?"
"무기는 무슨 무기입니까?"
"돌아가 수행처 주위에서 자애경(慈愛經)을 읽도록 하라. 그리고 귀신들이 나타나면 '너는 머리가 없으니 머리 아플 일이 없어 걱정이 없겠구나 또는 너는 배가 없으니 먹지 않아도 살겠구나.' 해 보아라."하였습니다.

그래서 자애경을 읽고 스스로 깨닫는 말을 하니 귀신들이 좋아하며

"저희들이 심부름을 할 것이니 무엇이고 말씀하십시오."

하면서 물도 길러다 놓고 불도 피워 놓으며 차를 끓여 모두 함께 마시고 덕담을 나누면서 한 철을 잘 난 일이 있습니다.

자애경은 다음과 같습니다.

"공덕을 두려워 말라. 나는 오랜 세월 지은 공덕으로 원하고 좋아하는 과보를 누렸다. 7년 동안 자애의 마음을 닦아 우주가 일곱 번 변하는데도 돌아오지 않았고, 광음천에 살면서 공무변처천의 주인이 되기도 하였다. 전지전능한 하느님이 되기도 하고, 전륜성왕이 되어 천명의 아들을 거느리기도 하였으며, 창이나 칼 없이 세상을 비폭력으로 다스리기도 하였다. 그러므로 이로움을 추구하고 위대함을 바라는 자는 정법을 존중하고 선행을 닦으라."

이 세상 모든 것이 설사 자기와는 관계되는 것이 아니라 할지라도 자신에게 이익 되는 일을 행하면 모두 함께 혜택을 볼 수 있는 것입니다.

자애경 대신에 행복경(幸福經)을 읽어도 됩니다.
〈행복경(망갈라경-Maṃgala Suttaṃ)〉-〈숫다니빠다〉

마-따- 야타- 니양 뿟땅
아-유사- 에까뿟당 아누락케
에왐 삐 삽바부-떼수
마-나삼 바-와예 아빠리마-낭

어머니가 하나뿐인 아들을 목숨 바쳐 구하듯,
이와 같이 모든 중생들을 위하여
한량없는 자애로운 마음을 닦게 하여지이다.

2. 파조타스님

중국에도 이와 비슷한 이야기가 있습니다.

깊은 산골짜기에서 홀로 공부하며 석 달에 한번 씩 탁발을 해가는 스님이 있었습니다. 하루는 탁발을 해가지고 오다 보니 당산나무거리에 조왕님께서 홀로 울고 앉아 있었습니다. 그 앞에는 소, 돼지, 닭 할 것 없이 먹을 것이 풍족하고 또 당산나무 가지에는 온갖 비단들이 걸려있는데도 허름한 옷을 입고 앉아 눈물을 흘리고 있기 때문에 들고 있던 지팡이로 그 머리를 한번 후려치니 조왕상이 와르르 무너지면서 그 속에서 푸른 옷을 입은 동자 한사람이 나타나 합장하고 인사를 하였습니다.

"감사합니다, 스님."

"그런데 그대는 누구인가?"

"저는 이 아랫마을에 사는 조씨 할아버지의 손자였는데, 어려서 집이 너무 가난하여 얻어먹고 살았는데 얻어먹는 것도 쉽지 아니했습니다. 할아버지께서 너는 이 동네, 저 동네 돌아다니면 힘이 드니 이 당산나무 밑에 고사 지내러 오는 사람들의 제삿밥이나 얻어먹고 살아라 하여 거기서 얻어먹고 살다 죽었습니다.

그런데, 하루는 어떤 착한 사람이 와서 어머니 병들어 있는 것이 애통해 정성껏 기도함으로 '저런 사람은 꼭 도와주어야 되겠다'는 생각으로 뒷산에 동삼이 있는 곳을 가리켜 주어 병이 낫게 되었습니다. 그 뒤부터 그는 늘 당산나무에 와서 감사기도를 했는데 끝내는 과거에도 급제하게 되었습니다. 저는 너무 기뻐 꿈속에서 나의 모습을 보이고,

"그대가 내 모습대로 조왕님을 조성하여 모시면 단명하지 않고 장수하리라."

하였더니 과연 그가 이 모습을 만들어 모셔 주었습니다. 그가 잘 되고 또 자식들이 번창하자 사람들은 모두 나의 덕이라 생각하여 무슨 일만 있으면 나에게 와서 빌었는데, 요즈음 와서는 소, 돼지, 닭 같은 짐승들을 잡아 놓고는,

"우리 아버지 빨리 죽게 해 주십시오."

"저는 형님과 재판을 하고 있는데 꼭 이기게 해 주십시오."

하고 이치에 닿지도 않는 원들을 발하고 있으니 어찌 그 음식이 입에 들어 갈 수 있겠습니까. 그래서 이 우리에서 어떻게 벗어날까 하며 울고 있었는데, 스님께서 내 사정을 아시고 이렇게 허물을 벗겨 주시니 정말로 감사합니다."

하고는 어디론지 사라졌습니다. 그래서 그 후로 그 스님을 조왕신을 때려 부숴 해탈시켰다하여 '파조타(破竈打)스님'이라 불렀습니다.

기도를 드려도 분수가 있는 것이고, 원을 발해도 한계가 있는 것입니다. 세상이 험해지니 이렇게 친·불친을 논하지 않고 오직 이기고 빼앗아 사는 것만을 잘 하는 일로 알고 있으니 이래서야 되겠습니까? 그래서 때로는 산중의 부처님도 울고, 예수님도 눈물을 흘려 십자가가 다 젖어있다 하지 않습니까? 있는 놈은 더 달라 아우성치고, 없는 놈은 도둑질하지 못해서 한이 맺혀있으니 귀신들

도 마음 놓고 편히 쉴 수 있는 세상이 되지 못하고 있습니다. 그래서 〈천지팔양경〉이 생기게 된 것입니다.

3. 천지팔양신주경

부처님께서 베살리성에 계실 때 무애보살이 와서 물었습니다.
"요즘 세상이 험악해져서.
① 현명한 사람은 적고, 무지한 사람은 많으며
② 염불하는 사람은 적고, 귀신을 찾는 사람은 많으며
③ 계율 지키는 사람은 적고, 파계자는 많으며
④ 정진하는 사람은 적고, 해태방일한 사람은 많으며,
⑤ 지혜 있는 사람은 적고, 우치자는 많으며
⑥ 장수자는 적고, 단명자는 많으며
⑦ 선정자는 적고, 산란자는 많으며
⑧ 부귀자는 적고, 빈천자는 많으며
⑨ 온유자는 적고, 강강한 사람은 많으며
⑩ 흥성자는 적고, 경동한 사람은 많으며
⑪ 정직한 자는 적고, 첨곡한 자는 많으며
⑫ 청신자는 적고, 탐탁자는 많으며
⑬ 보시자는 적고, 간탐자는 많으며
⑭ 진실한 자는 적고, 허망한 자는 많습니다.

세속은 날로 천박해지고 관의 법은 더욱 엄해져서 부역은 많고 일값은 적어 구하는 것을 얻기가 어렵게 되어가고 있습니다. 삿되고 잘못된 믿음 때문에 이 같은 고통을 당하고 있는 것입니다. 오직 원컨대 세존께서는 이들 사견 중생들에게 바른 법을 가르쳐 깨달음을 얻게 해 주십시오."

"그래, 하늘과 땅 사이에 사람이 있어, 이들을 모두 바르게 살라고 해서 사람인자(人)를 왼쪽 별(ノ)과 오른쪽 별(丶)로 글자를 만든 것인데 사람이 능히 도를 넓힐 줄 모르고 삿된 짓을 한다면 어떻게 그 가운데서 복인들 온전한 복이 있겠느냐. 고난의 원인이 복을 짓지 않고 악을 짓는데 있으니 어떻게 선신이 가호하고 복덕이 생기겠느냐.

만약 어떤 중생이 삿된 것을 믿어 소견이 잘못되면 사마외도가도와 이매망량(귀신 이름)의 피해를 입어 새들이 울고 백 가지 괴물이 나타나 밤마다 꿈자리가 사납고 정신이 혼란하게 될 것이니 이런 때는 선지식을 만나 바른 법을 듣고 뉘우치면 그 액난이 차차 소멸될 것이다.

세상에는 다섯 가지 독 있으니
첫째는 음욕(淫慾)이요
둘째는 성냄이요
셋째는 어리석음이요
넷째는 간탐(慳貪)이요
다섯째는 질투이니라.

이 다섯 가지를 제치고, 집을 짓고 담장을 쌓으며, 동서남북에 누각을 지어 6축을 기르면 사람뿐만 아니라 농사가 잘 되고 축산이 번성하여 어떤 악신도 감히 방해하지 못 할 것이다.

거기 무슨 음양오행을 논하고, 섭살·제살·천살·지살 등 12살을 논할 것이며, 자·축·인·묘·진·사·오·미·신·유·술·해로 계산 할 것이 있겠느냐? 이 세상 모든 것은 자기가 지은 대로 받고 사는 것이니 요행을 바라는 것 자체가 잘못인 것이다.

아버지는 자식을 사랑하고, 자식은 효도하며, 형제는 우애하고, 부부가 정조를 지키면 집안에 무슨 일이 생기겠느냐. 경찰이 죄인을 감금하고 군인이 적을 잡는 일들이 모두 이 세상일에서 벗어나지 않고 있으며 태어날 때 한 가지도 가져 오지 아니 하였으니 죽을 때도 한 가지도 가져가지 못할 것인데, 욕심은 무슨 욕심을 그렇게 부려 물불이 침탈하고 산과 못이 허물어져 백주에 호랑이에게 물려가는 일이 나타나고 있으니 참으로 기가 막힐 일이로다.

입이 험상궂게 되면 경전을 읽어도 지옥난을 면하기 어렵고, 몸뚱이가 날뛰면 아귀 축생이 되어 네 발로 기어 다니며, 지네, 독사가 되어 물고 뜯기를 좋아하게 되어 있는 것이니 몸과 입과 뜻을 깨끗하게 하라.

지혜가 열리면 보고, 듣고, 깨닫고 아는 것이 모두 부처님의 경계에 나타나 날마다 좋은 날이 되고 달마다 좋은 달이 되고, 해마다 좋은 해가 될 것이니라."
하였습니다.

4. 아누뽑바의 깨달음

아함경에 보면 이런 이야기가 있습니다. 부처님께서 싸밧티 제타숲에 계실 때 아누뽑바가 찾아왔습니다.

"부처님, 저는 괴로움에서 벗어나고자 출가하였으나 가면 갈수록 더욱 괴로움이 많아져 환속하고자 합니다."

"그게 무슨 소리냐!"

"저는 부호의 아들로, 세상이 지겨워져 탁발 온 스님과 의논하였더니 우선 식전음식과 포살음식을 제공하고 우기의 처소와 발우, 그리고 가사 등을 보시하면 기쁨이 올 것이라 하여 그렇게 하였습니다. 그 다음에는 전 재산을 3등분하여 3분의 1은 사업에 쓰고, 3분의 1은 처자를 부양하며, 나머지 3분의 1은 승단에 시주하라 하여 그렇게 하였습니다. 그리고 3귀 5계를 받고 청정한 생활을 하였습니다. 그래도 만족을 얻을 수 없어 출가하여 스님이 되었는데, 강사는 아비달마를 가르치고, 율사는 계율을 가르쳐 그 논리와 옳고 그름이 너무도 많아 혼돈을 일으켜 살 수가 없습니다. 그래서 환속하려 하는데 괜찮겠습니까?"

"그동안 좋은 일 많이 하였구나. 공덕도 많이 쌓고. 그러나 이것저것 생각하지 말고 한 가지만 잘하면 된다."

"그 한 가지라는 것이 무엇입니까?"

"그대의 마음을 그대가 수호하는 것이다."

하고 다음과 같이 시를 읊어 주었습니다.

마음이 원하는 곳
어디든지 내려앉지만 지극히 보기 어려우나
미묘한 마음은 현명한 사람을 잘 수호한다.
마음이 수호되면 안락을 가져오나니
일과 일을 탓할 것 없다.

스님은 그 자리에서 도를 깨닫고 노래 불렀습니다.

멀리 가고 홀로 움직이고
모양도 없는 것이 동굴에 숨어있어
올바른 가르침을 식별하지 못하고
청정한 마음까지 흔들리게 하네

이 몸을 옹기라고 생각하고
이 마음을 성처럼 굳게 하여
지혜의 무기로 악마와 싸운다면
집착을 여의어 두려움이 없으리라.

또한 찟따스님이란 분은 여섯 번 환속하였다가 일곱 번째만에
도를 깨달은 일도 있습니다.

5. 찟따핫따의 환속이야기

부처님께서 싸밧티시에 계실 때 한 목동이 소를 잃어버리고 온
산으로 찾아 헤매다가 스님들 계신 곳에 들어가 쌀죽을 얻어먹게
되었습니다.
"나는 죽도록 일을 해도 쌀죽을 생일날에도 맛볼 수 없는데, 스
님들은 어떻게 일도 하지 않고 앉아있는데 쌀죽을 먹지…"
하며 의아해 하였습니다. 그래서 물었습니다.
"스님들께서는 언제나 쌀죽을 잡숩니까?"
"주는 대로 먹는데 갖가지 음식이 골고루 다 들어온다."
"저 같은 사람도 스님이 될 수 있습니까?"
"마음을 굳게 가지고 공부할 마음이 견고하면 상관하지 않는
다."

그래서 쌀밥 얻어먹기 위해 스님이 되었습니다. 그런데 몇 달 동안 지내니 살은 포동포동 쪘는데 오랫동안 앉아 있었더니 속에서 불이 나서 견딜 수 없었습니다.

"스님, 저는 몸이 불편해서 살 수 없습니다."

"그러면 편한 장소로 가거라."

그리하여 스님은 그대로 환속하였습니다. 모처럼 집에 오니 자식들도 반가이 맞아주고 기뻐해서 열심히 또 일을 했습니다. 그런데 또 반년쯤 지나니 얼굴은 바짝 마르고 숨은 가빠 살아가기 힘들었습니다.

"처자도 좋지만 이게 무슨 맛인가. 아침부터 저녁까지 일을 해도 호구지책도 되지 않으니…"

하고 또 절로 들어갔습니다.

그렇게 여섯 번을 음식을 위해, 옷을 위해, 잠자리를 위해 왔다 갔다 하다가 그 아내가 아이를 배어 배가 항아리처럼 불어나 있는 것을 보니 새삼스럽게 세상이 무상하게 느껴졌습니다. 그래서 마지막으로 집을 떠나면서 장모님께 일렀습니다.

"이제는 다시 돌아오지 아니 할 것이니 어머니께서 알아서 처리해 주십시오."

"깨어난 딸은 어머니 말을 듣고도 '얼마 있지 않아 또 돌아 올 것이니 걱정하지 마세요.' 하고 전혀 근심하는 얼굴빛을 보이지 않았으나 남편은 결국 돌아오지 아니 했습니다.

기수급고독원에서는 찟따핫타의 행위로 스님들 간에 여러 말이 많았으나 이를 안 부처님께서 말씀하셨습니다.

"지난번까지는 먹이와 놀이 때문에 왔다갔다 하였으나 이제는 나 끝났으니 찟따핫타를 욕하지 말라."

짯따핫따는 노래 불렀습니다.

"나는 보았노라 쓸모없는 나무 조각처럼 팽개쳐져 뒹구는 것을
머지않아 이 몸은 땅위에 눕혀질 것인데
무엇을 즐기고 생각하랴
늙은 아버지, 어머니를 생각하고 코고는 처자들을 생각하면
시주의 아름다운 음식이 목에 걸려 잘 넘어가지 아니 한다."

이로 인하여 남방불교에서는 일곱 번까지 왔다갔다 하여도 상관하지 않고 중노릇을 할 수 있도록 받아줍니다.

6. 혜충국사와 도둑떼

당나라 때 혜충스님은 1년이면 두 번 탁발로써 생활하였습니다. 하루는 탁발을 해가지고 오다가 산 고개에서 도둑떼를 만났습니다. 탁발해 가지고 오던 물건은 말할 것도 없지만 입은 옷까지 다 빼앗겼습니다. 도둑대장이 물었습니다.
"계를 받았느냐?"
"받았습니다."
"제1계가 무엇이냐?"
"불살생계입니다."
"그렇다면 저 풀밭에 누워라."
발가벗고 풀밭에 누우니 두 다리와 두 팔을 긴 풀로 꼭꼭 묶어놓고 말했습니다.
"네 이놈, 네가 가만히 누워있으면 너 하나만 죽을 것이로되 일어나면 여덟 놈이 죽을 것이다. 죽이고 살리는 것은 너에게 달려

있으니 알아서 해라."

하고 떠났습니다. 혜충국사가 생각해 보니 몸부림치고 살기위해 탁발하는 것 보다는 풀 한포기라도 살려주고 죽는 것이 나을 것 같아 땡볕에 누워 꼼짝하지 않고 삼매에 들었습니다.

얼마를 지났을까 그 몸이 빨갛게 달아올라 홍시감이 되었을 때 마침 신하들과 함께 왕이 사냥을 왔다가 이곳을 지나게 되었습니다. 그 때 왕이 소리쳤습니다.

"저게 뭐야?"

"빨간 짐승입니다. 제가 가서 확인하고 오겠습니다."

가까이 가서 보고 신하가 말했습니다.

"짐승이 아니고 사람 같은데, 머리를 깎은 것을 보니 스님인 것 같습니다."

"스님. 스님이 어떻게 대낮에 옷을 벗고 누워 있단 말이냐. 그런 놈은 내가 가서 죽이리라."

하고 가까이 가서 물었습니다.

"너는 누구냐?"

"중입니다."

"중이 어떻게. 하늘도 부끄럽지 않느냐?"

"일어나면 여덟 놈이 죽을 것이오. 가만히 있으면 한 놈만 죽을 것입니다."

하고 자초지종을 설명해 주었습니다. 이 말을 들은 임금님은 크게 놀라 말하기를,

"내 나라에 한 포기의 풀까지도 사랑하는 사람이 있으니 이 나라야 말로 복된 나라다."

하고 자신의 옷을 벗어 입히고는 가마에 태워 궁전으로 모셔와

국사를 삼으니 그 분이 바로 혜충국사입니다.

혜충국사는 6조 혜능대사의 제자로 오대산, 나부산, 사명산, 천복산 등 여러 명산에 살면서 마지막에는 남양 백애산 당자곡에서 40년 동안 지내면서 있었던 일입니다.

도가 지극하면 풀이나 나무가 문제가 아닙니다. 미물, 아니 곤충까지도 사랑하게 되어 있습니다. 현종 임금님이 사냥 나갔다가 혜충국사를 만나 스님을 모시고 와서 부모나 스승 이상으로 섬겼기 때문에 그 뒤 숙종과 대종 등은 스님의 무릎 위에서 자라 나라의 임금님이 되었기 때문에 3대 임금님의 왕사 국사가 된 것입니다.

스님은 항상 그의 스승 혜사(慧思)스님을 사모하여 지극히 모셨으므로 나라에서는 태일에 연창사를 짓고 향엄산에 장수사를 지어 혜사스님이 즐겨 읽던 대장경을 모시고, 그의 후배들에게 밤낮 없이 돌아가며 대장경을 열람하게 하여 당나라 불교를 더욱 빛나게 하였던 것입니다.

중생은 '각유정(覺有情)'이라. 이미 깨달은 중생도 있지만 앞으로 깨달을 중생도 있으니 중생을 중생 취급만 하지 말고 일체 중생을 부처 대접 하듯 하면 이런 좋은 일도 있게 되는 것입니다. 그러나 흉내는 금물입니다.

제40강 윤회전생

1. 오비이락(烏飛梨落)

중국의 지자대사의 시에

오비이락파사두(烏飛梨落破蛇頭)
사변저위석전치(蛇變猪爲石轉稚)
치작엽인욕사저(稚作獵人欲射猪)
도순위설해원결(導順爲說解怨結)

이란 글이 있습니다.

까마귀 날자 배 떨어져 죽으니
뱀이 변하여 돼지가 되어 돌을 굴려 꿩을 죽였다.
꿩이 죽어 수렵인이 되어 돼지를 활로 쏘아 죽이려 하니
천태대사가 그를 위해 설명하여 다생의 원한을 풀었다

하는 말입니다.

지자대사가 하루는 너레바위 위에 앉아 지관선(止觀禪)을 즐기고 있는데 한 포수가 큰 활을 들고 다가오며 물었습니다.
　"방금 멧돼지 한 마리 지나가는 것 보지 못했습니까?"
　지자대사는 다짜고짜 화살을 빼앗으며 위와 같은 시를 읊었던 것입니다. 포수는 화를 내며 항의하였습니다.
　"왜 남의 화살을 빼앗습니까?"
　"우선 여러 소리 하지 말고 거기 앉아라. 이 뱀새끼야."
　포수가 씩씩거리며 앉자 지자대사가 말했습니다.
　"옛날 옛적에 까마귀 한 마리가 배나무 가지에 앉자 배나무 가지가 부러지면서 큰 배 하나가 떨어지면서 나무 밑에서 알을 품고 있던 구렁이 머리가 깨져 죽었다.
　'어떤 놈이 나를 이렇게 쳐 죽이는지 몰라도 나도 죽어 저 원수를 꼭 갚고 말 것이다.'
　그래서 뱀은 죽어 멧돼지가 되었는데 후에 까마귀는 죽어 암꿩이 되었습니다.
　봄에 꿩이 알을 품고 있는데 멧돼지가 나무뿌리를 캐먹다가 큰 돌을 굴려 꿩 머리를 콱 쳤습니다. 꿩은 죽으면서
　'어떤 놈이 내 머리를 이렇게 치는지 알 수 없으나 내 다시 태어나면 저 원수를 꼭 갚고 말 것이다.' 하여 포수가 되었다. 그래 이번에 멧돼지를 쏘아 죽이면 다음에는 또 무엇이 되어 저 원수를 갚을 것이냐."
　포수는 그 자리에 엎드려 3배를 드리고 지자대사의 제자가 되었으니 석옹스님이 바로 그 사람입니다.

　석옹스님은 법문을 할 때마다 높은 법상에 올라 앉아
　"자 활 받아라."

하고 큰 활줄을 당기면 여지없이 사람 가운데 활줄이 악기처럼 튕기며 벽에 가서 화살이 꽂히기 때문에 한 사람도 잠자는 사람이 없었다고 합니다.

2. 야차녀 깔리

야차녀 깔리는 아기를 낳지 못해 새 부인을 얻어 남편에게 바쳤는데 새 부인이 아이를 가져 낳게 되자 태어날 때마다 아이를 받아 죽였습니다.

"어허, 죽은 아이가 태어났네."

"내가 아이를 뱄을 때는 두 번이나 약을 먹여 낙태를 시키더니 이제는 태어나는 아기까지 생으로 죽이는구나."

하고 새 부인이 남편에게 이르자 남편은 첫 번째 부인을 때려서 죽였습니다. 이들은 생을 두고 거듭 태어나면서

① 먼저는 암탉이 되어 고양이에게 죽더니

② 두 번째는 까마귀와 올빼미가 되어 죽이고

③ 세 번째는 암표범이 되어 암사슴을 잡아먹었습니다.

뿐만 아니라 암표범은 암사슴이 새끼를 낳았을 때 세 번이나 그 새끼를 잡아먹었습니다. 그리고 원한을 품은 암사슴은 야차녀로 태어나 그의 큰 부인이 되었고 둘째 부인은 싸밧티시 부호의 딸로 태어났다가 그의 둘째 부인이 되어 복수를 당한 것입니다.

그런데 그때 둘째 부인이 아이를 배서 낳게 되자 이번에도 또 아이를 죽일 것 같아 기수급고독원에서 설법하고 계신 부처님 전에

뛰어 들어가 아이를 낳았기 때문에 이 같은 사실을 알게 된 것입니다.

그래서 부처님은 5분율과 중아함, 증일아함경에서,

"원한으로서는 원한을 갚지 못한다.
원한을 여읨으로써 그치나니
이것은 오래된 진리(연기)이다.

그는 나를 욕하고 때렸다.
그는 나를 굴복시키고 약탈했다.
이러한 적의를 품는 사람은
결코 그 원한을 풀지 못하고
깨달아 자각하지 못하면
그 다툼들은 결코 쉬지 못한다."

3. 경사와 율사

부처님께서는 어느 때 꼬쌈비 고씨타 승원에 계실 때,
"한 스님은 율사로서 500명의 제자를 거느리고 있고 한 스님은 법사로서 500명의 제자를 거느리고 있었습니다.

하루는 법사스님이 화장실에 갔다가 뒷물을 한 세숫대야를 깨끗이 씻어놓지 않고 부정한 것이 섞여있는 물을 그대로 남겨놓고 나왔습니다.
율사스님이 화장실에 갔다가 그것을 보고 나무랐습니다.

"법사스님이 더러운 것도 모르고 이렇게 행동을 하였습니까?"

"잘못된 것 같습니다. 집에서부터 습관이 잘못되어서 그렇게 되었으니 이해해 주시오."

두 스님은 서로 이해를 하였으나 그의 제자들이 서로 업신여겨 시비를 그치지 아니하였습니다.

뿐만 아니라 그들을 각기 지지하는 신자들까지도 두 패로 나누어져 싸우는 것을 보고 부처님께서 세 번이나 화합을 시켰으나 듣지 않자 소금 제조업자인 발라까 마을에 이르러 장로 바꾸를 지도하고 빠찌나방싸미가다야 공원에 이르러 세 젊은이를 칭찬하고 빠릴레이야까 쌀라나무 숲에 이르러 큰 코끼리 빠릴레이야까의 시중을 받으며 한 철을 지낸 일이 있습니다.

꼬삼비 신도들은 늦게 이 소식을 듣고 탁발 수행자들에게 음식을 주지 않고 박대하였으므로 굶어 죽은 비구들도 생겼습니다. 부처님은 이에 몸과 마음을 통째로 바친 장수왕의 설화를 통하여 이들을 화합시키고 다음에 대중과 함께 제타 숲에 이르렀으나 빠세나디와 아나타삔디까 장자가 국경을 막고 들어오지 못하게 하여 대참회를 하고 다시 한 번 장수왕의 설화를 스님들과 재가 신도들에게 설하여 마음을 풀게 되었습니다.

4. 빠쎄나디왕의 공양

부처님께서 제타숲에 계실 때 꼬살라국 빠세나띠왕이 다음날 아침 찾아 온 방문자들을 위하여 보시 행사에 부처님과 비구를 초대하였는데 왕이 준비한 시주 물건을 보고 이튿날은 시민들이 시

주를 하게 되었습니다. 이렇게 번갈아가며 대·여섯 번을 한 뒤 말
리카 왕비는 살라칼야니 나무로 만든 큰 천막을 치고 500명 비구
를 머물게 한 뒤 500마리의 코끼리로 그 천막을 들게 하였습니다.
그리고 8채의 배에 향수들을 가득 채운 뒤 공주들로 하여금 부채
를 부치게 하여 온 도량이 향기로 가득 찼습니다.

사나운 코끼리를 앙굴라말라 방 근처에 두어 순하게 한 뒤 대 보
시회를 치러 비할 데 없는 임금님의 보시와 현명한 공주의 보시가
모든 인천에 본보기가 되었습니다.

그런데 대신 준하는 이 행사를 크게 찬양하는 한편 대신 깔라는,
"이렇게 하다가는 나라가 망하겠다."
걱정하였습니다.

그러나 부처님은 임금님이 바치는 물 잔을 들고 홍수와 같은 법
문을 퍼부어 모든 사람들의 마음을 흡족하게 하였습니다. 그래서
왕은 준하대신에게 7일 동안 다시 보시를 베풀도록 하고 깔라대신
은 집에 가서 조용히 있으라 하였는데 누구도 몰래 와서 부처님의
법문을 듣고 예류과를 얻어 7일 동안 단독 보시를 하였습니다.

완고하고 인색한 자는 천당에 들어갈 수 없고
3세인과를 얻는 자만이 지혜롭게 보시한다.
그 과보는 살아서는 즐겁고 죽어서는 천당이다.

5. 쭐라판타까와 마하판타까

부처님께서 라자가하시 벨루숲에 계실 때 한 부유한 상인의 딸이 7층에 살면서도 아래층의 노예와 친교하여 아이를 가지게 되었습니다.

원래 인도는 노예의 딸이 양반의 아들과 결혼하면 양반이 될 수 있으나 양반의 딸이 노예와 결혼하면 집안까지도 강등하게 되어 있으므로 두 사람은 죽임을 당하지 않기 위해 도망가다가 길가에서 아이를 낳아 '판타까'라 이름을 지었는데 다시 동생을 낳게 되자 큰아이를 '마하판타까' 작은 아이를 '쭐라판타카'라 이름을 짓고 고향에 돌아가 부모님께 아이들을 맡겼습니다.

이 두 형제는 할아버지와 함께 죽림정사로 법문을 들으러 다니다가 스님이 되었는데 마하판타까는

힘써 노력하고 방일하지 않고 자제하고 단련하면
지혜로운 사람은 거센 흐름에도 난파되지 않는 섬을 이루리

하는 시를 외워 아라한이 되었는데 '쭐라판타까'는 3년을 공부하는데도 쓸소자(掃)하나를 외우지 못해 스님들이 조롱하므로 마하판타까가 매를 때려 쫓아냈습니다.

하루는 부처님께서 길을 가시다가 처마 끝에서 울고 있는 쭐라판타까를 보시고 물었습니다.

"왜 우느냐?"

"빗자루 들고 마당 쓰는 글자를 모른다고 쫓겨났습니다."

그런데 마침 그 앞에 빗자루가 있으므로

"너, 이것을 가지고 마당과 방, 뜰을 쓸면서 '나로 할라당' '쓸고 털리라' '쓸고 털리라'하고 계속해서 외쳐라. 그러면 마침내 알 바가 있으니라."

하였습니다.

3년을 넘어 쓸고 털다보니 쓸고 터는 이치를 알게 되었습니다. 하루는 부처님께 뛰어가서 말했습니다.

"부처님 부처님, 모든 것을 다 쓸고 털어버렸습니다."

"무엇을 쓸고 털어 버렸다는 말이냐?"

"마음속의 번뇌 망상을 쓸고 털어버렸습니다."

"아이고, 내 새끼야."

하고 부처님은 그를 대중 앞에서 태우고 말했습니다.

"이 깨끗한 내 자식을 보라. 안팎이 다 깨끗해졌느니라."

한 스님이 물었습니다.

"무엇을 쓸고 털었는가?"

" ① 감각적 쾌락의 거센 물결과

② 존재의 흐름

③ 견해의 흐름과

④ 무지의 흐름을 말끔히 쓸어 없앴습니다."

"참으로 장한지고."

이렇게 칭찬하자 그날부터 쭐라판타까는 비구니 스님들의 교수로 가서 법문을 하게 되었습니다. 높은 법상에 올라가면 긴 빗자루로 땅을 쓰는 시늉을 하면서,

"쓸고 털리라. 쓸고 털리라."

올 때마다 같은 법문을 하니 젊은 스님들은 깔깔대고 웃으며 업

신여겼으나 노인 스님들은 진짜 쓸고 털었습니다.

한 젊은 스님이 물었습니다.
"스님 스님, 무엇을 쓸고 털라 하십니까?"
"네 마음속의 망상을 송두리째 쓸어버려라."
"어떤 것을 번뇌 망상이라 합니까?"
"해도 되고 안 해도 되는 소용없는 생각이다."

한번은 한 비구니가 기세도 당당하게 물었습니다.
""해도 되고 안 해도 되는 소용없는 생각이 무엇입니까?"
"탐·진·치 3독이고, 거만이며 진리를 의심하는 것이다. 그대
들은 아직도 신견(身見), 변견(邊見), 사견(邪見), 견취견(見取見),
계금취견(戒禁取見) 등 쓸데없는 번뇌 속에 시달리고 있기 때문에
생사의 폭류를 거슬러 오르지 못하고 있다."

분위기가 조용해졌습니다.
"법(法)이란 나이만 가지고 있는 것이 아니고 깨달으면 누구나
얻는 것이다."
"얻었다는 생각이 있으면 중생을 업신여기기 쉬우니 얻었으면
얻은 대로 행하여 중생의 심부름꾼이 되라."
하여
"아, 이것이 난파되지 않는 생이로구나."

하고 깨달음을 얻었습니다.

6. 한 농부의 한탄사

부처님이 사밧티성에 계실 때 한 농부가 도둑으로 몰려 감옥 속에 들어가 밤낮없이 울면서 노래 불렀습니다.

지혜롭지 못한 어리석은 자는
자신을 적으로 삼아 방황한다.
악한 행위를 일삼으며
고통이 열매를 거둔다.

이 소리를 듣고 교도관이 임금님께 아뢰니 임금님이 직접 찾았습니다. 죄인은 옆에 누가 온 줄도 모르고 큰 소리로 울부짖었습니다.

행한 뒤에 후회하고
얼굴에 눈물 흘리며 비탄해하는
결과를 초래하는
그러한 행위를 하는 것은 좋지 않다.

임금님이 물었습니다.
"그게 무슨 소리냐?"
농부가 말했습니다.
"어느 날 부처님께서 아난존자와 함께 지나가시다가 도둑들이 훔쳐가지고 가다가 쏟아 놓은 금을 보고 말하였습니다. '아이구 무서워. 독사다!' 이에 아난존자가, '부처님, 독사가 아니고 금입니다.' 하니 '저것에 물리면 죽지 않으면 죽음보다 더 큰 고통을 받는

다.' 하자 아난존자는 금덩어리를 길바닥에 놓은 채 그냥 지나쳐 갔습니다.

그때 저는 멀지 않은 곳에서 밭을 갈다가 그 소리를 듣고 쫓아가 그 금덩어리를 주워 3층집을 짓고 그 나머지는 밭에 숨겨놓았는 데, 그것이 발각되어 지금 이 고통을 받고 있습니다."

"그래 지금은 뉘우쳤느냐?"

"뉘우치다 뿐입니까. 조강지처를 내쫓고 젊은 여인을 얻어 지낸 것 까지 뉘우칩니다."

"그러면 장차 어떻게 하겠느냐?"

"용서만 해 주신다면 그 아난존자와 부처님께 나아가 도를 닦겠 습니다."

"그렇다면 내 그대를 풀어 주리라."

그리하여 농부는 감옥에서 풀려나와 곧 출가하여 얼마 되지 않 아 아라한이 되었습니다.

우리나라에서도 신라 때 유사한 일이 있었습니다.

어느 고을에 형님과 동생이 한 몸처럼 서로 위하고 살았습니다. 옷이 없으면 옷을 서로 바꿔 입고, 먹을 것이 생기면 싸 가지고 와 서 나누어 먹었습니다.

어느 날 이 형제가 같이 길을 가다가 금덩어리를 발견하였습니 다. 형님은 아무 말도 하지 않고 지나쳤는데 동생이 이를 보고 '아 이구, 금이다' 하고 큰 소리로 말했습니다. 그리고는 형님에게,

"형님, 금입니다. 형님이 가지세요."

"아니다. 네가 가져라."

그런데 동생이 그것을 가지고 오면서 생각했습니다.

“이것만 가지면 우리 형제가 일생 동안 걱정하지 않고 편히 살겠다.”

그런데 또 얼마쯤 가다가 생각하니,

“형님은 애들이 넷이나 되고 나는 하나도 없으니 가족 수대로 나눈다면 내 몫은 얼마 되지 않겠네!”

하였다가,

“형님만 없으면 모두가 내 것이 되는 건데…”

하고는 주먹 만한 돌을 집어 형님 뒤통수를 치려 하자, 형님이 눈치 채고 돌아보며

“그 금 이리 내 놓아라.”

“안됩니다, 형님.”

하니 억지로 금을 빼앗아 건너편 강물에다 내던져 버렸습니다.

“아이구, 형님. 그 큰 금덩어리를 어떻게 찾으려고 그렇게 내던집니까?”

“야, 이놈아. 이것이 없을 때는 형님 먼저 아우 먼저 하더니, 형님만 죽어버리면 뭐, 모두가 내 것이라고. 그래서 산신령께서 우리의 마음을 시험해 보려고 하신 일이야…”

하자 동생은 눈물을 흘리면서 잘못을 사죄하였습니다. 그리고 난 후부터 형제간의 우애가 보다 커져 오래도록 잘 지냈다는 이야기가 있습니다. 흥부와 놀부 이야기도 결국 여기에서 부연된 것이 아니겠습니까.

제41장 심지관경의 자연보호

1. 무속인들의 꿈과 대수대명

사람들은 먹을 것만 생기고 돈만 생긴다면 못할 것이 없습니다. 부처님께서 길을 지나가다 보니 큰 방죽에 송아지, 돼지, 개, 양, 닭의 시체가 꽉 차 완전히 썩은 방죽이 되었습니다.

"왜 깨끗한 방죽이 이 지경이 되었느냐?"

"무당들이 굿을 하면서 대수대명(代壽代命)을 하여 저렇게 되었습니다."

옆에서 지켜보고 있던 금빛 찬란한 복장을 한 금강신장이 말했습니다.

"저녁만 되면 이 강변이 불빛으로 꽉 차고 여기저기서 독경소리가 난 뒤 버려진 짐승들이 인산인해를 이루고 있습니다. 아무리 청소하여도 끝이 없습니다."

"주로 무슨 굿을 하는가?"

"사업가는 신중신(身衆神)을 구하고 족랭신(足冷神)을 청하여 도량신, 주지신, 주성신에 공양을 올리고 산을 섬기는 사람은 산신과 숲신(林神), 약신에게 제사를 지내며 농사짓는 사람은 그 곡신(穀神), 어업하는 사람은 호수신, 바다신, 물신에게 제사지내고 배타는 사람은 바람신, 먼길 가는 사람은 허공, 방향신, 밤과 낮신에게 제사를 올립니다."

"모두가 일리는 있지만 그렇게 한다고 해서 소망이 성취하는 것만은 아니다. 낮에는 낮일을 잘하고 밤에는 밤일을 잘하고 동서남북 방향을 잘 살펴 허공처럼 툭 터진 마음을 배우고 가르치기 위하여 애초에 이 제사가 생기게 된 것인데 어리석은 사람들이 조상들이 해오던 습관만 따르다 보니 결과가 이렇게 된 것이다.

정월달에 놀고 있는 윷도 도는 돼지인생, 개는 개인생, 걸은 양인생, 윷은 소인생, 모는 말인생을 비유해서 한 발짝 두 발짝 마디마디 커가는 인생을 설명한 것인데 지금은 오히려 거기 돈을 걸고 돈 따먹기를 하고 있으니 부자가 되겠느냐. 설사 딴다 하더라도 이 돈은 이 사람 것이 저 사람 것 되고, 저 사람 것이 이 사람 것이 되니 전체를 볼 때는 털끝만큼도 불어나지 않고 오히려 먹어 줄어들 뿐이니 노는 것 이외에는 한 가지도 생산될 것이 없다.

우리가 계절 따라 조상에게 고사를 지내고 그 고사지낸 음식을 동네사람들에게 나누어 먹이는 것은 '아무개 자손이 이렇게 벌이를 잘하여 잘살고 있습니다.' 하는 것을 알리는 것인데 요즈음 사람들은 떡만 해 놓고 빌기만 잘하면 돈이 저절로 생기는 것으로 안다.

시루는 둥글고 4각이 기본이다. 둥글둥글한 마음으로 동서 4방을 잘 살펴 살림하는 사람이 사랑의 불로 떡을 찌면 낱낱의 가루들이 쫀득쫀득 엉겨 붙어 떨어지지 않게 된다. 이것은 곧 가족의 단합을 상징한 것이다.

그래서 단 한 가족이 살면 1쾌, 2대가 살면 두쾌, 3대가 살면 세

쾌를 하며 새 며느리보고 떡을 찌라 하는 것이니 어려서부터 집에서 어떻게 훈련됐는가를 살피기 위해서인 것이다.

그 위에 돼지머리를 놓고 맑은 물을 한 그릇 떠 놓는데 돼지 머리는 건강을 상징하고 맑은 물은 깨끗한 마음을 상징한다.

돼지는 구정물만 먹고도 건강하게 자라 돈 벌이를 잘해주는 까닭이고 맑은 물은 집안을 깨끗하게 하기 때문이다.

아무리 이렇게 고사를 잘 지내고 돈을 잘 번다 하더라도 도둑맞으면 안 되기 때문에 명태를 놓고 실을 그 위에 놓는 것이다.

명태는 죽어도 눈을 뜨고 있어 도둑을 잘 지키기 때문이고, 실은 상하전후가 질서를 잘 지켜 집안일이 엉클어지지 않게 하기 위해서인 것이다. 이렇게만 고사를 지내면 고사가 잘 지내졌다 할 수 있으나 그러나 이러한 일들은 각자 희생이 없이는 안 되기 때문에 제 몸을 태워 세상을 밝히는 촛불과 향을 태우는 것이니 과연 이렇게 고사를 지내본 일이 있는가.

병든 사람은 좋은 의사를 만나 몸에 꼭 맞는 약을 먹어야 하기 때문에 산신, 숲신, 약신에게 제사를 지내는 것인데 산신, 숲신이 무엇 먹을 것이 없어 생닭·돼지·양을 먹겠는가. 이러한 제사는 오히려 포악한 신의 인과를 초래할 염려가 있으니 방법을 고쳐서 지내야 할 것이다."

이 말씀을 들은 무속인이 물었습니다.

"그동안 습관된 귀신들이 자기 먹이가 부족하여 도리어 재앙을 내리면 백성들이 이를 감당할 수 있겠습니까."

"신은 신통한 것이고 귀(鬼)는 집착이 많은 것이다. 아무리 집착하여 따라 다닌다 하여도 그 귀신이 귀신밖에 될 수 없고 신 또한 그러한 관념을 갖고 있으면 그 신의 세계에서 벗어날 수 없다. 그

러니 한마디의 법으로써 도를 깨우쳐 주고 저 자연신들의 법칙을
깨닫도록 해야 할 것이다.

영명성량묘난사(靈明性量妙難事)
월타추담계영한(月墮秋潭桂影寒)

하고 말이다.

신령스러운 마음은 헤아리기 어렵습니다.
하늘에 있는 한 달이 차디찬 가을 못에 끝없이 비치고 있습니다.

어떤 사람이 마음이 없겠는가. 감정이 없는 해와 달도 세금 한
푼 받지 않고 천하를 밝게 비춰주고 있는데… 그러므로 바람신, 물
신, 바다신, 불신에게 제사지내는 것은 그들의 정신을 감사하고 도
리어 그들의 정신을 배워 세상을 밝히고자 하는 데 목적이 있는
것인데 멀쩡한 짐승들을 죽여 저렇게 강물을 더럽게 하면 오히려
저 속에서 병균이 나와 세상을 더럽게 할 것 아닌가.
절대로 신은 선함을 해롭게 하지 않는다. 사람들이 신을 응용하
여 도리어 나쁜 짓을 하기 때문에 벌을 받는 것이다.
귀신돈은 어디까지나 귀신돈인데 귀신을 팔아 거기서 얻은 돈
을 가지고 나쁜 짓을 한다면 가만히 두겠는가.
그래서 귀신을 섬기는 사람이 누구보다도 돈은 많이 벌지만 그
끝이 없는 것은 남의 몫을 제 몫으로 잘못 쓰고 귀신들만 괴롭게
하기 때문이다."

이 법문을 들은 마을 사람들은 모두 함께 나와 호수를 청소하고

주위를 정화하였으며 금강신장은 같은 동료들을 격려하여 수많은 신중신과 족행인들로 하여금 도량을 잘 지키게 하여 성을 안전하게 하고 그곳의 땅을 빛나게 하였으므로 그 마을은 인도에서도 몇째 가지 아니할 정도로 이름난 도시가 되었습니다.

2. 가라히딘나와 시리쿳타이야기

시리쿳타는 외도를 믿고 가라히딘나는 불교를 믿었습니다. 서로 자기 종교가 위대하다 다투다가 시리쿳타가 이를 시험하기 위해서 배설물로 꽉 찬 수로 위에 긴 의자를 갖다놓고 그 집 뒤에 여러 가지 무늬가 새겨져있는 항아리를 흰 천으로 덮어놓고는 그 끝에 죽, 밥, 버터, 꿀, 빵 부스러기를 문질러 놓아 마치 많은 음식이 놓여 있는 것처럼 꾸몄습니다.

그리고 500명의 외도들에게 존경을 표하고 청했습니다.

"만일 그대들이 3세의 일을 다 알고 있다면 우리 집으로 와서 저희 공양을 받으시옵소서."

외도들은 속도 모르고 와서 막 그 위에 올라서려는 순간 노비들이 덮어놓은 판자를 빼자 그대로 오물 구덩이에 빠졌습니다. 외도들이 놀라 오물 속에서 기어 나올 때 큰 몽둥이로 치면서 말했습니다.

"이 어리석은 중생들아 나의 친구 시리쿳타가 당신들이 5신통력을 구족하였다 하여 이를 시험하기 위하여 한 일인데 그것도 모르고 똥물에 빠졌느냐?"

이 광경을 본 시리쿳타는 가라히딘나를 걸어 고소하였으나

"그대의 스승들이 위대하다면 그런 것쯤은 알 것 아니냐."

하고 먼저 100전의 벌금을 물렸다가 다시 취소판결을 내렸습니다. 그때 가라히딘나가 가서 사과하고,

"보라. 그대의 스승들이 그대에게 무슨 소용이 있는가. 그대가 헌신한 대가로 무슨 혜택을 받았는가. 우리 스승을 함께 받들어 모시고 덕망 있는 분들께 베풀 생각은 없는가?"

하여 그 같은 수로를 파고 장작에 불을 지펴 이글거리는 숯불을 만든 뒤 그 위에 500명의 비구들을 초청하였습니다. 그리고 가라히딘나가 준비한 것처럼 여러 가지 음식을 가짜로 그 끝에 설치해 놓고 판자만 빼면 불속에 들어가 모두 타서 죽게 만들었습니다.

그런데 부처님이 그곳에 이르러 그 구덩이 속에 발을 뻗자 그 속에서 연꽃이 피어났습니다. 그리고 그 집속에 들어가 항아리를 열자 그 빈 그릇 속에 여러 가지 음식이 꽉 차 있었습니다. 시리굿타가 당황해하자 부처님은 게송을 읊었습니다.

순수하고 향기로우며
보는 이들에게 기쁨을 주는
백여 장의 꽃잎을 가진 연꽃이
길가 쓰레기 더미에서 피었습니다.

시리굿타가 발심하여 공양을 내자 부처님은 여덟 가지 경이로움을 갖춘 법문을 하고

"아무리 좋은 일도 없는 것만 못하니 이러한 장난을 하여서는 안 된다."

하여 모두 함께 예류과를 성취하게 되었습니다.

3. 중생(衆生)

부처님께서 사밧티성에 계실 때 라다존자가 물었습니다.

"중생 중생 하는데, 어떤 것이 중생입니까?"

"물질과 정신에 대해 탐욕하고, 즐기며, 목마르게 사랑하는 것이 중생이다. 중생들은 요소에 따라 끼리끼리, 똥은 똥, 오줌은 오줌, 침과 고름, 피가 뜻 따라 모인다. 인연 따라 모였다가 인연 따라 흩어지는 것은 마치 작은 널판자 위에 올라 앉아 있다가 표류하는 것과 같나니 게으른 자여 빠지지 않으려면 정진하고 노력하시라. 노력하는 자는 누구나 중생세계에서 벗어날 것입니다."

또 사잇디존자가 물었습니다.

"부처님, 중생은 어떻게 존재합니까?"

"눈이 있고, 색이 있으며, 눈의 지식이 있다. 귀와 소리, 코와 냄새, 혀와 맛, 몸과 감촉, 뜻과 법이 있고, 거기서 얻어진 지식과 상식 속에 중생이 존재한다. 그러므로 복을 닦으라. 복이 없으면 가난하여 근심과 걱정이 생기나니, 그러므로 수행자는 마땅히 복을 닦아야 하느니라. 악한 자는 선행을 닦고, 어리석은 자는 지혜를 닦으며, 범인은 성인을 본받아 닦으면 마침내 이 세상이 고통이 없어질 것이다.

4. 병든 자를 구원하라

몸이 있는 자는 누구나 병이 있기 마련입니다. 그러나 병의 근원을 깨닫지 못하고 세속적인 원증(怨憎)과 탐욕·진애·우치만 가지고 병을 치료하면 병은 더욱 잘 낫지 않습니다. 그렇기 때문에 병자일수록 스스로 자신을 반성하고 은혜를 생각해서 실처럼 맺힌 마음을 다 풀어버려야 합니다.

부처님께서 사위성에 있을 때 여러 승방을 두루 살피시다가 병든 비구를 발견했습니다. 오랫동안 먹지도 못하고 똥 오줌도 그대로 싸 썩은 냄새가 지독한 그런 곳에 그냥 누워 고통을 받고 있었습니다. 부처님께서는 가엾게 여겨 물었습니다.

"어찌하여 그대는 여기 혼자 이렇게 누워있는가. 돌보아 주는 사람이 없는가?"

"예. 없습니다. 제가 앓아눕지 않았을 때 남이 병든 것을 보고 돌보아 주지 않았더니 지금 저를 아무도 돌보아 주는 사람이 없습니다."

"그대들이 서로 돌보아 주고 간호해 주지 않으면 누가 그것을 하겠는가."

꾸짖으시고 부처님은 비구를 일으켜 세우고 옷을 벗겨 깨끗이 빨아주시고 또 자리도 모두 닦아 마른 풀로 바꾸어 깔아주었습니다. 그리고 곧 처소로 돌아가 모든 비구들을 모아 놓고 말씀하셨습니다.

"만일 나에게 공양하고자 원하는 자가 있거든 바로 병자에게 공양하라. 병든 자를 보살피는 것은 곧 나를 보살핌이다. 이 세상 모든 수행자의 베풂 가운데 이보다 더 나은 베풂은 없다. 병자에게 베푸는 자는 곧 과보를 얻고, 큰 공덕을 얻어 영광이 두루 미치고 감로의 법미를 맛볼 수 있다."

우리는 이 말씀 가운데서 오늘 종교인들이 실천해야 할 것이 무엇인가를 알 수 있습니다. 부처님 시대와 오늘날의 차이는 규모와 정도의 차이뿐, 우리는 그때 그 사람들에 비해 오히려 더 무거운 짐을 지고 있다는 사실을 자각해야 합니다.

절이 없는 사람, 스승과 제자가 없는 사람, 일생을 중노릇하면서도 부처님의 무소유 정신에 의해 철저히 공부했으나 전생의 업병이나 현생의 고난으로 인하여 의지할 곳 없는 병든 비구들이 이 세상에는 너무도 많습니다.

차디찬 방바닥 구멍 뚫린 창구멍만이 유일한 친구이고 사랑입니다. 누가 이들을 구원할 것입니까. 우리가 우리를 돕지 아니하면 누가 이들을 구원할 것입니까. 고아원, 양로원을 만들어 수없는 사람을 구원한다 하더라도 우리가 우리를 구원하지 못하면 불교는 진실로 살아남기 어려울 것입니다.

부처님께서 기원정사에 계실 때 수자타 장자의 병환이 위중했습니다. 부처님께서는 사리풋타를 보내 병문안을 드리게 했습니다. 사리풋타는 가서 그의 식은 손을 붙잡고 이렇게 말했습니다.
"외로운 사람들의 보호자인 장자 수자타가 안온하고 쾌락하시기를 우리 부처님께서 바라고 계십니다."
그러나 수자타 장자는 병환이 매우 심하여 괴롭고 식욕이 없었으며 아픔이 더욱 더할 뿐이었습니다. 싸리뿟따는 오직 부처님의 진리로써 그를 위로하면서 설법했습니다.
"장자여, 두려워하지 마십시오. 만약 사람이 믿음이 없으면 나쁜 곳에 날 것이지만 장자는 오늘 최상의 믿음을 가졌으니 고통은 사라지고 경쾌감이 생길 것입니다.

사람에게 만일 윤리상 좋지 않는 것이 있다면 나쁜 곳에 태어날 것이지만 장자께서 다만 선한 일만 하였으므로 고통은 사라지고 낙이 올 것입니다.

장자여, 만약 사람이 많이 듣지 못하면 나쁜 곳에 태어날 것이지만 장자는 이 세상 최상의 법을 많이 들었으니 고통은 줄고 즐거움이 늘어날 것입니다.

사람은 욕심 많고 인색하므로 나쁜 곳에 태어납니다. 그러나 장자는 그런 마음이 없고 다만 은혜로운 보시만을 했으니 아픔은 덜하고 경쾌함이 올 것입니다.

장자여, 두려워 마십시오. 그대에게는 밝은 지혜가 있고 바른 견해가 있으며 바른 뜻이 있고 바른 해탈이 있으니 이로써 고통은 점차 가시고 쾌락이 올 것입니다."

이 설법을 듣자 장자는 곧 자리에서 일어나 앉으며 말했습니다.
"착하십니다. 싸리뿟따 존자님. 병을 위해 진리를 설함이 몹시 기특합니다. 존자여, 제가 교화의 요법을 듣자 금방 병이 다 나은 것 같습니다. 나의 병은 다 고쳐졌으니 걱정 마시고 안심하십시오."

제42강 법화경의 세계

1. 영축산에서 법화경을 설하다

부처님께서 처음 성불하시고 깨달은 바 내용을 있는 그대로 설한 것을 〈대방광불화엄경〉이라 합니다. 그런데 그 마음을 깨닫지 못한 중생들을 위하여 먼저 인과로써 마음의 모양을 밝힌 것이 〈아함경〉이고, 인연으로써 그 작용을 밝힌 것이 〈방등경〉이며, 그 본 바탕이 다이아몬드와 같은 지혜로 형성되어 불생불멸(不生不滅)하고 불구부정(不垢不淨)하며, 부증불감(不增不減)한 것임을 밝힌 것이 곧 〈반야경〉입니다.

이렇게 체 · 상 · 용을 분명히 밝혀 열반의 묘문(妙門)을 열어놓고 마지막으로 실상의 묘법을 설한 것이 〈법화경〉이니, 말하자면 〈대방광불화엄경〉은 선법화(先法華)이고, 묘법연화경은 후대방광불이라 할 수 있습니다. 그러므로 이 두 경전을 '천경(千經)의 본종(本宗)이 되고, 만경(萬經)의 관해(輨轄)'가 된다 하신 것입니다.

법화경을 설한 장소는 영축산입니다. 영축산은 마가다국 왕사성 5대 영산의 하나로서 3세 제불이 진리의 꽃을 피웠던 곳입니다.

이곳에 모인 스님들은 비구 · 비구니 2만여 명이었는데, 모두가 대아라한으로 번뇌를 다 없애고 다시는 번뇌의 침해를 받지 않을 수 있는 마음에 자유를 얻은 스님들이었고, 아직 공부가 조금 부족한 2천여 명이 있었으나 그들도 다시는 업에 끄달리지 아니할 수 있는 사람들이었다 합니다.

무상보리에 퇴전하지 않는 보살들도 8만 명이나 모였는데, 오랜 세월 천억 부처님들을 섬겨 그들에게 칭찬을 받아 무수한 중생들을 구제해온 큰 보살들이었습니다.

그리고 석제환인과 일월 별천자·4천왕·자재천 대자재천왕·대범천왕 등이 그의 권속들과 함께 왔고, 8대용왕 4긴나라왕과 아수라왕·가루라왕·마후라가 등이 동참하였고, 마가다국의 임금님 아사세와 그의 어머니 위데히 부인이 많은 관료들과 함께 동참하였습니다.

2. 방편과 진실

부처님께서는 이때 4중에게 둘러싸여 공양·공경·존중·찬탄을 받고 무량의경을 설해 마치고 무량의처 삼매에 들자 세상은 온통 쥐죽은 듯 고요하였습니다.

그때 하늘에서 만다라꽃과 마하만다라꽃·만수사꽃과 마하만수사꽃이 비 내려 부처님과 대중스님들께 공양하였는데, 그 자리에 있던 한 천녀가 부처님께 꽃 한 송이를 올리자 부처님은 그것을 받아 대중 앞에 높이 들어 보이니 가섭존자가 보고 빙긋이 미소를 지었습니다.

이때 천지가 6종(六種)으로 진동하니 부처님 이마 두 눈썹 사이 백호상에서 큰 광명이 나타나 동방으로 1만8천 토를 비췄습니다. 위로는 아가니타천으로부터 밑으로 아비지옥에 이르기까지 6도 10계 중생들의 생활상이 손바닥 위의 구슬처럼 나타났습니다.

이때 미륵보살이 이 무슨 일이 일어나려고 이 같은 일이 생기는가 생각하다가 자신과 4부대중의 의심을 풀기 위해 법회 경험이 많은 문수보살께 물었습니다.

"이 무슨 일로 이런 신통변화가 나타납니까?"

"부처님께서 큰 법을 설하고, 큰 비를 내리고, 큰 나팔을 불고, 진리의 북을 쳐, 큰 법을 연설할 징조다 하고 과거 일월등명부처님과 연등부처님께서도 이 같은 상서를 나타내신 뒤 법화경을 연설하여 성문·연각·보살의 3승불교를 1승불교로 회향할 수 있도록 수기한 바 있다."

고 말씀하였습니다.

3. 제법실상(諸法實相)의 도리

그때 부처님께서 편안히 삼매로부터 일어나 사리불에게 말씀하였습니다.

"모든 부처님의 지혜는 매우 깊고 그 뜻이 한량없어 성문·벽지불의 소견으로서는 알지 못한다. 참된 불법은 오직 부처님과 부처님들만이 알 수 있기 때문이다. 모든 법에는 그와 같은 모습과 성품, 체력 작용이 있는데, 그것은 그렇게 되지 아니하면 아니 될 인·연·과·보(因·緣·果·報)가 있기 때문이다.

부처님들께서 이 세상에 한 번 나타나는 것은 마치 우담바라가 3천년 만에 한 번 피는 것과 같다. 부처님께서 세상에 출현하시는 것은 일체중생에게 여래의 지견(如來知見)을 열어(開) 보여(示) 깨달아(悟) 들게(入)하여 일체종지(一切種智)를 얻게 하기 위해서인 것이다."

현 한국관음종의 전신 "불입종(佛入宗)"은 곧 이 법화경 방편품을 배경으로 하여 부처님이 이 세상에 오신 뜻을 실천하자고 강조하여 만든 종단입니다. 그래서 불입종이라 이름한 것입니다.

그리고 부처님께서는 싸리뿟다에게 수기하시고 3계화택의 비유를 들어 설법하셨습니다.

"사리불아, 너는 내세에 천만억불을 받들어 모시고 정법을 수호하여 보살도를 닦으면 이구세계(離垢世界)에서 화광여래(華光如來)가 될 것이다.

사리불아, 옛날 옛적 많은 전택(田宅)과 노예를 가진 대부장자가 있었는데, 5백여 명의 권속을 거느리고 그 속에 살다가 당각이 노후하여 담벽이 허물어지는 것을 보고 뛰어나와 보니 4방에서 불이 나 모두 타죽게 되어 있었다. 그래 그 5백의 권속들을 향해 외쳤다.

'빨리 나오너라.'

그러나 아무리 소리를 질러도 나오는 사람이 없으므로 아이들이 좋아하는 장난감 양수레(羊車)·사슴수레(鹿車)·소수레(牛車)를 가지고 유혹하니 모두가 뛰어나왔다. 그래서 나는 다시 그들에게 흰 소의 큰 수레(大白牛車)를 주어 8차선 도로를 마음대로 달리도록 한 바 있다."

이것이 저 유명한 삼계화택(三界火宅)의 비유이고, 삼거일륜(三車一輪)의 철학입니다. 삼계는 욕계·색계·무색계의 이 세상이고, 삼거는 성문·연각·보살들의 삶의 철학이며, 일륜은 모두가 한 마음의 세계에 돌아가 평화롭게 우애하고 사는 일승불교의 세계인 것입니다.

양거·녹거·우거는 어린이 불교를 성장시키는 방편불교이고, 일륜의 철학은 모두가 성불하여 불국정토를 형성해 사는 한 부처님 세계인 것입니다.

이 세상에는 탐욕의 불, 성냄의 불, 어리석음의 불이 끝없이 타고 있으며, 그 불속에서도 눈은 색을 보고, 귀는 소리를 듣고, 코는 냄새를 맡고, 혀는 맛을 보고, 몸은 촉감으로 불을 내 끊임없이 타고 있습니다.

그런데 생각은 그 보고 듣고 깨닫고 아는 놈을 동원하여 갖가지 사상과 논리의 불을 일으켜 죽이고 살리고 치고 박고 쉴 사이 없이 생존경쟁 약육강식으로 끝없는 투쟁을 계속하고 있으니, 이것이야말로 실달태자가 7세에 농경제(農耕祭)에 나갔다가 보고 느낀 대로 세상이 불타고 있었던 것입니다.

4. 성문들의 수기작법(授記作法)

그때 혜명수보리와 마하가전연·마하가섭·마하목건련이 부처님의 법문을 듣고 환희용약(歡喜踊躍)하여 자리로부터 일어나 말했습니다.

"저희들은 명색이 여러 스님들의 우두머리로서 자기 열반에만 만족하여 진실한 깨달음을 구하지 아니했습니다. 마치 어려서 아버지를 잃어버렸던 거지 아이가 처음에는 아버지를 보고 놀라 도망쳤다가 일꾼들의 꼬임에 빠져 화장실 청소하고 밥을 얻어먹다가 마당에 나와서 시방세계 사람들이 왕래하는 것을 보고 장차 방안에 들어와 곳곳의 창고에 보물이 꽉 찬 것을 보고 아버지의 가르침을 따라 요리하다가 마침내 그 재산을 통째로 물려받는 것과 같습니다."

하니 부처님께서 이 네 사람이 작은 마음(小乘心)을 버리고 큰 마음(大乘心)에 나아간 것을 알고 약초유품의 비유를 들어 설명하고 각각 수기하셨습니다.

"그렇다. 3천대천세계에서 내리는 비는 모두가 하나이지만, 그것을 받아들이는 것은 각기 다르나니, 큰 나무는 크게, 작은 나무는 작게, 그리고 중간 나무는 중간으로 받아들인다. 그러나 많건 적건 한 방울의 물이라도 빨아들인 나무와 풀, 모두가 똑같은 약의 성품이 들어 있어 온갖 질병을 치료하는 것이다. 그러므로 나는 제도하지 못한 자를 제도하고, 알지 못한 자를 알게 하고, 편안하지 못한 자를 편안하게 하고, 열반을 얻지 못한 자들에게는 열반을 얻게 하였다. 가섭은 장차 광명여래가 되고, 수보리는 명상여래가 되고, 가전연은 염부나제금광여래가 되고, 목건련은 다마라발전단향 부처님이 될 것이다."

앞의 비유를 장자궁아유(長者窮兒喩)라 하고, 뒤의 비유를 약초유우(藥草喩雨)라 합니다. 장자궁아 비유는 장차 기독교에 들어가 탕자유로 바뀝니다.

부처님께서는 여기서 과거 대통지승여래의 16왕자가 출가 성불하여 동서 사방 사유세계(四維世界)를 교화하고 있는 모습을 설명하시고, 5백제자와 나머지 모든 성문 제자들에게도 수기하셨습니다.

"부루나미다라니자는 법명여래가 될 것이고, 교진여는 보명여래가 되며, 3가섭과 가루타이·우다이·아일루타·이바다·겁빈나·바구로·주리반특가·사타가 등도 똑같이 동명동호로서 보명여래가 될 것이다."

그때 5백 나한들이 똑같이 부처님께 고백합니다.
"옛날 어떤 사람이 거지가 되어 천하를 주유하는 것을 보고 친구가 그의 옷 속에 일생을 먹고도 남을 보배구슬을 넣어 주었는데, 그것을 알지 못해 50년을 유랑하다가 마침내 친구를 만나 보물을 찾아 부자가 된 것과 같습니다."
하니 부처님께서
"50년 동안 유랑한 친구는 5도에 유전한 중생들이고, 보물을 찾아준 친구는 바로 나와 같은 선지식이다."
하고 라훌라·아난과 비구니들에게도 모두 수기합니다.
"아난은 장차 산해혜자재통왕여래가 되고, 라훌라는 도칠보화여래가 될 것이며, 학무학 2천인은 보상여래가 될 것이다."
하시고,

"말세에 이 묘법연화경을 받아가지고 읽고 외우고 쓰고 해설하는 자는 누구를 막론하고 모두 법사가 될 것이니, 법사는 마땅히 여래의 옷을 입고 여래의 방에 들어가 여래의 자리에 앉아 여래의 행을 실천할 것이다."

하였습니다. 이 말이 끝나기도 전에 허공 가운데 다보탑이 나타나 이를 증명하였습니다.

"나는 어느 곳이나 법화경을 읽고 외우고 쓰고 해설하는 장소가 있으면 그곳에 나타나 증명을 짓는다."

하자 시방세계에서 무수한 보살들이 나타나

"저희들도 함께 이 경을 가지고 펴겠다."

하니 허공 가운데서 무수한 보살들이 나타나

"우리 지역의 불교는 우리가 알아서 하겠다."

다짐하였습니다. 그때 물었습니다.

"저들 보살들이 다 누구의 제자입니까?"

"나의 제자다. 나는 금생에 처음으로 성불한 것이 아니라 진묵겁전(塵墨劫前)에 성불하였으나 중생들을 위하여 이 세상에 다시 나타났다."

하고 구원실상의 부처님을 나타내 보였습니다.

5. 구원실상의 불

"선남자들이여, 여래는 모든 중생들이 작은 법을 즐겨 덕이 엷고 업이 무거운 것을 보고, 이런 사람을 위하여 나는 젊어서 출가하여 무상보리를 얻었다고 말하였느니라. 그러나 내가 성불한 지는 이와 같이 오래이고 멀지마는, 방편으로 중생을 교화해서 불도에 들게 하려고 이렇게 말하였느니라.

여래가 설한 경전은 다 중생을 제도하기 위한 것이니, 자기의 몸을 설하거나 다른 사람의 몸을 설하며, 혹은 자기의 몸을 보이거나 다른 사람의 몸을 보이며, 혹은 자기의 일을 보이거나 다른 이의 일을 보이나니, 설하는 모든 말은 다 허망함이 없느니라.

왜냐하면, 여래는 삼계의 모습을 참답게 알고 보아, 나고 죽음에 물러나거나 나옴이 없으며, 또 세상에 있거나 멸도함이 없으니, 진실도 아니고 허망함도 아니며, 같지도 않고 다르지도 아니하며, 삼계를 삼계 같지 않게 보나니, 이런 일을 여래는 밝게 보아 그릇됨이 없건만, 중생들이 다만 갖가지 성품과 욕망과 행과 생각하는 분별이 있으므로, 모든 선근을 내게 하려고 여러 가지 인연과 비유와 이야기로 갖가지 법을 설하며, 불사를 짓되 일찍이 쉬어 본 일이 없느니라. 이와 같이 나는 성불한 지가 매우 오래 되어 수명이 한량없는 아승지겁에 항상 머물러 멸하지 않느니라.

선남자들이여, 내가 본래 보살도를 행하여 이룬 수명은 지금도 아직 다하지 못하였으며, 다시 위에서 밝힌 수의 배나 되지마는, 참 멸도가 아닌 것을 방편으로써 멸도를 취한다고 말하나니, 여래는 이런 방편으로 중생을 교화하느니라. 나는 마치 어떤 의사와 같아 좋은 처방과 좋은 약을 만들어 여러 가지 병을 치료하고 있기 때문이다.

6. 보살불교의 실천

"옛날 약왕보살은 자기 몸이 다 닳도록 부처님과 중생을 위해 희생하였고, 묘음보살은 아름다운 몸매에 묘한 음성을 가지고 27 응신을 나타내어 노래로써 포교하였다.

관세음보살은 10대원과 6대서로써 광대 원만한 마음을 가지고 신통묘용을 일으켜 전법하였다.

먼저 10대원을 말하면

① 속히 일체 법을 알아
② 빨리 지혜의 눈을 얻고
③ 일체중생을 제도하되
④ 편리한 방편을 알아
⑤ 지혜의 배에 태워
⑥ 고통의 바다를 건네주고
⑦ 지계와 선정으로
⑧ 원적산(열반산)에 올라가
⑨ 하염없는 집을 짓고
⑩ 법성신을 이루겠습니다.

하는 것이 그것이고, 다음 6대서는

① 내가 만약 도산지옥에 들어가면 도산지옥을 부셔버리고
② 화탕지옥에 들어가면 화탕지옥을 말려버리고
③ 일반지옥에 들어가면 일반지옥을 없애버리겠습니다.
④ 그리고 아귀세계에 들어가면 아귀들을 배부르게 하고
⑤ 아수라세계에 들어가면 악한 마음을 조복받고

⑥ 축생세계에 들어가면 지혜를 얻게 하겠습니다.

가 그것입니다. 관세음보살은 천수천안으로 33응신을 나투어 중생을 제도하는데

① 부처의 모습으로 중생을 제도할 자에게는 부처의 몸을 나투어 제도하고

② 벽지불,

③ 성문신,

④ 범왕신,

⑤ 제석신,

⑥ 자재천신,

⑦ 대자재천신,

⑧ 천대장군신,

⑨ 비사문신,

⑩ 소왕신,

⑪ 장자,

⑫ 거사,

⑬ 제관신,

⑭ 바라문신,

⑮ 비구의 몸,

⑯ 비구니의 몸,

⑰ 우바새의 몸,

⑱ 우바이의 몸,

⑲ 장자부녀의 몸,

⑳ 거사부녀의 몸,

㉑ 제관부녀의 몸,

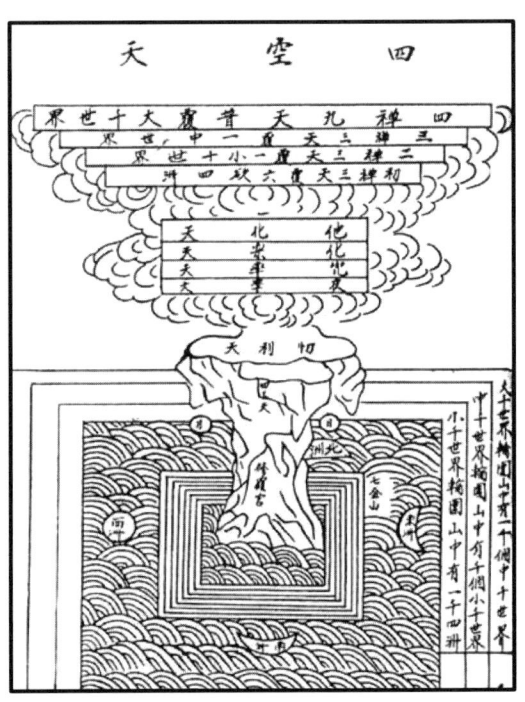

㉒ 바라문부녀의 몸,

㉓ 동남신의 몸,

㉔ 동녀신의 몸,

㉕ 천신,

㉖ 용신,

㉗ 야차의 몸,

㉘ 건달바의 몸,

㉙ 아수라의 몸,

㉚ 가루라의 몸,

㉛ 긴나라의 몸,

㉜ 마후라가의 몸,

㉝ 집금강신의 몸으로 중생을 제도할 자에게는 각기 그 같은 몸을 나투어 제도한다.

왜냐하면 신통력을 갖추고 지혜와 방편을 닦아
널리 시방세계 몸을 나타내지 아니한 곳이 없으므로
3악도의 고통과 생로병사의 고통을 모두 없애기 때문이다.

나는 옛날 정장 정안의 왕태자로 태어났을 때도
관세음과 같은 묘한 지혜를 가지고
사도에 물든 아버지와 어머니를 제도하고
묘음보살과 같은 몸으로 시방세계에 다니면서
약왕보살과 같은 행을 멈추지 않고 있느니라.”
하셨습니다.

이것이 법화경 28품의 내용입니다.

제43강 미륵부처님 이야기

1. 일반적인 미륵신앙

미륵부처님은 미래 희망의 부처님입니다. 과거에 만족치 못하고 현재에 고생하고 사는 중생들이 미래에 희망을 가지고 그의 곁에 가서 성불작조(成佛作祖)하기를 희망하기 때문에 석가모니부처님 입멸 후부터 많은 사람들이 신앙하여 기독교의 메시야 사상과 함께 미래에 이루어질 인류의 유토피아를 형성하고 있습니다.

56억 7천만년 뒤 태어난다 하니 어떤 사람들은 그 시간을 손꼽아 기다리고 있는 경우도 있으나, 유식학에서 보면 눈·귀·코·혀·몸의 5식(識)이 뒤집어져 성소작지를 이루고, 제6의식(意識)이 깨달음을 얻어 묘관찰지를 이루고, 제7마나식(末那識)이 대각(大覺)을 형성하여 평등성지를 이루면 바로 56억 7천만년을 한 생각에 이루어 큰 거울 둥근 마음속에서 자타가 평등한 마음으로 일체를 묘하게 관찰하며 모든 중생들의 소망을 성취시켜줄 수 있는 자씨(慈氏)가 된다 하였습니다.

미륵이란 원래 '친우'를 뜻하는 '미트라'로부터 파생된 '마이트레야'입니다. '마이트레야'는 '자비'라는 뜻을 내포하고 있으므로, 중국에서는 '자씨보살'이라 번역했습니다. 미륵하생경과 관미륵보살상생도솔천경에 의하면 미륵보살은 "인도 바라나시국의 바라문 집안에서 태어나 석가의 교화를 받으면서 수도하다가 미래에 성불하리라" 는 수기를 받은 뒤 도솔천에 올라갔고 지금은 천인을 위하여 설법하고 있다고 합니다.

그러나 석가모니불이 입멸(入滅)하여 56억 7천만년이 지난 뒤, 인간의 수명이 차츰 늘어 8만세가 될 때에 이 사바세계에 다시 태어나 화림원 용화수 아래에서 성불하여, 3회의 설법으로 272억인을 교화한다고 하였습니다.

이러한 도솔천의 미륵보살이 다시 태어날 때까지 중생구제를 위한 자비심을 품고 먼 미래를 생각하며 명상하는 자세가 곧 반가사유상(半跏思惟像)으로 묘사되어 있습니다.

또한 미륵보살을 믿고 받드는 사람이 오랜 세월을 기다릴 수 없을 때에는 현재 보살이 있는 도솔천에 태어나고자(上生), 또는 보살이 보다 빨리 지상에 강림하기를(下生) 염원하며 수행하는 신행법이 인도 · 중국 · 티베트 · 한국 · 일본 등에서 널리 유행하고 있습니다.

2. 미륵정토 삼부경

미륵신앙의 근본성전으로는 미륵상생경, 미륵하생경, 미륵성불경이 있습니다.

(1) 미륵상생경(彌勒上生經)

미륵상생경은 우리나라 미륵신앙의 근본경전 중 하나입니다. 내용은 석가모니불의 제자인 마이테리야 아일다가 도솔천으로 상생하는 내용입니다.

부처님께서 사위국에 계실 때 미륵이 12년 뒤 목숨을 마치면 도솔천에서 태어날 것이며 후세에 미륵불이 될 것이라는 수기(授記)를 받는 내용이 미륵상생경에 설해져 있습니다.

그러면 어찌하여 마이테리야는 그렇게 일찍 죽게 됩니까? 태어나면서부터 많은 생명을 죽였기 때문이라 합니다. 마이테리야가 세상에 태어날 때 하늘에 없던 별이 하나 생겼습니다.

"저 별이 생겨나면 새로운 임금님이 탄생한다."

는 말을 듣고 당시 임금님은 그 달을 전후하여 3개월 이내에 태어난 아이들을 모두 잡아 죽여라 하였습니다. 그런데 그 일을 담당한 마이테리야의 삼촌이 차마 조카를 죽일 수 없어 노예의 아이를 사 바꿔치기 하고 마이테리야는 절에 보내 살게 하였으므로 많은 살생의 과보로 일찍 죽게 되었다 하였습니다.

그런데 과연 마이테리야는 12년 후에 죽었고, 부처님 말씀에 의하면 그가 도솔천에 태어나 지금 설법하고 있는데, 56억 7천만년 뒤에 이 세상에 와서 성불할 것이라 하였습니다.

도솔천은 오백만억 천(天)의 아들들의 서원에 의해 시설 되었는데 칠보로 장엄된 세계에는 저절로 생긴 악기에서 항상 10선과 4홍서원을 설하는 음악이 나오며, 5대신(五大神)이 있어서 갖가지 법문을 설한다고 하였습니다.

그리고 이 도솔천에 태어나기 위해서는 5계와 8계 그리고 구족계를 갖추고 몸과 마음으로 정진해야 하며, 10선법을 닦고 도솔천의 쾌락함을 사유해야 한다고 하였습니다.

그리고 미륵보살이 있는 곳에 태어나려면

① 부처가 죽은 뒤 끊임없는 정진을 하고 많은 공덕을 쌓고,
② 탑을 깨끗이 하고 좋은 향과 아름다운 꽃을 공양하고
③ 여러 가지 삼매를 닦아 깊은 선정에 들고,
④ 경전을 독송하고,
⑤ 염불을 하고 미륵불을 칭명하고,
⑥ 8계를 받고 깨끗한 행동을 닦으면서 사홍서원을 실천하고,
⑦ 이 염부제(閻浮提)에서 널리 복업(福業)을 닦고,
⑧ 계를 어기고 악한 일을 범했어도 미륵보살의 자비로운 이름을 듣고 정성껏 참회하고,
⑨ 미륵보살의 명칭을 듣고 그 형상을 만들어 향과 꽃, 깃발로 장엄하면 도솔천에 왕생하게 된다고 하였습니다.

이것이 미륵상생경의 내용입니다.

(2) 미륵하생경(彌勒下生經)

다음 미륵하생경은 미래에 미륵이 이 세상에 태어나서 부처가 되어 상카왕 등을 제도한다 하였습니다.

미륵불의 최초 설법 내용은 4제·8정도·12인연·37조도품이며, 이 설법은 3회에 걸쳐 행해진다 하였습니다.

제1회에는 96억의 사람이 아라한(阿羅漢)의 과를 얻고, 제2회에는 94억인, 제3회는 92억인이 각각 아라한 과를 증득하는데 이를 용화삼회라고 합니다.

그래서 한국에서는 미륵불을 모신 절을 지을 때 법당이나 탑을 모두 3층으로 짓고 있는 것입니다.

경흥스님은 미륵부처님이 이 세상에 오신 뜻은,

첫째는 하품중생을 교화하기 위해서라고 하셨습니다. 도솔천에서는 많은 상품중생을 교화하였지만, 그렇지 못한 중생들이 있기 때문에 인간세상에 하생하여 이적을 보이고 근기가 얕은 인간들을 교화한다는 것입니다.

(3) 미륵성불경(彌勒成佛經)

미륵성불경은 미륵대성불경이라고도 하며, 이 경은 구원한 미래에 미륵이 이 세상에 태어나서 부처가 되고 용화삼회의 법회를 통하여 수십억의 중생을 제도하는 것을 주제로 삼고 있습니다.

경전의 내용은 미래 용화세계의 상황, 미륵의 탄생과 성장, 미륵의 출가와 성도, 미륵불의 설법과 제도, 미륵불의 입멸 등으로 구성되어 있습니다. 그러므로 내용은 미륵하생경과 비슷합니다.

3. 미륵도량 - 금산사와 법주사

　미륵신앙을 근본으로 한 절은 수없이 많지만 우리나라에서는 익산 미륵사와 개성의 미륵사를 들 수 있으며 현존하는 것으로는 김제 금산사와 보은 법주사를 들 수 있습니다.

　익산 미륵사는 전라북도 익산군 금산면 기양리에 있던 사찰로 서 백제 무왕 때 창건하였으며, 삼국시대의 사찰 가운데 백제의 절 로는 최대의 규모입니다. 백제의 무왕이 왕비와 함께 사자사(獅子 寺)에 행차하였을 때 용화산 아래 큰 못가에 이르자 미륵삼존이 나타났으므로 수레를 멈추고 경의를 표하였고, 왕비가 왕에게 이 곳에 절을 세우기를 청하였으므로 못을 메워 절을 창건하였다 합 니다.

　금산사(金山寺)는 전라북도 김제군 금산면 금산리 무악산(母岳 山)에 있는 사찰로 대한불교조계종 제17교구 본사입니다. 백제 법 왕이 그의 즉위년(599)에 칙령으로 살생을 금하고, 그 이듬해에 금 산사에서 38인의 승려를 득도시킨 것으로 되어 있으니, 아주 역사 가 오래되었습니다. 금산사가 대찰의 면모를 갖추게 된 시기는 진 표(眞表)율사가 중창을 이룩한 경덕왕대 이후입니다.

　진표율사는 12세에 출가하여 선계산 부사의암에서 참회법을 닦 아 미륵보살과 지장보살로부터 계법을 전해 받은 뒤 금산사로 돌 아와서 중창을 하고 미륵장륙상을 조성하여 주존불로 모셨고, 금 당 남쪽 벽에는 미륵보살이 도솔천에서 내려와서 그에게 계법을 주던 모습을 그렸습니다. 그 후로 이 절은 법상종의 근본도량이 되었으며, 후백제 때는 견훤의 숭봉을 받아 부분적으로 보수한 것으로 나옵니다.

금산사를 창건한 진표는 제자 영심(永深)등에게 속리산으로 들어가서 길상초가 난 곳을 택하여 가람을 이룩하고 교법을 펴라고 하였습니다. 이에 영심 등은 속리산으로 들어가 길상초 난 곳을 찾아 절을 세우고 절 이름을 길상사(吉祥寺)라 하였습니다.

그 뒤 1101년 숙종이 그의 아우 대각국사를 위하여 인왕경회를 이 절에서 베풀었고 조선시대에는 태조가 상환암에서 기도하고 세조는 병을 요양하기 위하여 복천암에 와서 3일 동안 법회를 열기도 하였습니다.

4. 미륵부처님의 영험

불멸 후 900년경 무착보살이 금강경을 읽고 해석하려 하였으나 너무 어려운 부분이 많아 미륵부처님께 기도하였습니다. 며칠을 기도하여도 소식이 없더니 하루는 탁발하고 돌아오다가 버려진 강아지를 보고 불쌍한 생각이 들어 얻은 밥을 주고 돌아와 일광정(日光定)에 들어왔는데 그날 밤 미륵보살이 나타나 말했습니다.

"네가 평소에는 받을 줄만 알고 줄 줄을 모르더니 오늘은 주인 없는 강아지도 어여삐 여기니 내가 그대로 있을 수 없다. 나를 따라오면 금강경해설에 대한 지침을 일러주리라."

하고 손을 내밀었습니다. 무착이 일어나 절을 하고 손을 잡으니 순간 도솔천 내원궁에 이르렀는데 미륵보살이

"교묘하게 잘 보호하여 그 뜻을 알고 행하라. 물러섬이 없이 정진히여 얻지 못한 깃을 읽게 하면 이것이 선부족이다."

하며 80행게를 일러주어 금강경을 통달하게 되었습니다.

그리고 진흥왕 때 진자스님이 미륵 기도를 하고 미시랑을 만나 화랑의 두수(頭首)를 삼았다는 설과 달달박박과 노힐부득이 부득이 기도하여 현신성불 하였다는 설이 삼국유사에 나옵니다.

(1) 백월산의 두 성인

백월산은 신라의 구사군 북쪽에 있던 산입니다. 그 산 동남으로 3천보쯤 가서 선천촌(仙川村)이 있는데 마을에 사는 노힐부득 달달박박이 동진출가하여 도를 닦다가 말년에 이르러서는 각각 법당을 만들고 한 분은 아미타불염불을 하고 한 분은 미륵성존을 불렀습니다.

그런데 하루는 해질 무렵 나이는 20세쯤 됨직한 낭자가 북쪽 암자에 이르러 유숙하기를 청하자

"절이란 청정을 지키는 것을 근본으로 삼으니 당신이 가까이 할 곳이 못됩니다. 빨리 가십시오. 여기에는 있을 수 없습니다."

하고 문을 닫고 들어갔습니다. 낭자가 다시 남쪽 암자에 이르러 똑같이 청하니 노힐부득이 물었습니다.

"그대는 어디서 이 밤에 여기를 왔는가?"

"모든 것이 담연히 맑아 허공과 같은 것인데 어찌 가고 옴이 있으리까. 다만 현자께서 뜻이 심중하시고 덕행이 견고하시다 하기로 보리(菩提)를 도와 드릴까 합니다."

하였습니다. 이에 감동한 노힐부득은 자리를 마련하여 주었는데 밤이 깊어지자 낭자가 말했습니다.

"내가 불행하게도 방금 해산할 기미가 있으니 화상님은 거적이나 마련해 주십시오."

노힐부득이 가엽게 여겨 촛불을 밝혀 도와주고 물을 들여보내니 통 속의 물에 향기가 자욱하며 금빛으로 변하였습니다. 노힐부득이 크게 놀라니, 낭자가 말했습니다.

"스님도 여기 와서 목욕하십시오."

마지못해 억지로 목욕하니 홀연히 정신이 상쾌해지며 피부가 모두 금빛이 되고 그 옆에는 홀연히 연화대 하나가 만들어졌습니다. 낭자가 말했습니다.

"거기에 앉으십시오. 나는 관세음보살인데 대사를 도와서 대보리를 이루게 하러 왔습니다."

하고는 간데 온데 없이 사라졌습니다. 달달박박은 생각하기를 노힐부득이 오늘밤에 파계했으리라 하고 확인하고자 와 보니, 노힐부득이 이미 연화대에 앉아 미륵존불을 이루어 빛을 발하며 몸이 금빛으로 된지라 놀라 머리를 조아리어 예경하며 물었습니다.

"어떻게 이렇게 되었는가?"

"모두가 스님 덕분이네. 통에 아직 물이 남아 있으니 목욕해 보게."

그러나 물이 적어 찍어서 바르다보니 얼룩부처가 되고 말았습니다.

⑵ 진자스님의 미륵기도

신라 제24대 진흥왕은 일찍이 국가의 인재를 키우려면 여자다운 여자가 나와야 한다고 하여 민가의 아름다운 처녀를 뽑아 원화(原花)로 삼아왔습니다. 그런데 교정이 남모를 질투하여 술을 먹여 죽였으므로 여자를 남자로 고쳐 설원장을 국선으로 삼으니 이것이 신라화랑의 시초입니다.

진지왕 때 흥륜사 스님 진자사께서 나라의 지도자가 되려면 그래도 보통 사람과는 달라야 하지 않겠는가 하고 아침 저녁으로 미륵부처님 앞에 가서 기도드렸더니,

"공주 수원사에 가면 미륵선화를 뵈올 수 있을 것이다."

하여 갔더니 절 문앞에서 17, 8세 된 건강한 청년이 반가이 인사하면서 환영하였습니다.

"그대는 평소 나를 모르는데, 어떻게 이렇게 친절하게 나를 맞아주는가?"

하니,

"나도 서울사람입니다."

하고 문밖을 나가니, 이를 우연한 일로 생각하고 무심히 지나쳤습니다. 절에 들어가 이를 말하니 절안의 스님들은 허공에서 나는 소리를 듣고 또 이 절에는 없는 젊은 스님을 만났다는 말을 듣고,

"저 남쪽으로 가면 천산이 있는데, 예로부터 신기한 일이 많이 생겼다 하는데, 혹 거기 가면 미륵선화를 만날 수 있을는지 모르니 그리로 가 보십시오."

하였습니다. 그래서 천산으로 갔더니 한 노인이 이 말을 듣고,

"그가 서울사람이라 하였다면 다시 서울 가서 찾아보는 것이 옳지 않을까요."

해서 다시 경주로 와서 여러 곳을 다니다 보니 영묘사 동북쪽 길가 나무 밑에서 화장을 단정히 한 어린 동자가 여기저기 다니면서 놀고 있었습니다.

"그대는 누구인가?"

"내 이름은 미시(未尸)인데, 어릴 때부터 부모를 잃고 성은 무엇인지 알지 못합니다."

진자사는 인도말 미륵이 곧 '미시'인 것을 깨닫고 즉시 가마에 태워 왕에게 가서 보이니 왕이 기뻐 받들어 국선으로 삼으니 이로 부터 낭도의 화목이 이루어져 신라화랑의 기초를 다지게 되었다 합니다.

인재의 양성이 아무렇게나 되는 게 아닙니다. 나라의 지도자들이 정성을 다하여 인재를 찾고 길러야 합니다. 백제 미륵은 17,8세 되었으나 신라 미륵은 6,7세에 불과하였지만 정성들여 기르니 삼국통일의 초석이 된 것입니다.

사람들은 그리 바쁘지 않는 일을 도리어 바쁘게 생각하여 2,30년 걸려야 매듭을 볼 수 있는 인재양성에는 신경을 쓰지 않고 날마다 먹고 사는 돈과 사랑, 명예에만 신경을 쓰고 있습니다. 그러므로 부처님은 마룬카풋다에게 독전의 비유를 들어 깨우침을 주었던 것입니다.

제44강 마음의 소를 찾는 사람들

　불법은 실로 심심난해한 법입니다. 세상에 사는 사람들을 보면 도리어 역유행(逆流行)을 가르침으로 어렵다고 아니 할 수밖에 없습니다.

　다툼에서는 이겨야 하는데 져주라 하고, 죽일 것을 살려주고, 빼앗을 것을 베풀어주고, 속일 것을 속이지 않고, 천진난만한 아이처럼 살다 가야 하기 때문에 어렵다 하는 것입니다.

　그러나 그러한 생리는 다 삶의 철학이요, 죽음의 방편이기 때문에 죽고 사는 것을 초월하여 영원히 죽지 않는 곳에 이르려 한다면 한번쯤은 과감히 내팽개쳐 볼 필요가 있습니다.

　그래서 부처님은 알라라 깔라마를 통해서 삶의 지혜와 수습(修習)의 지혜, 응용의 지혜를 배웠지만 배운 것만으로는 되지 않는다는 것을 깨달았기 때문에 과감히 4무색처를 버리고 웃드라카 라마뿟다를 만난 것입니다. 그리고 거기서 비상비비상처천에 올라 겁(劫)을 알 수 없는 세월을 살 수 있는 방법을 얻고서는 얻은 것을 다시 얻을 것 없는 경지에 이르러 감히 천당도 가까이 하지 않고, 거만한 바라문, 순수한 우바카를 만나보고도 실망하지 않고 베나레스에 나아가서 5비구를 제도하고, 야사의 집에 이르러 전법륜경을 설했던 것입니다.

오늘날 녹야원 박물관에는 엄청나게 큰 수레바퀴가 조각되어 있고, 파키스탄과 아프가니스탄으로 포교 갔던 푼나의 유적지에서도 쇠나 돌로 만들어진 수레바퀴가 나와 관심을 끌고 있습니다. 그 수레바퀴는 나무나 짐을 싣는 수레바퀴가 아니라 진리의 수레바퀴이므로 허공장경에서 이렇게 가르치고 있습니다.

1. 진리의 수레바퀴

"수레에는 네 바퀴(輪)가 있고 네 바퀴에는 각기 열개의 바퀴살이 있으며 또 그 바퀴에는 속 바퀴, 그리고 그 속 바퀴에는 못·굴레 빗장, 그 밖에 다른 여러 가지 쇠붙이들이 고정되어 있다. 이 수레가 잘 길들여진 멍에(軛)를 메고 좋은 어자가 채찍을 메고 수레에 올라 가슴걸이를 한 큰 소를 몰면 바른길을 달리는 수레에서는 아름다운 깃발이 나부낀다. 그래서 수레는 가볍게 평평한 길을 달려 그의 목적지에 도착하는데 이것을 깨달음의 수레라 한다."

① 수레의 네 바퀴는 보시(布施)·애어(愛語)·이행(利行)·동사(同事) 네 가지 덕, 즉 4섭법을 의미하고,

② 각 바퀴 속에 들어 있는 열 개의 바퀴살은 10선, 즉 살(殺)·도(盜)·음(婬)·망(妄)·기어(綺語)·악구(惡口)·양설(兩舌)·탐(貪)·진(瞋)·치(痴)이며

③ 속바퀴에 붙은 그 외의 여러 가지 쇠붙이는 덕행, 즉 복과 지혜, 계(戒)·정(定)·혜(慧)를 의미한다 하였으며,

④ 그리고 순박한 마음은 한결같은 생각이라 하였습니다.

⑤ 그리고 큰 소는 어진 마음, 한없는 마음 자(慈)·비(悲)·희(喜)·사(捨) 4무량심이며,

⑥ 멍에 채는 선정을 의미한다 하였습니다. 이는 소용돌이치는 마음을 가라앉히는 도구가 되기 때문입니다.

⑦ 수레를 끌고 가는 어자는 선지식이고

⑧ 어자가 때를 알아 출발하면 자리이타에 충만한 여행이 된다 하였습니다.

⑨ 첫째는 자신, 둘째는 가정, 셋째는 국가, 넷째는 사회에 맞추어 출가하면 시의가 적절할 것이기 때문에 때를 잘못 맞추면 나라도 망하고 집안도 망하며, 자기 자신도 잘못 죽이는 일들이 세상에는 적지 않습니다.

⑩ 일곱 개의 튼튼한 밧줄은 일곱 가지 깨달음 즉 7각지(覺支)입니다.

(1) 잊지 않고 기억하는 생각(念)

(2) 사물을 분석하면서 진리를 탐구하는 생각(擇)

(3) 부지런히 정진하여 노력하는 생각(精進)

(4) 부드럽고 기쁜 마음이 넘쳐 흐르는 생각(喜)

(5) 몸과 마음을 고요히 경쾌하게 하는 생각(輕安)

(6) 산란한 마음을 가라앉히는 생각(定)

(7) 아무것이나 아무것에도 집착하지 않는 생각(捨)

이러한 생각들을 꽉 잡아매고 길을 떠나면 절대로 떨어질 염려가 없습니다.

또한 어자는,

첫째 이 세상은 고통 속에 꽉 차있다는 것(苦)을 잘 읽고

둘째 이 세상은 본래 비어(空) 나라고 할 것이 없다(無我)는 이치를 잘 알아

셋째 무엇에도 걸리지 않고 나가면 피차에 다 도움이 되기 때문입니다.

그래서 그는 대자대비의 깃발을 펄럭이며 평평한 길을 흔들림 없이 거침없이 달려가는 것입니다. 그 평평한 길은 곧 8정도[2]의 길입니다.

사실 이 세상은 고통의 세상입니다. 그래서 세상이 무엇인지도 알지 못하는 어린아이가 부모님들의 생각에 의하여 맹목적으로 태어나 세상을 바라보니 너무나도 놀라 태어나면서 부터 "응애 응애" 하고 울음을 터트린다 하였습니다.

그래도 그 속에서 눈·귀·코·혀·몸·뜻을 낱낱이 움직여 세상을 접촉해 보니 보고 듣고 깨닫고 아는 놈들이 생존경쟁의 무서운 전투 속에서 이겨야만 살기 때문에 혼자서는 살 수 없어 사랑하는 애인을 선택하는 것입니다.

그랬더니 그 속에서도 자신이 깨닫기 전에 유전적인 생명들이 탄생하여 그들 또한 늙고 병들고 죽고 있습니다. 그 원인이 어디

---

2) ① 바르게 보고(正見) ② 바르게 생각하고(正思惟) ③ 바르게 말하고(正語) ④ 바르게 일하고(正業) ⑤ 바르게 생명을 유지하고(正命) ⑥ 바르게 노력하고(正精進) ⑦ 바르게 기억하고(正定) ⑧ 바르게 마음을 잡고(正念)

에 있는가를 자세히 살펴보십시오. 모두가 탐욕과 성냄, 어리석음, 거만, 의심의 덩어리입니다.

또 잘못 훈련된 선생님들의 견해도 한몫 작용하고 있습니다. 신견(身見), 변견(邊見), 사견(邪見), 견취견(見取見), 계금취견(戒禁取見)에 물들어 있으니 말입니다. 알고 보면 이것이 곧 번뇌망상입니다.

번뇌의 번(煩)은 번거로운 것이고, 뇌(惱)는 얽어매는 것이고, 망(妄)은 허망한 것이고, 상(想)은 생각해도 소용없는 생각입니다. 그래서 망상의 망자는 죽은 여자에 비유하여 그렇게 쓴 것입니다. 살았을 때 잘 해 주어야지 죽은 뒤에 눈물만 흘리고 있어 보았자 아무 소용없다는 말입니다.

그러므로 불교를 하는 사람은 그 시작과 끝만 보려고 애쓰지 말고 처음부터 끝까지 그 길이 바른지 그른지를 볼 줄 아는 눈이 있어야 하는 것입니다.

    무상하기 때문에 영원한 세계를 동경하게 되고
    괴롭기 때문에 즐거운 세계를 동경하고
    무아하기 때문에 자유인이 되고자하고
    더럽기 때문에 깨끗한 세계를 찾는 것입니다.

    그렇지만 실제 이 세상은
    더러운 것도 아니고 깨끗한 것도 아니며
    구속된 것도 아니고 자유스러운 것도 아니며
    괴롭고 즐거운 것도 아니고

무상하고 영원한 것도 아닙니다.
단지 이것은 자기 생각입니다.

깨닫고 보면
그동안 자기의 생각이 잘못되었던 것을 알게 됩니다.
그래서 깨달은 사람에게는
상(常)·락(樂)·아(我)·정(淨)이 따로 필요치 않지만
깨닫지 못한 사람들을 위해
그렇게 목표를 설정해 주는 것입니다.

무상하기 때문에 영원한 것을 찾아라
무아하기 때문에 진짜 자아를 찾아라
고통스럽기 때문에 즐거운 세상을 찾아라
더럽기 때문에 깨끗한 세계를 찾아라

하지만 알고 보면 모두가 언어의 가식에 불과합니다. 그래서 마음을 찾는 그림 가운데 망연자실(茫然自失)한 그림이 나오지 않습니까.

2. 마음의 소를 찾는 여행

부처님은 소를 먹이는 목동들에게 마음의 소를 찾는 방법을 다음과 같이 가르쳤습니다.

심우도는 열 가지 소를 찾는 그림이라 하여 십우도(十牛圖)라 부르기도 합니다.

첫째는 소를 찾아 나서고

둘째는 소의 자취를 보고

셋째는 소를 보고

넷째는 소를 잡고

다섯째는 소를 먹여

여섯째는 소를 타고 집으로 돌아와

일곱째는 소는 잊고 사람만 있다가

여덟째는 소와 사람을 다 잊고

아홉째는 본자리에 돌아와

열째는 다시 시중에 들어가 교화하는 것입니다.

망망한 풀을 헤치고 소를 찾으면

물은 넓고 산은 깊고 길은 다시 멀고도 멉니다.

힘이 다하고 마음이 피곤하니 찾을 것 같지 않은데

다만 들리는 것은 단풍나무 아래 매미소리만 들릴 뿐입니다.

이것은 깨달음을 등지고 6진에 나아가므로 결국 자기 본심을 잃어버린 것을 상징합니다. 집과 산은 점점 멀어지고 갑자기 갈래길도 많아집니다. 염불을 할까 참선을 할까 오히려 득실시비가 많으므로 그냥 매미소리나 듣고 인생을 감지해 보는 사람도 있습니다.

이것이 초견성입니다. 차차 경의 뜻을 알고 교를 보고 자취를 찾아가다보면 한 개의 금이 여러 가지 물체를 만든 것을 알게 됩니다. 정(正)과 사(邪)를 구분하지 못하면 진위를 구분할 수 없기 때문에 물가에 있는 숲 아래 앉아 많은 발자국을 관찰하는 것입니다.

아무리 산이 높고 물이 깊다 하여도 자기 콧구멍은 숨길 수 없는 것입니다. 그래서 이것으로 자취를 보는 것입니다. 그러므로 소리를 쫓아 들어가면 언젠가 보았던 것 같은 곳에서 근원을 만나게 됩니다.

6근 문에 착착 들어맞으면 움직이고 작용하는 가운데 저절로 길이 나타납니다. 맛 가운데 소금 맛이고 색 속의 아교입니다. 그러므로 소를 본 사람이 시를 지었습니다.

"꾀꼬리 나뭇가지에 꾀꼴꾀꼴 우니
날은 따뜻하고 바람 좋은데 언덕의 버들이 푸르구나.
다만 여기서 다시 회피할 것 없이
삼삼한 머리 위에 뿔을 그리기가 어렵다.

보았으면 잡아야지요. 오랫동안 교외에 파묻혔던 소를 만나니 경계가 뛰어나 쫓기 어렵고 녹음방초 우거진 곳을 향해 뛰어가려 하므로 잡아채기 힘이 듭니다.

그러나 억센 마음 더욱 용솟음치고 야성이 강하다 하더라도 순순히 길들이면 그도 채찍을 어찌하지 못할 것입니다. 그래서 경험자가 말했습니다.

"정신을 차려 잡아도
마음이 굳고 힘이 세어 끌려가기 마련이네.
어떤 때는 높은 언덕에 오르고
어떤 때는 비구름에 가려 다시 찾기 어려워라."

그러므로 잡았으면 고삐를 매고 소죽을 먹여야 합니다. 생풀을 좋아하고 익은 죽은 싫어할지 모르지만, 오랫동안 가두어 놓아 배가 고프면 생숙(生熟)을 가리지 않고 먹게 되어 있습니다. 그래서,

"채찍을 잡았을 때는 몸을 여의지 말라 했습니다.
두려운 것은 다시 남의 풀밭에 뛰어드는 것입니다.
서로 잡아 먹이면 차차 길이 들 것이니
걱정하지 말고 쇠밧줄로 꼭꼭 묶어
저절로 사람을 쫓도록 하라 하였습니다."

이렇게 소를 먹이다 보면 소도 득실이 공해진 것을 압니다. 그러면 나무꾼의 노래 소리와 휘파람 소리를 따라 멀리 갔다가도 저절로 돌아옵니다. 그때는 한 번 소등에 타보세요. 처음에는 무거운 듯 달아나려 하다가도 차차 길이 들면 등 위에 짐이 있는 것이 도리어 든든하게 생각하여 가만히 있게 됩니다. 그러므로 소 타고 길 가는 이가 노래를 불렀습니다.

"소를 옆으로 비스듬히 타고 돌아가니
피리소리 늦노을에 울려 퍼진다.
한 박자 한 노래에 한없는 뜻 담겨 있으니
소리를 아는 이가 하필이면 이와 입술을 치겠는가."

만약 소 타고 집에만 돌아오면 소는 마구간에, 주인은 주인 방에 드러누워 둘 다 모두 잊어버리게 될 것입니다. 이것이 소 잊고, 사람만 남아있는 것입니다.

법에는 두 법이 없기 때문에 소로 근본을 삼으면 토끼와 덫이 다른 것 같고 고기와 산대가 달리 나타나지만, 금이 광석에서 나오고 달이 구름 속에서 벗어나면 온 천지가 한 빛으로 밝아질 뿐 딴 생각이 없어지게 됩니다. 그러므로

"소 타고 집에 돌아오니
소는 공하고 사람만 한가하다.
붉은 해가 석자나 솟아도 갈 길이 망연하니
채찍과 고삐 쓸데없게 되었도다."

하였습니다. 여기 무슨 범부와 성인이 있고, 부처와 중생이 있겠습니까. 둘 다 공해지기 때문에 부처 있는 곳에서도 놀지 않고 범부 있는 곳에서도 급하게 지나가 두 쪽에 다 집착하지 않는 것입니다.

그래서 이 경지에 이른 사람이 노래를 불렀습니다.
"채찍 고삐 사람 소가 다 공해지니
푸른 하늘은 넓고 넓어 그 속을 헤아리기 어렵다.
붉은 화로 위에 어찌 눈을 넣겠는가
그 속에 들어가면
뜨거운 것은 뜨거운 대로 찬 것은 찬 것대로
이렇게 해서 본바탕에 들어가면
티끌 하나도 받지 않는데."

영고성쇠가 모두 고적하여 환화공신(幻化空身)이 되고 맙니다. 단지 물 푸르고 산 푸르니 앉아서 세상의 성패만 볼 뿐입니다.

그래서,

"본원에 올라가 이미 공속에 들어앉으니
어찌할꼬, 바로 장님 귀머거리가 남이 아니네.
암자 가운데 있으면서도 암자 앞의 물건도 보지 못했으니
물은 저절로 망망하고 꽃은 저절로 웃고나.

자, 그러면 혼자만 그렇게 살아서 되겠습니까. 사립문 닫고 홀
로 앉아 있으니 천성도 알아보지 못하는데, 그래서 표주박 차고 지
팡이 짚고 시중에 나서는 것입니다. 술집, 어촌에 눈을 떼지 못하
는 사람들이 있기 때문입니다.

보십시오. 가슴을 헤치고 맨발로 시중에 들어가는 저 사람을.
흙은 옷을 물들이고 재는 머리에 가득해도 웃음 또한 볼에 가득합
니다. 신선이 진짜 비결을 쓰지 않고도 바로 고목에서 꽃을 피우
니 이것이 마음 찾는 사람이 길 떠나는 것입니다.

푼나는 지금 파키스탄, 아프가니스탄 지역으로 갔다가 이곳에
서 이슬람을 믿는 사람들에게 순교 당했습니다. 그래서 그는 여러
가지 노래를 부르며 순수한 마음으로 눈을 감았습니다.

3. 바라밀의 계단과 순서

이상적인 보살은
부족한 것을 충족하고
순결한 마음으로 보호하며

보다 착하고 아름답고 진실한 곳으로 인도하고
악에 물들지 않게 하고
항상 평화롭고 자유롭고 깨끗하게 살게 하므로

이 세상에서 저 세상으로
고통에서 즐겁게 살 수 있는 길을 마련해 준다 하였습니다.

여기에는 보시 · 지계 · 인욕 · 정진 · 지혜
출리(出離) · 진실(眞實) · 결의(決意) · 자애(慈愛) · 평정(平靜)
의 길이 있습니다.

그러므로 바라밀은 행복을 창출해 내는 도구이고
깨달음을 이루게 하는 유용한 방법입니다.

그래서 보살은 열 가지 바라밀을 통해
사랑과 어여삐 여기는 마음
평등한 마음으로 기쁨을 선사하는 것입니다.

보시 · 지계와 같은
성스러운 덕목으로
탐욕과 교만, 사견에 오염되지 않고
크나큰 사랑과 어여삐 여김으로써
세상을 구하는 능숙한 지혜가 바라밀이 되는 것입니다.

가까이 있거나 멀리 있거나

세상의 모든 중생이 자신의 아이들인 것처럼 보호하고
친구든 적이든 중생을 윤회 속에서 구해야 하는 것이
깨달은 사람이 해야 할 일이므로
보살은 탐욕과 분노, 치암의 불에 타고
태어남, 늙음, 죽음, 슬픔, 눈물, 고통, 근심, 좌절 속에
고민하고 있는 중생들을 위해서
밤잠을 자지 않고 바라밀을 실천하고 있는 것입니다.

부처님께서 의지하여 깨달음을 얻으신 보리수

제45강 탁카실라 푹쿠시라왕

1. 상인들의 선물

마가다국은 중부인도 가운데서 대표적인 나라로 세력이 있었기 때문에 세계 각국에서 무역인들이 많이 몰려왔습니다. 그런데 그때 마가다왕이 탁카실라 푹쿠시라왕이 거느리고 있는 상인들이 선물을 가지고 오자 물었습니다.

① 그곳은 평온한가?

② 식량을 풍족한가?

③ 왕은 누구이고, 그 왕은 정의로운가?

④ 몇 살이나 되었는가?

상인들이 대답했습니다.

"모두가 평온하고 식량도 넉넉합니다. 왕의 이름은 푹쿠시라이고, 관대하며 정의로워 지극히 선행을 좋아하십니다. 나이는 임금님과 동갑으로 알고 있습니다."

그 말을 듣고 빔비사라왕은 기뻐하면서 신하들에게 명령을 내렸습니다.

"이 사람들에게는 세금을 면제하고, 교역의 편의를 도모할 것이며, 특히 도적이나 나쁜 사람들이 근접하지 못하게 보호하도록 하라."

그런데 이 말을 들은 푹쿠시라왕은 상인들 편에 5색 모슬린 여덟 조각을 백단향 고갱이로 만든 용기에 넣어 고무나무에 수지칠을 하고 흰 천으로 감아 상자에 넣고 두 번 세 번 감아 보내왔습니다. 이를 받아 본 빔비시라왕은 크게 놀라 전국민에게 구경시키고, 큰 잔치를 베푼 뒤 신하들에게 물었습니다.

"무엇으로 이 보답을 했으면 좋겠는가?"

"전 백성의 이름으로 사경을 하여 보냈으면 좋겠습니다."

그리하여 동판에 금글씨를 다음과 같이 써서 향목으로 관을 만들어 보냈습니다.

2. 삼보에 대한 예찬

세상에서 가장 귀한 보배가 있다.

첫째는 불보(佛寶)이고,

둘째는 법보(法寶)이며,

셋째는 승보(僧寶)이다.

첫째 불보는 열 가지 덕을 갖추고 있다.

① 번뇌에서 완전히 청정해진 자(阿羅漢)

② 스스로 완전히 깨달은 자(正等覺者)

③ 신통력을 구족한 자(明行足)

④ 열반으로 나아간 자(善逝)

⑤ 세상의 모든 이치를 바로 안 자(世間解)

⑥ 최고의 교육자(調御丈夫)

⑦ 인간과 천상의 스승이 되는 자(人天師)

⑧ 인과의 이치(四聖諦)를 확실히 깨달은 자(佛)

⑨ 마음을 자유자재로 쓰고 빛나는 몸매를 갖춘 자(圓滿相)

⑩ 이름만 들어도 길하고 상서로운 자 등이다(吉祥).

둘째, 법보는 진리의 보배이니

① 잘 설해진 것

② 스스로 보면 알 수 있는 것

③ 보는 그 자리서 즉시 열매를 맺을 수 있는 것

④ 와서 보면 아는 것

⑤ 누구나 따라 하면 도달할 수 있는 것

⑥ 스스로 깨달으면 알 수 있는 것 등이며,

셋째 승보는

① 불법을 잘 수행하는 단체

② 똑바로 올곧게 살아가는 단체

③ 이치에 맞는 단체

④ 악을 부끄러워하고 선을 칭찬하는 단체

⑤ 남의 시주를 받을 만한 자격을 갖춘 단체

⑥ 특별대접을 받을 만한 자격을 갖춘 단체

⑦ 열반을 향해 나아가는 단체 (평화의 실천자)

⑧ 3계 중생의 모범이 되는 단체

⑨ 누구에게나 복덕의 씨앗을 뿌리게 할 수 있는 단체

⑩ 한 맛으로 화합하여 세계평화를 실천하는 단체

우리는 이 셋을 최상의 보배로 섬긴다.

그리고는 질 좋은 천으로 감싸고, 또한 백단향함에 넣고 홍옥, 석류, 수정, 상아 등 열 가지를 차례로 넣어 왕가의 장식물로 아름답게 꾸며 코끼리에 실고 국경까지 임금님이 직접 가서 배웅하였습니다.

3. 푹쿠시라왕의 영접과 잔치

이 선물을 받은 푹쿠시라왕은 받은 선물을 왕궁의 가장 높은 곳에 모셔 놓고 예배한 뒤 하나하나 풀어내려갔습니다. 이를 지켜보는 사람들은 한 겹 한 겹 풀어질 때마다 숨을 죽이고 있다가 감탄하였습니다.

백단향의 향기가 천지를 진동하는 가운데 황금 두루마리를 여니 마치 안개가 피어나듯 5색광명이 쏟아지는데, 우선 그 필체에 감동하였습니다.

다음은 동판에 쓰여진 글귀를 읽고 부처님과 법보, 그리고 승보에 대한 상념에 들어갔습니다.
"세상 사람들은 나·내 것이 제일인줄 알지만 부처님은 지·수·화·풍·공으로 이루어진 이 세계를 자신으로 알고 그 속에 살고 있는 일체 중생을 가족으로 알고 있구나. 그 동안 창과 칼로 이웃나라를 정복하여 매우 슬픈 세상을 만들어 놓고도 자기가 제일인 척 하고 무희들과 향락하였으니 진실로 내 인생은 무상하고 어리석었구나. 내 오늘로 이 왕위를 왕자에게 물려주고 삼계무주

(三界無住)의 대도사를 찾아가 뵈오리라."

이것이 마지막 고별사입니다. 푹쿠시라왕은 그 길로 변방으로 길을 걸어 국경선을 넘으면서 작대기로 금을 긋고 따라오는 사람들에게 호통을 쳤습니다.

"더 이상 따라 오지 말라 하였는데도 계속 나를 따라와 괴롭힐 것이냐!"

사람들은 엎드려 통곡하였으나 매정하게도 다음과 같이 선언하였습니다.

"그 동안 나를 시봉했던 사람들 가운데 왕후를 제외한 모든 후궁들과 시종들은 오늘부터 자유스럽게 해방한다. 나의 모든 재산 가운데 국가의 권력은 태자에게 물려주며, 지방의 주와 현은 나의 적자와 서자 그리고 신하들께 물려주니 권력과 명예, 사랑을 빙자하여 세상을 어지럽게 하지 말라.

그리고 나에게 딸렸던 노예들은 모두 호적을 주어 해방시키고, 그들이 일할 수 있는 직업을 능력 따라 배분하라. 나는 오늘부터 외로운 수행자가 될 것이니 저 하늘에 뜬 구름이 나의 벗이 되리라. 나이 70이 넘도록 살았으니 이 세상에 대한 미련은 털끝만큼도 없노라. 아무도 나를 따라오지 말 것이며, 나를 걱정하기 보다는 이 나라와 백성들을 위해서 열심히 일하도록 하라.

그리고 내가 평생 사랑했던 이 강산을 나처럼 사랑하고 아끼도록 하라. 이 국토는 어느 한 사람의 것도 아니다. 자자손손이 의지하여 살아가야 할 땅이니 땅 한 평도 헛되게 하여서는 아니 될 것이다."

　푹쿠시라왕은 단 한 명의 시종도 노예도 거느리지 않고 혼자 길
을 떠났습니다. 여래 10호를 외우며, 4염처(念處), 4정근(正勤), 4
신족(神足), 5근(勤), 5력(力), 7각지(覺支), 8정도(正道), 그리고 37
조도품(助道品)을 생각하면서 제타숲으로 부터 45요자나 가량 지
나쳐 와서 물었습니다.
　"부처님이 어디 계십니까?"
　"싸밧티시에 계신데, 너무 지나쳐 왔습니다."
　그래서 발길을 돌려 부처님 계신 곳으로 돌아오다가 100요자나
되는 지점에서 비를 만나 어느 옹기 굽는 집 가마 속으로 들어가
깊은 명상에 잠겼습니다.

　그때 부처님은 왕의 수명이 하루밖에 남아 있지 아니한 것을 아
시고 밤새도록 걸어 새벽녘에 그가 머물고 있는 곳에 이르러 그의
뒤에 가서 앉았습니다. 왕이 돌아보자 물었습니다.
　"그대는 누구인가?"
　"나는 탁카실라성에서 온 비구입니다."
　"누구의 제자인가?"
　"석가모니 부처님의 제자입니다."
　"석가모니 부처님을 본 일이 있는가?"
　"뵙지는 못했으나 저의 정신적 지도자입니다."
　부처님은 그를 껴안으며,
　"내 자식아, 내가 바로 석가모니이다."
　하니 왕은 한없이 눈물을 흘리며 감격해 하였습니다.
　"부처님, 저는 오늘 죽어도 한이 없으니, 계를 받도록 해 주십시

오."

그리하여 정식으로 인사를 드리고 계를 받았습니다.

"복과 지혜를 다 갖추어진 부처님께 귀의합니다.

세상의 욕심을 떠난 진리에 귀의합니다.

모든 존재들 가운데서 가장 훌륭한 스님들께 귀의합니다."

부처님께서 말씀하셨습니다.

"잘 왔도다. 비구여. 그대에게서는 한 점의 티끌도 발견할 수 없구나. 어떤 사람도 알지 못하는 악을 저지를 수 있게 되어 있지 않구나. 다시는 윤회의 바퀴를 굴리지 않아 인간과 천신들의 공양을 받을 만 하도다.

자신의 지혜와 통찰력으로 이해했으며 당장 이 순간에라도 열반을 증득할 준비가 되어 있도다. 이 세상 모든 것은 인연 따라 모였다가 인연 따라 헤어지는 것인데 그대에게는 아직 한 가지 빚이 남아있는 것으로 아는데, 알고 있는가?"

"예. 그 때문에 제자가 이곳까지 발걸음을 옮기게 된 것 같습니다."

"그렇다면 이 세상의 모든 것은 이미 다 정리된 것이니 오늘 아침은 내가 가서 탁발을 해 오리라."

"아닙니다, 스승님. 천리의 머나먼 길을 와서 제자가 공양을 올려야지요. 어찌 감히 스승의 공양을 앉아서 받을 수 있겠습니까."

부처님께서 굳이 말렸으나 쏟아지는 빗속에 마을로 내려가서 일곱 집의 밥을 얻어가지고 돌아오다가 새끼 난 암소에 받쳐서 그 자리에서 쓰러져 죽었습니다.

부처님께서는 나가서 즉시 시신을 감장해 놓고 빔비사라왕께 알렸습니다. 빔비사라왕은 15일 동안을 국장으로 선포하고, 모든 필요한 물건을 챙겨 장사치를 준비를 하자 부처님은 제자들에게 다비문(茶毘文)을 낭송케 하였습니다.

"부처님 법문은 처음도 좋고, 중간도 좋으며 끝도 좋습니다. 단 · 상(斷 · 常)의 양 구렁을 벗어나 중도의 바른 길을 가르쳐주고 있으며, 번뇌의 불꽃을 완전히 꺼지게 하고 있습니다. 시간과 공간을 초월한 가운데 이 세상 어느 곳에도 빠짐없이 존재하는 법은 적정 · 평화 · 안온 · 불신이 감로입니다.

이 세상 모든 것은 원인과 결과가 있는데, 그것은 서로 인연 속에서 이루어지지만 인연이 끝나 헤어지게 되면 흥 · 망 · 성 · 쇠, 길 · 흉 · 화 · 복 모두가 한 가닥 꿈입니다. 꿈을 깨는 자는 본래의 자기가 어디 있다는 것을 알 것이니 푹쿠시라 비구여, 이제는 왕으로서가 아니라 보살로 길을 바꾸어 고통 속에 빠져있는 중생들의 길잡이가 되옵소서.

불교에는 단체로서 비구, 비구니, 우바새, 우바이 4부 대중이 있으나, 모두가 6하원칙에 의해서 깨달음의 운동을 전개하고 있습니다.
　① 다 같이 평화의 계를 지키고 (同戒和敬)
　② 바른 견해를 가지고 공경하며 (同見和敬)
　③ 바른 행을 실천하고 (同行和敬)
　④ 사랑스런 몸으로 (身慈和敎)
　⑤ 사랑스런 말로 (口慈和敬)

⑥ 사랑스런 뜻으로 (意慈和敬)
살아가고 있습니다.

번뇌가 끊어진 사람은 다시는 이 세상에 오지 않게 되어 있으나, 부처님께서 말씀하시기를,
  "수다원이 수다원이 아니고 그 이름이 수다원이며,
  사다함이 사다함이 아니고 그 이름이 사다함이며,
  아나함과 아라한도 이와 같다 하셨으니, 오고 가는 마음에 걸림 없이 이 세상 중생들을 어여삐 여겨 주옵소서."

이렇게 법문을 하고 나니 이 세상이 온통 불국토로 변한 것 같았습니다. 아수라는 무술로, 가루라는 노래로, 긴나라는 춤으로, 건달바는 악기로 한 없이 그 넋을 다스렸는데, 홀로 깨달은 영가뿐 아니라 나라가 생긴 이후로 비명횡사하여 억울하게 죽은 귀신들까지도 모두 다 해탈을 얻었습니다.

이렇게 보름이 지나자 푹쿠시라왕의 꽃상여는 탁가실라성을 향해 떠났습니다. 빔비사라왕은 이별의 노래를 불렀습니다.

  아리랑 아리랑 아라리요
  아리랑 고개를 넘어간다
  나를 버리고 가시는 님은
  십리도 못가서 발병이 난다.

  존경하는 님이시여, 어디로 가시나이까
  사모하는 님이시여, 어디로 가시나이까

그토록 빨리 떠나가시려 하니
님께서 벌써 고개 넘어 멀리 가시는 구려.
나를 버리고 가시는 님은 십리도 못가서 발병이 날 것입니다.

이 내 마음은 불꽃을 뿌린 듯 지글지글 쓰리나이다.
눈물을 머금고 님 가시는 길 위에
찬란한 빛을 뿌리오리다.

멀리서 상여소리가 어렴풋이 들려왔습니다.

죽지 마시라, 죽지 마시라.
죽지 말고 꼭 꼭 살아 계셔야 합니다.
그렇게 하심이 당연하지 않습니까.
사랑하는 대왕 푹쿠시라이시여.

아무렴 그렇지 그렇구 말구
이 세상 버리고 하늘로 떠나
하늘에 오르시니 발걸음도 빠르십니다.

요령소리가 들려왔습니다.

아하이고 떨렁 아하이고 떨렁
아하이고 떨렁 아하이고 떨렁

국경에 이르니 그 동안 새로 취임한 탁실라 국왕과 대신들이 나
와서 대왕의 시신을 맞았으며, 그 쪽은 그 쪽대로 다시래기를 하였

습니다. 풍악꾼들이 먼저 징, 북, 장구, 꽹과리를 치고 풍악을 울리니 분위기가 조성되어 조상을 모실 사당으로 안내하여 당신의 자손 푹쿠시라가 객사해 왔음을 알렸습니다. 그리고 석달 동안 노래와 춤, 연극을 통해 임금님께서 생전에 베풀었던 덕을 칭송하였습니다.

　부모님께 효도하고
　형제간에 우애하고
　일가친척 화목하고
　동기간에 정 나누고
　부모없는 자식들과
　자식없는 부모들을
　보살펴주신 임금님이시여
　이제 우리는 누구를 의지하고
　살아야 합니까?

　하고 통곡하며, 계속해서

　짐께서 산하대지의 주인이 되어
　나라 걱정, 백성 걱정 얼마나 근심이 많으셨습니까.
　백년 삼만 육천일이
　스님들 생활 반나절만 못하다 하시고
　홀홀히 떠났던 님이시여,

　전생에 한 생각 삐끗하여
　가사를 황포로 갈아입고

제황가에 태어나 70평생을 지내신 것을
한 없이 후회하고 한 생각에 떠났던 님이시여,

지금은 불러도 말이 없고
눈을 뜨고도 보지 못하시니
태어나기 이전의 대왕님은 누구셨고
돌아가신 이후의 대왕님은 누구십니까

백년 세사가 한 가닥 꿈이니
만리강산이 바둑판과 같습니다
우리 자손은 자손들 복으로 살 것이니
5호(湖) 4해(海)에 상객이 되어
가는 곳마다 부처님처럼 소요자재하옵소서.

이렇게 3개월 동안 큰 잔치를 베풀어 기쁜 마음으로 영가를 떠
나보내고, 그 유해는 엄청나게 큰 탑을 세워 그 안에 안치하여 지
금도 그 유적이 파키스탄과 아프가니스탄 일대에 남아있다고 합
니다.

실로 이 같은 마음은 하루아침에 일어난 것은 아닙니다. 오랜
세월을 두고 닦고 익힌 훈습이 한때에 돈발(頓發)하여, 샘(漏)이
없는 지혜를 형성한 것이니 평상시 불자는 복을 구하는 것도 중요
하지만 온 세상을 밝힐 수 있는 대지혜를 얻도록 원력을 세워야
할 것입니다.

실로 푹쿠시라왕의 원력은 일생일대에서 끝난 것이 아니고 수

세기를 내려오면서 북인도 불교에 막대한 영향을 주었습니다.

정천입지(頂天立地)요
비직안횡(鼻直眼橫)이라.

누구든지 머리를 하늘로 쳐들고 있고 발은 땅을 딛고 있으며 코는 곧게 눈은 옆으로 찢어져 있는데, 이 세상 별다른 사람이 있겠습니까.

당당대도(當當大道)요
혁혁분명(赫赫分明)하니

깨치는 사람이 일등이라 생각됩니다.

그 뒤 탁카실라성은 불교가 받아들여져 푹쿠시라왕이 생존에 원했던 복지사업으로 곳곳에 우물을 파고 다리를 놓았으며 농토를 개발하여 굶주린 자가 없게 하고 방직공장을 만들어 헐벗은 자가 없게 하였고, 서양에서 의약을 들여와 북인도에서는 제일가는 의과대학과 기술대학을 만들어 불교 복지사업이 현실 속에서 이루어지도록 하였습니다. 빔비사라왕의 어의였던 지바카도 바로 이곳에 와서 공부하였다는 기록이 남아있습니다.

월지국 쿠산왕조의 가니시카왕이 이 자리에 나아가서는 무혈혁명으로 북인도 일대를 통일한 뒤 협존자, 세우, 법구, 묘음, 각천 등 500성자를 모아 카시미르에서 제4결집을 단행하였으니 거기서 나온 것이 저 유명한 200권 대비바사론입니다.

제46강 코끼리와 원숭이왕의 시봉

1. 바구비구와 모범적인 세 장로

발로칼로나카는 우팔리의 봉토(封土)입니다. 부처님은 열 번째 안거를 지내기 위하여 누구에게도 말하지 않고 시자도 없이 홀로 떠났습니다. 아난존자는 부처님께서 이렇게 떠나신 것은 홀로 계시기를 희망한 것이니 번거롭게 해서는 아니 된다 하여 누구도 따라가지 아니했습니다.

바구장로가 멀리서 부처님 오시는 것을 보고 발 씻을 물을 준비한 뒤 부처님을 환대하고 발우와 법의를 받았습니다.
"어찌, 지낼 만한가?"
"예, 먹을 것도 풍부하고 탁발하는 데도 힘들지 않습니다."

부처님은 밤새도록 바구와 이야기하여 마음속에 궁금한 것을 모두 풀어주시고 거기서 멀리 떨어져 있지 않는 대나무 숲으로 갔습니다. 거기에는 아니룻다와 난디야, 그리고 킴빌라 세 장로가 있었기 때문입니다. 그런데 동산지기가 입구에 섰다가 길을 막았습니다.

"여기는 조용히 공부하는 사람이 있으니 들어가면 안 됩니다."

그때 휴식을 취하고 있던 아니룻다가 보고 쫓아와

"우리의 스승이시니 걱정하지 말라."

하고 조심스럽게 모시고 들어갔습니다.

세 사람은 함께 나와 부처님께 인사드리고 발을 씻겨드린 뒤 자리에 앉아 물었습니다.

"모두 건강에는 이상이 없는가?"

"저희들은 우유와 물처럼 잘 지내고 있습니다."

"우리는 서로를 좋은 벗, 도반, 스승으로 생각하고, 피차 생각하고 있는 일들을 말없이 처리하여 걱정하지 않게 하고, 매 5일마다 한 번씩 밤을 새워가며 토론하면서 공부의 갈등을 풀어나가고 있습니다."

"밥을 얻어가지고 와서도 알아서 먹고 남은 것을 깨끗이 정돈해 놓으면 혹 얻지 못한 친구가 와서 그것을 먹고 설거지합니다."

"진실로 나의 자식이요, 제자로다."

칭찬하시고 팔릴레야카 마을에 이르러 탁발하신 뒤 밧다 살라 나무 밑에서 거주하였습니다.

"참으로 조용하고 좋구나. 코삼비 비구들 때문에 이렇게 조용한 곳에까지 오게 되었도다."

하고 다행스럽게 생각하였습니다.

2. 코끼리와 원숭이왕의 시중

그런데 그때 큰 코끼리 한 마리가 와서 시봉하였습니다.

"저도 어린 것들의 장난 때문에 부드러운 풀 한포기 먹을 수 없고 구정물 속에서 살아야 했는데, 부처님을 만나뵈오니 참으로 행복합니다. 제가 부처님을 시봉하겠습니다."

하고 물도 떠오고 주위 청소도 하여 사람보다 훌륭했습니다. 부처님이 탁발을 가시면 심지어 발우와 가사를 머리위에 이고 따라갔습니다. 때로는 작은 나뭇가지를 꺾어 부처님께 부채질까지 해 주었습니다.

그때 원숭이 한 마리가 코끼리가 시중드는 것을 보고 자신도 감격하여 나무 위에 있는 꿀통을 가지고 와서 부처님께 공양하였습니다. 부처님께서 그것을 받아 잡수시자. 그의 새끼들과 함께 소리를 지르고 이 나무 저 나무를 다니면서 춤을 추었습니다.

부처님께서 칭찬하였습니다.

"구레나룻처럼 큰 상아를 지닌
코끼리왕과 여왕벌이
그 마음과 마음이 하나가 되어
숲 속에 홀로 있음을 즐기도다.

3. 코삼비 비구들의 참회

그때 아난다가 찾아왔습니다.

"부호 고사카가 찾아왔다가 비구들이 화합하지 못하는 것을 보고 부처님께서 홀로 떠났다는 말을 듣고 마을 사람들과 의논하여 밥도 주지 않고 시주를 하지 아니하므로 코삼비 비구들이 거의 죽을 지경에 이르렀다가 다행히 하안거를 끝내면서 화합하여 부처님을 뵙고 사죄하고 싶으나 부처님의 승낙이 없이는 올 수가 없기 때문에 제가 먼저 대신 왔습니다."

"그러면 500명의 비구들도 같이 왔다는 말이냐?"

"예, 같이 왔사오나 면목이 없어 아직 들어오지 못하고 있습니다."

"들어오라고 하여라."

하여 들어오니 코끼리가 큰 막대를 가지고 길을 막았습니다.

"팔리레야카야, 그들은 나의 제자들이니 막지 말라."

하여 막대를 내려놓고 옷과 발우를 받아 놓았는데 부처님 자리와 발우하고는 엄격히 구분해서 놓았습니다.

"보라. 코끼리도 한 철 같이 나고 나니 저렇게 물이 드는데 하물며 사람들이 코끼리만도 못해서 되겠느냐?"

"죄송합니다."

"바른 생각을 갖춘 사람은 3학을 완수하고
영산에 잘 들어가 좋은 친구를 얻게 된다.
원숭이와 코끼리가 표범, 호랑이를 경계하듯
그대들은 탐욕과 분노, 어리석음을 뿌리째 뽑아야 할 것이다."

아난다가 전했습니다.

"부처님, 아나타삔디까 장자와 승원을 시주한 위사카들이 수만 명 신도들과 함께 부처님을 목마르게 기다리고 있다고 합니다."

"가자. 그러면 그리로 가도록 하자."

하고 막 길을 떠나려하니 코끼리와 원숭이가 슬피 울면서 땅바닥에 누웠다가 순간 일어나 숲속에 들어가 500비구들이 먹을 수 있는 바나나와 과일을 가져와 보시하고 산모퉁이까지 전송하면서 그 눈을 부처님에게서 떨어뜨리지 아니했습니다. 그 뒤 코끼리는 죽어 팔릴레야카 천신으로 태어나 유리 저택에서 1천명의 시중을 받으며 호화롭게 잘 살았다고 합니다.

부처님께서 사왓티에 도착하자 또 다른 코삼비의 500명 비구들이 참회하러 왔습니다. 이때 부처님께서는 싸리뿟다에게 18가지 방법에 의해 비법(非法)을 척결하도록 하였습니다.

4. 법과 비법

① 법 아닌 것을 법이라 주장하는 것
② 법을 법 아니라 주장하는 것
③ 율 아닌 것을 율이라 주장하는 것
④ 율을 율 아니라 주장하는 것
⑤ 불교 아닌 것을 불교라 주장하는 것
⑥ 불교를 불교 아니라 주장하는 것
⑦ 부처님께서 실천하지 아니한 것을 실천하는 것
⑧ 부처님께서 실천한 것을 실천하지 아니했다 주장한 것
⑨ 부처님께서 제정하지 아니한 것을 제정했다 주장한 것
⑩ 부처님께서 제정한 계율을 제정한 것이 아니라 주장한 것
⑪ 법계가 아닌 것을 법계라 주장하고
⑫ 법계가 법계 아니라 주장하고
⑬ 가벼운 계를 무거운 계라 주장하고
⑭ 무거운 계를 가벼운 계라 주장하고
⑮ 용서 받을 수 있는 것을 용서 받을 수 없다 주장하고
⑯ 용서 받을 수 없는 것을 용서 받을 수 있다 주장하는 것이다.

이것이 정법과 정법이 아닌 것을 판가름하는 것입니다. 이것은

바로 10선 10악과도 연결되고, 37조도품 및 온갖 율에도 다 적용됩니다. 이렇게 해서 코삼비 비구들은 자신들의 잘못을 뉘우치고 개과천선 하였습니다.

5. 닥키나기리 승원

부처님께서 500명의 비구들에게 법과 비법을 가르치고 다시 열한 번째 안거를 하시기 위해 닥키나기리 지방 에카닐라 바라문 마을에 이르렀습니다. 그곳은 라자가에서 그리 멀지 않은 남쪽 닥키나 언덕(기리)에 있어서 이름을 그렇게 불렀습니다.

(1) 부처님의 하루 일과

부처님은 주로 하루 일과를 아침 · 낮 · 저녁 3단계로 나누어 실천 하였습니다. 첫째 아침에 일찍 일어나면,

① 시자의 공덕을 축복하고
② 세수하고 몸을 씻고
③ 탁발 갈 준비를 합니다.
④ 하의를 입고 발우를 들고 혼자서 때로는 비구들과 함께 마을로 들어가 탁발을 합니다.
⑤ 사거리에 나아가면 정장을 차려입은 사람들이 옹기종기 모여 있다가
"저희 집에서는 내일 열분을 청합니다. 백분, 천분을 청합니다."
하면 그 숫자에 맞추어 따라가 공양을 받고
⑥ 시주자의 성향에 따라 설법합니다.
어떤 사람에게는 삼귀의 법을 가르치고

어떤 사람에게는 5계를,

어떤 사람에게는 4향 4과의 법을 각각 알맞게 설명하고

⑦ 그리고 승원에 도착하여 둥근 천막 안에 앉아 계시다가 비구들이 공양을 다 마칠 때까지 앉아 계시다가 다 먹고 나면 향실로 들어가셨습니다.

둘째 낮시간에는

① 먼저 향실 근처에서 발을 씻으시고

② 몸 씻는 판 위에 서서 비구들에게 가르쳤습니다.

바른 생각을 갖추어 3학을 완성하라.

부처님께서 세상에 출현하신 시기에 살도록 하라.

인간의 몸을 받기 위해 노력하라.

믿음을 지니기 위해 애쓰라.

비구가 되기 위해 애쓰라.

정법을 듣는 기회를 확보하라.

③ 혹 명상에 대한 질문을 받으면 각기 주제를 주어 나무나 숲, 언덕, 산등성이에 가서 공부할 수 있도록 하였으며,

④ 모두 물러간 뒤에는 향실에 들어가 정념을 잃지 않고, 잠시 동안 누워 주무신 뒤

⑤ 중생계를 살펴 재가자들에게 설법하였습니다. 부처님께 공양을 올린 시중 사람들이 다 같이 복장을 단정히 하고 시주 물건들을 가지고 법문을 들으러 오기 때문입니다.

셋째 저녁시간에는

① 목욕옷을 입고 목욕탕에 들어가 목욕을 하시고

② 세탁된 옷을 입고 비구스님들 처소에 나가

③ 개인 상담과 단체 문답 또는 설법을 하여 초저녁을 보내고

④ 밤중에는 천신들이 와서 법문을 듣고

⑤ 마지막 시간에는 경행하고

⑥ 잠깐 누워 휴식을 취한 뒤

⑦ 대비정에 들어 중생의 근기를 살폈습니다. 장차 누구를 제도할 것인가를 살피기 위해서였습니다.

"어찌하여 약속한 공양이 들어오지 않는가?"

"웨란자 바라문들이 고타마는 어른들을 공경할 줄 모르고 무미건조한 자다. 고타마는 이용할 줄 모르는 사람이고, 무작용론자며, 단멸론자이고, 파괴론자이며, 고행론자로 비생천론자다 하여 밥을 주지 않았습니다."

그때 마침 북쪽 웃타라카 지방에서 온 말 상인들이 그곳에서 우기를 지내게 되었는데, 이 사실을 알고 비구 한 명 당 1팟타씩 보리를 정기적으로 제공하고 부처님께는 버터와 꿀 당밀을 함께 보시하여 간신히 그 기근을 면할 수 있었습니다.

그때까지만 해도 부처님의 시자는 나가사말라, 나기타, 메기야, 릿차위 장로와 왕자 수낙캇타가 시봉을 들었는데 그때 보리방아를 찧어 대흉년을 지내면서 아난존자가 시봉을 잘하여 그 뒤로부터 25년 동안을 계속해서 부처님 시봉을 하게 된 것입니다.

안거가 끝나자 대중스님들이 모두 짐을 챙겨 떠나려 하자 부처님께서 말씀하셨습니다.

"그래도 처음 약속했던 바라문에게 간다는 인사를 하고 가야 하

지 않겠느냐?"

그래서 웨란자 바라문에게 가니,

"그동안 흉년도 흉년이지만 마라(외도들)의 방해로 시중 사람들에게 부처님과 그 제자들을 까마득히 잊고 있었습니다."

사과하고 500명 대중을 지극히 대접한 뒤 파툰다국에서 생산된 50만 금에 해당하는 옷감을 보시하여 그 동안의 고통을 모두 잊게 하였습니다.

또 그때 얻은 100번에서 1천 번까지 끓인 고약과 모든 비구스님들께 나누어 준 차 주전자는 지금까지도 이따금씩 출토되어 고물수집가들로 하여금 환호성을 지르게 하고 있습니다.

웨란자 바라문은 그의 아내와 함께 먼 거리까지 따라와 헤어지면서

"다시 한 번 저희 시를 방문하여 은혜를 베풀어 달라."

고 간절히 부탁하였습니다. 부처님은 비구스님들을 데리고 지름길로 소레야, 상카시아, 칸나쿠자, 판야가 항구에 도착하여 강을 건너고 바라나씨에서 얼마동안 머물다가 다시 웨살리로 와서 마하와나숲 쿠타카라 승원에 머물게 되었습니다.

웨란자 바라문은 그동안 여러 곳에서 들었던 여러 가지 글귀를 외우며 집으로 돌아왔습니다.

'크나큰 선지식에 의하여
3보에 귀의한 사람은
3보를 귀의처로 생각한다.

세간을 벗어나면 출세간적 귀의가 되고
범부에게서 일어나면 세간적 귀의가 된다.

세간적 귀의에는
자신을 삼보에 넘기는 귀의가 있고
삼보를 자신의 의지처로 삼는 귀의가 있으며
삼보의 생도가 되는 것
삼보에 대한 존경을 보이는 네 가지 종류가 있다.

출세간적 귀의는 도에 가까이 되어 윤회를 벗어나고, 세간적인
귀의는 고 · 공 · 무상 · 무아의 육체적, 정신적 한계 속에서 영원을
깨닫게 된다.

제47강 세계의 시작과 끝

1. 만동자의 공상

부처님께서 기수급고독원에 계실 때 만동자(鬘童子)가 혼자 연좌하다가 '이 세상은 언제 누구에 의해 만들어졌으며, 언제 끝나고 없어질 것인가'를 생각하였습니다. '만일 오늘도 부처님께서 이에 대해 답변해주시지 않는다면, 나는 중노릇을 그만하고 환속하리라.' 이렇게 생각하고 부처님께 찾아갔습니다.

그런데 부처님께서 뜻밖의 답변을 하셨습니다.

"언제 내가 너에게 그런 것을 가르쳐 준다고 약속해서 출가했느냐. 만약 어떤 사람이 독화살을 맞았는데 당장 화살을 뺄 생각은 하지 않고 '이 화살은 누가 쏘았으며 무엇으로 만들었을까? 돌로 만들었을까, 동으로 만들었을까, 대나무로 만들었을까? 이 화살을 만든 사람은 누구고 무슨 직업을 가지고 있으며, 어떤 성격을 가졌을까?' 하고 생각하고 있다면 그 화살의 독은 온몸에 퍼져 그만 죽고 말 것이다. 일단 빼놓고 치료한 뒤에 생각해도 될 일이다.

너도 우선 공부하는 일에 열심히 하여 생사를 벗어나게 되면 그

안에 있는 것은 저절로 알아지게 될 것인데, 왜 그런 못난 생각을 하고 있느냐.”

그리하여 만동자는 큰 깨달음을 얻고 다시 발심하여 열심히 정진하게 되었습니다.

<중아함경 제60권, 2. 예경 전유경>

2. 세계의 생성과 소멸

(1) 염부제주(閻浮提洲)와 울단월(鬱單越)

그러나 이 문제는 만동자에게만 해당하는 것이 아니고, 모든 사람들에게 공통된 의심이었으므로 전통적인 인도 신화를 불교적인 면에서 풀어주셨습니다.

“하나의 해와 달이 4천하를 두루 비추는데 이와 같이 똑같은 세계가 천 개가 있다.

이렇게 천 개의 일월세계를 소천세계라 하고, 1천 소천세계를 중천세계, 중천세계의 천 개를 대천세계라 하고, 소ㆍ중ㆍ대 3개의 세계를 3천대천세계라 한다.

이러한 세계들이 겹겹으로 둘러싸여 하나의 불찰(佛刹)을 형성하고 있는데, 대지의 깊이는 16만 8천 유순이고, 땅은 물을 의지하여 있고, 물은 바람, 바람은 허공을 의지해 있는데,

산은 곧게 세워져 있으며, 향기로운 나무가 가득 차 있고, 4방에는 7보가 가득 차 있다. 7보의 수미산은 밑층이 60유순, 밑길이가 7겹으로 형성되어서 금ㆍ은ㆍ수정ㆍ유리ㆍ석주ㆍ숭보의 무리들이,

여러 가지 빛을 내며 온갖 장엄을 형성하고 있다.

수미산 맨 밑에는 가루라들과 지만·희락 등의 귀신들이 살고 있고, 4천왕이 사는 궁전에는 7겹의 보배성이 있으며, 33천은 그 위에 자리 잡고 있다. 33천 위에는 염마천·도솔천·화락천·타화자재천 그 위에는 광음천·변정천·과실천·무상천·무번천·무열천·선견천·색구경천이 있고, 공처·식처·무소유처·유상무상처·중생해가 바다처럼 널려 있다.

수미산 북쪽에는 울단월, 동쪽에는 불바제, 서쪽에는 구야니, 남쪽에는 염부제가 있는데 남은 좁고 북은 넓다.

염부제 땅에 전륜성왕이 나타날 때는 물이 저절로 없어져 땅이 평평하게 되고, 바다에서 멀지 않는 곳에 울선산이 있고 근처에 금벽이란 8만 개의 바위굴이 있어 여섯 개의 이빨을 가진 코끼리왕들이 그 속에서 살고 있다.

아뇩달 못 동쪽에는 갠지스강이 5백의 강물을 거느리고 동쪽으로 흘러가고 있으며, 남쪽에서는 신두강이 사자 입 같은 데서 나와 남해로 들어간다. 또 서쪽에는 바차하가 말 입 같은 데서 나와 서해로 흘러가고 북쪽에서는 사타하가 코끼리 입에서 나와 북해로 흘러 들어가고 있다. 그리고 아뇩달 궁중에는 5주당이 있는데 용왕은 항상 그 속에 살고 있다

원래 염부제에는 뜨거운 바람과 모래가 몸과 살을 태우는 창난이 있고 독이 있으며, 금시조의 저격을 받는 3환(患)이 있는데 아뇩달 못이 용왕에게 이 3환을 없애주므로 무열뇌지라 부른다.

(2) 전륜성왕(轉輪聖王)의 세계

전륜성왕이 있어 금륜보(金輪寶)와 백상(白象)·감마(紺馬)·신주(神珠)·옥녀(玉女)·거사(居士)·주병(主兵) 7보를 성취하고, 장수·건강·단정·넉넉한 창고로 4신덕을 갖춘다.

4신보와 7보를 완성한 전륜성왕은 때때로 조용히 거리에 나가 백성들을 살피면, 마치 부모와 자식이 사랑과 지덕으로 부모를 받들 듯 국민과 왕이 그렇게 한 집안처럼 지내게 된다.

그때 전륜성왕은 이렇게 세상을 살펴보고 굽음이 없이 정의로써 다스리다가 목숨이 다해 마치게 되면 그들은 노래와 춤 악기로 장사지내고 화장하여 네거리에 7보탑을 세우니, 그때 7보 4신덕을 함께 그 탑 속에 넣음으로써 모든 백성들은 그를 믿고 공경하고 사모하여 그의 공덕이 한이 없다.

(3) 지옥(地獄)과 용(龍)의 세계

4천하에는 다시 8천하가 있어 그 밖을 둘러싸고 있는데 그 위에 큰 바다와 금강산에 에워싸여 있다. 두 개의 큰 금강산 사이에는 어둡고 아득한 세계가 있는데 거기에는 해도 달도 비치지 않는 8대 지옥이 있다.

상(想)지옥, 흑승(黑繩)지옥, 퇴압(堆壓)지옥, 규환(叫喚)지옥, 대규환(大叫喚)지옥, 소자(燒炙)지옥, 대소자(大燒炙)지옥, 무간(無間)지옥이 그것이다.

이 지옥 옆에 16의 소지옥이 있는데 흑사(黑沙)·비시(沸屎)·

오백정(五百釘)·기(飢)·갈(渴)·동부(銅釜)·다동부(多銅釜)·석마(石磨)·농혈(膿血)·양화(量火)·회하(灰河)·철환(鐵丸)·근부(釿釜)·시랑(豺狼)·검수(劍樹)·한빙(寒氷)지옥 등이 그것이다.

여기까지가 지옥세계이고, 다음은 용의 세계입니다.

그런데 지옥 이야기 가운데 삼국유사에 이런 이야기가 나옵니다.

망덕사스님 선율이 보시 받은 돈으로 6백부 반야경 한 부를 만들다가 죽어 염라국에 들어갔습니다. 염라대왕이 물었습니다.

"스님은 세상에서 무슨 일을 주로 했습니까?"

"6백부 반야경을 만들다가 영양실조로 길거리에 쓰러져 왔습니다."

"그러면 이 경은 6백부 경전 가운데 제 몇 권에 해당됩니까?"

하고 자기가 읽고 있던 금강경을 내보였습니다.

"6백부 경전가운데 577번째 해당되는 경전입니다."

"나는 그것도 모르고 읽었는데 스님께서 세상에 나가 이 사실을 일러주시고 6백부 경전을 완성하신 뒤 들어오십시오."

하여 다시 나오게 되었습니다.

그런데 도중에 한 여인이 머리를 풀고 슬피 울면서 물었습니다.

"스님, 스님, 스님은 남섬부주 동경사람이지요?"

"어떻게 아십니까?"

"나도 그곳 사람인데 집행유예에 걸려 오도 가도 못하고 있습니다. 우리 아버지께서 경주 금강사 전답을 지어먹고 살았는데 49대 헌강왕이 20년 이상 지어먹은 전답에 대해서는 소작자에게 토지문서를 넘겨준다 하여 집안사람들의 반대에도 불구하고 도장을 찍어 사유재산을 만들었는데 여기 와서 보니 그 전답이 자손이 없는 고독한 어른들의 제위답(祭尉畓)이라 곡수가 들어오지 않으므로 제사를 지내드리지 못하자 그분들이 염라대왕께 고발하여 제가 먼저 잡혀오게 된 것입니다.

그러니 이 말씀을 꼭 전해주시고 스님께서 6백부 반야경을 만드신다고 하니 제가 혼기를 앞두고 명주 베 두필과 동백기름 두 병을 구해 시집갈 때 가져가려고 대로 만든 죽구미 속에 넣어 놓았는데 죽은 사람 물건이라고 화장실 옆 대나무 밭에 갖다 놓아 좀이 약간 먹기는 하였지만 그것으로 책표지를 써주시고 동백기름으로 등불을 밝혀 주시면 저의 앞날에 밝은 빛이 나지 않을까 생각됩니다."

하고 사라졌습니다. 그리하여 스님은 그뒤로 거듭 살아나 이 사실을 알리자 모든 사람들이 동참하여 6백부 반야경을 완성하고 또 헌강왕은 토지개혁을 달리하여 절의 제위답만은 거듭 풀어주게 되었다는 말이 삼국유사 제5권 선율의 환생조에 나옵니다.

아무리 재산이 좋아도 귀신 것은 함부로 쓰면 안 됩니다. 조상들의 선산이나 땅을 가지고 함부로 싸우지 마세요. 특히 종중 재산을 관리하는 장손들이 많이 이 법에 걸리고 있으니 백배 유의하여야 할 일입니다.

(4) 아수라(阿修羅)와 사천왕(四天王)

수미산 북쪽 대해 물밑에 4방 8만 유순에 아수라들이 살고 있는데 모두 7보 7중으로 형성되어 있다. 아수라는 술을 마시지 않으므로 정신이 항상 맑고 깨끗하기는 하지만 한번 화를 내면 참지 못하며 상대방을 요절을 내야만 마음이 풀립니다.

하늘의 제석천왕은 3천궁녀를 거느리고 있어도 아수라의 여왕한 명만 못하기 때문에 늘 전쟁을 하는데 천수라, 허공수라, 땅수라, 바다수라가 연합하여 싸우기 때문에 한 번도 져본 일이 없다고합니다.

(5) 아름다운 도리천(忉利天)

수미산 꼭대기에 주위가 8만 유순이나 되는 33천이 있는데 모두가 7중의 성으로 일곱 겹의 난간과 그물, 가로수가 7보로 구성되어있다. 성문의 높이는 60유순, 넓이는 30유순으로 500유순씩 지나한 문이 있고 그 낱낱의 문에 500귀신이 있어 33천을 호위하고 있다. 금성에는 은문, 은성에는 금문, 수정성에는 유리문, 유리성에는 수정문, 적주성에는 마노문, 마노문에는 적주문, 자거성에는 중보문, 중보성에는 자거문이 있으며, 난간도 그러하여 온갖 방울과그물이 달려 갖가지 빛을 발하고 있다. 또한 무수한 새들이 노래하고 있다. 그 성안에는 또 6만 유순씩 되는 작은 성들이 있는데그 장엄은 말로 다 표현할 수 없다.

또 7겹성에는 4문이 있고 문에는 난간·누각·정자가 있고, 두루 둘레 원림과 욕지가 있으며 온갖 보배의 꽃과 과일들이 줄지어번창하고, 작은 성밖 중간에는 이라발용의 궁전이 있다. 선견성안에는 순금으로 된 선법당이 있는데 그 북쪽에 제석궁이 있다. 동쪽에는 추삽원(麤澁園)이 있고, 추삽원 가운데 천금으로 장식한석타(石垛)가 두 개 있는데, 현(賢)이고 선현(善賢)이다. 또 선견당남쪽에는 화락원(和樂園)이 있고, 거기에도 주(晝)와 선주(善晝)두 개의 석타가 있다. 서쪽에는 잡원(雜園)이 있는데 선견(善見)과순선견(順善見)이란 석타가 있고, 북쪽에는 대희원(大喜園)이 있고 희·대희락 석탑가 있다. 모두 이곳의 물들은 비단과 같이 부드럽고 솜처럼 부풀었다 가라앉는다.

추삽원과 화락원 중간에는 난타못이 있고 그 물은 청정하여 더러움이 없으며, 일곱 겹 해자도 두루 둘러 칙체(厠砌)했다. 일곱 겹 난간에 일곱 겹 그물과 향수가 둘러 있고 모두가 7보로 되었는데, 4면에는 네 개의 계단이 사다리처럼 난간을 나투고 있다. 물론 거기에는 청·황·적·백의 꽃들이 사이사이 섞여 있고 한 꽃의 크기는 1유순이며, 향기도 1유순이나 풍기고 그 뿌리는 수레바퀴통과 같으며, 그 즙은 흘러나와 희기가 젖과 같고 꿀과 같이 달다.

또 잡원과 대희원 중간에 두 동산이 있는데 거기 4방에 큰 주도수(晝度樹)가 있다.

선견당 북쪽에 두 층계가 있어 추삽원에 갈 수 있고, 다시 거기서 화락원·잡원·대희원·대희못에 이르러 갈 수 있게 되어 있으며, 주도나무와 33천을 거쳐 이라발용왕에 이르러 갈 수 있다.

아수륜의 궁중에는 담복화·발두마·구물두·분타리꽃이 향기롭게 피고, 육지에는 수호·빈부·큰 빈부·가가리·큰 가가리·만다라·큰 꽃 등이 피며, 4천왕과 33천·염마천·도솔천·화자재천·타화자재천도 마찬가지다.

이 하늘에는 10법이 있는데
① 날아가는데 한이 없고,
② 날아오기에 한이 없으며,
③ 가는 데 걸림이 없고,

④ 오는 데도 걸림이 없으며,

⑤ 몸에는 피부·골체·힘줄·피와 살이 없고,

⑥ 몸에는 부정한 대소변이 없고,

⑦ 몸에는 지극한 피로가 없고,

⑧ 천녀는 아이를 낳지 않고,

⑨ 하늘신은 눈을 깜박이지 않고,

⑩ 몸에서는 금빛·불빛·푸른빛·누른빛·붉은빛·검은빛·흰빛을 마음대로 나타낸다.

반딧불의 광명은 등불만 못하고, 등불은 횃불, 횃불은 불더미, 불더미는 4천왕의 궁전만 못하고, 4천왕의 광명은 33천만 못하고, 33천은 염마천, 염마천은 도솔천, 도솔천은 화자재천, 자재천은 타화자재천, 타화자재천은 범가이(梵迦夷), 범가이는 광음천, 광음천은 변정천, 변정천은 과실천, 과실천은 무상천, 무상천은 무번천(無煩天), 무번천은 무열천, 무열천은 선견천, 선견천은 대선견천, 대선견천은 색구경천, 색구경천은 지자재천, 지자재천의 광명은 부처님 광명만은 못하고 부처님 광명도 4제(諦)의 광명만 못하다.

염부제 사람의 키는 3주(肘) 반이고 옷 길이는 7주, 구야니 불우체 사람들 키는 3주 반이고 옷 길이는 2배이고, 넓이는 3주 반이다.

울단월 사람의 키는 7주이고 길이는 2배이며, 무게는 1냥이다.

아수륜은 키가 1유순, 옷은 2배이고 넓이는 1유순 옷의 무게는 6수(銖)이고,

4천왕의 키는 반 유순, 도리천왕의 키는 1유순, 염마천왕의 키는 2유순, 도솔천왕의 키는 4유순, 화자재천왕의 키는 8유순, 타화자

재천의 키는 16유순, 옷은 2배, 넓이는 16유순, 옷의 무게는 반 수이다.

염부제 사람들의 수명은 100세가 정명인데 구야니는 200세, 불우제는 300세, 울단월은 천 세, 아귀는 7만 세, 용과 금시조는 1겁, 아수륜은 천 세, 4천왕은 5백 세, 도솔천은 천 세, 염마천은 2천 세, 도솔천은 4천 세, 자재천은 8천 세, 타화자재천은 1만 6천 세, 범가이천은 1겁, 광음천은 2겁, 변정천은 3겁, 광과천은 4겁, 무상천은 500겁, 무번천은 천 겁, 무열천은 2천 겁, 선견천은 3천 겁, 대선견천은 4천 겁, 색구경천은 5천 겁, 공거천은 만 겁, 불용처천은 4만 2천 겁, 유상무상천은 8만 4천 겁이다.

모든 중생은 네 가지 음식으로 세상을 살아가는데 단식과 세활식, 촉식 · 염식 · 식식이다. 여러 가지 음식을 덩어리로 만들어 먹는 것이 단식(摶食)이고, 습으로 만들어 먹는 것이 세활식(細滑食)이며, 그 향기만 맡는 것이 촉식(觸食)이고, 생각으로 먹는 것이 염식(念食)이며, 인식만 하는 것이 식식(識食)이다.

염부제 사람과 구야니 불우체 사람들은 밥과 밀가루, 어육을 단식하며, 울단월 사람들은 자연의 멥쌀, 용과 금시조는 자라, 악어, 생선을 먹고, 세욕과 의복을 세활하고, 아수륜은 정식(淨食)으로 단식하고, 6욕천은 정식(淨食)으로 단식하며 그 이상의 모든 하늘은 선정으로 희락식을 한다. 나머지 난생은 촉식하고, 생각으로 모든 근을 증장시키는 것이 염식이며, 지옥중생과 무색천은 식식한다.

염부제 사람들은 금·은·보배와 곡식·비단·종(노비)으로 생을 다스리고, 그것을 판매함으로써 생활한다. 구야니 사람들은 소와 염소, 구슬 보배로, 불우체 사람들은 곡식과 비단 구슬로, 울단월 사람들은 장사하지 않고도 생활한다.

염부제 사람과 구야니 불우체 사람들은 혼인할 때 남자는 장가가고 여자는 시집가지만, 울단월 사람들은 결혼하지 않는다. 용과 가루라 아수라도 결혼하고, 4천왕·도리천·타화자재천도 혼인한다. 그 이상의 하늘에는 남녀가 없다.

염부제, 구야니, 불우체, 울단월 사람들은 남녀가 서로 만나 몸을 부딪치면 음양을 이루고, 용과 가루라도 마찬가지이다. 아수라는 몸이 서로 가까이 하여 기운으로써 음양을 이루고, 4천왕과 도리천도 마찬가지이다.

염마천은 가까이 함으로써 음양을 이루고, 도솔천은 손만 잡아도 되고, 화락천은 쳐다보기만 해도 되고 타화자재천은 잠깐 쳐다보는 가운데서 이룬다. 만일 사람·축생·아귀가 살아서 3업을 악하게 하면 몸이 무너진 뒤 식이 멸하고 지옥의 초식(初識)이 생겨, 명색·6입·촉·식·유·생·노·병·사가 생긴다.

그런데 만일 어떤 중생이 선행을 했으면 명을 마치는 순간 새로 태어나는 천당의 식이 나타나 날게 되면 천당에 태어난다. 처음 하늘(4천왕천)에 태어나면, 인간의 1,2세 아이와 같이 화현하여 천인의 무릎에 앉아 선행 닦을 것을 생각하고, 먹을 것을 생각하면 곧 백미진수가 앞에 나타난다. 복이 많으면 밥의 빛이 희고, 중간이면 푸르고, 그 복이 적으면 붉다. 먹고 나면 소화가 잘 되고 음료수는 감로장인데, 이 또한 복락 따라 색깔이 달라진다.

이렇게 음식을 먹은 아이는 하루가 달라지게 커지면서 목욕탕에 들어가 목욕하고, 4욕락을 즐기다가 향나무 밑으로 가 나무에서 나는 향을 바르고, 겁패의(劫貝衣 ; 면포 옷)를 입고 장엄한 뒤 머리에 꽃타래를 쓴다. 그릇나무로 가면 온갖 그릇이 대기하고 있으며, 과일나무에 이르면 먹고 싶은 과일을 따 그냥 먹기도 하고 즙을 내 먹기도 한다. 다시 악기 나무 있는 곳에 가서 묘한 소리를 듣고, 동산에 나아가 천녀들과 희롱하는데, 동쪽을 향하면 서쪽을 잊고, 서쪽을 향하면 동쪽을 잊는다.

그러면 그 가운데서 채녀가 생겨 아이를 나면 앞서 자신과 같이 성장한다. 도리천의 아이는 바로 태어나면서 염부제의 2,3세와 같고, 염마천의 아이는 3, 4세, 도솔천의 아이는 4, 5세, 화자재천의 아이는 5, 6세, 타화자재천의 아이는 6, 7세와 같다.

매 반달마다 이들은 8일 · 14일 · 15일 세 번 재를 지내는데, 초8일 때는 4천왕이 사자를 시켜 세상의 효순과 장로들에 대한 공경을 사찰하는 까닭이고, 14일은 태자에게, 15일은 직접 나가 사찰하며 교화를 받고, 재계한 사람은 상을 주고 그렇지 아니한 사람은 벌을 준다.

사바세계 사람이 살고 있는 집에는 다 업귀(業鬼)귀신이 있다. 일체의 뒷골목 네거리, 백정의 장터, 묘지에는 다 귀신이 있다. 그 이름은 그가 의지하는 사람이나 강 · 산 · 나무 · 성을 이름으로 하는데, 그는 태어날 때부터 사람을 따라 다니며 보호한다. 만일 귀신이 정기를 빨아먹으면 그는 죽는다. 선악업을 따라 보호하고 버리는 것이 차이가 있다. 마치 한 사람의 목자에게 수백 수천의 짐승이 따르는 것과 같다.

염부제 중생은 ① 용맹스럽고, ② 기억력이 강하여 범행을 부지런히 닦고, ③ 부처님이 그 땅에 나 구야니 사람보다 좋다.

구야니 사람에게는 ① 소 ② 염소 ③ 주옥들이 많으므로 그것만은 염부제 사람들 보다 좋다.

불우체는 ① 토지가 넓고 ② 크고 ③ 땅이 아주 묘하게 생긴 것이 특징이다.

울단월 사람들은 ① 얽매임이 없고 ② 소유개념이 없으며 ③ 수명이 천 세나 되는 것이 특징이다.

아귀는 ① 수명이 길고 ② 몸이 크고 ③ 남이 지은 것을 자기가 받고,

축생(용·금시조)은 ① 수명이 길고 ② 몸이 크고 ③ 궁전이 호화롭다.

아수라는 ① 궁전이 높고 크고 ② 장엄하며 ③ 청정하다.

4천왕은 ① 수명이 길고 ② 단정하고 ③ 즐겁다.

도리천·염마천·도솔천·화자재천·타화자재천은 ① 장수하고 ② 단정하고 ③ 즐거움을 느끼는 것이 똑같다.

욕계 중생에는 ① 지옥 ② 축생 ③ 아귀 ④ 사람 ⑤ 아수라 ⑥ 4천왕 ⑦ 도리천 ⑧ 염마천 ⑨ 도솔천 ⑩ 화자재천 ⑪ 타화자재천 ⑫ 마천(魔天) 등 모두 12종류가 있다.

색계에는 ① 범신천 ② 대범천 ③ 광천 ④ 정천 등 모두 22천이 있다.

무색계에는 ① 공 ② 식 ③ 무소유 ④ 무상천 등 4처가 있다. 또 세상에는 지·수·화·풍 4천신이 있는데 처음 지신은 자신만이 있다고 하고, 다른 신은 부정하였다. 그러나 부처님께서 시(施)·계(戒)·생천론(生天論)과 정(淨)·누(漏)·출요(出要)의 일을 가르치고, 4제 3귀의를 가리켜 다만 지대에는 흙의 요소가 많을 뿐임을 알게 되었다. 수·화·풍신도 처음에는 지신과 같은 생각을 가지고 있었으나, 부처님의 교화로 깨달음을 얻어 서로 조화를 이루게 되었다.

구름에는 ① 흰빛 ② 검은빛 ③ 빨간빛 ④ 붉은빛이 있는데 지대가 많으면 희게 보이고, 수대가 많으면 검게 보이고, 화대가 많으면 빨갛고 붉게 보인다. 낮고 높음을 따라 10리부터 4천리까지 가는데, 광음천 이상에는 구름이 없다. 번개에도 ① 동방번개는 신광(身光)이고 ② 남방번개는 난훼(難毀)며 ③ 서방번개는 유염(流炎)이고 ④ 북방번개는 정명(定明)이다.

하늘의 전기가 서로 돌아가며 부딪쳐 우레를 형성하고, 또 때로는 4대가 서로서로 부딪치는 가운데 우레가 나기도 한다. 천기대요를 잘 아는 사람이 유명한 점쟁이가 되었다.

<불설장아함경 제20권, 1. 세기경 ③ 도리천품>

(6) 삼재팔난(三災八難)

세상에는 해와 달로써 헤아릴 수 없는 네 가지 일이 있다.

첫째, 세간이 점점 일어나 멸하는 것이고,

둘째, 세간이 무너진 뒤 그 중간이 텅 비어 세간이 없고, 해와 달

을 세수로써 헤아릴 수 없는 것이며,

셋째, 천지가 처음 일어나 성립되는 것이고,

넷째, 천지가 이미 생겨 지속하는 것이다.

세상에는 3재가 있는데 풍·수·화 3재가 그것이다. 그러나
화재는 광음천 이상을 오르지 못하고,

수재는 변정천을 넘지 못하며,

풍재는 과실천을 넘어가지 못한다.

처음 화재가 일어나려면 세상 사람들이 모두 바른 법을 행하여
10선을 닦고 제2선(禪)을 얻어, 성인도·천도·범도에 머물러 무
각·무관(無覺·無觀)을 닦으므로, 모두가 광음천에 가서 태어난
다. 이때 지옥중생은 죄업이 끝나고 사람으로 태어나고 축생·아
귀·아수라 6욕천도 모두 광음천으로 올라간다. 그때 세상에는 일
곱 개의 해가 나타나 비가 오지 않으므로 태울 만한 모든 것들을
다 태워버린다. 그러면 그 뒤에 흑풍이 사납게 일어나 이 세상의
모든 물을 다 말려버린다. 이것이 제2일이다.

제3일이 되면 모든 호수가 다 없어져 버리고, 제4일에는 샘물·
못물이 다 마른다. 제5일에는 해수가 마르고, 제6일에는 산이 다
타고, 제7일에는 모든 것이 다 타 없어져 버린다.

그러므로 부처님께서는 늘 비구들에게 말씀하셨습니다.

"일체의 행은 무상하다. 변하고 무너져 믿을 수 없다. 무릇 모든
것은 하염없는 것이니 싫어하고 벗어나 해탈의 길을 구해야 한
다."

<불설장아함경 제21권, 1. 세기경 ④ 삼재품>

옛날 하늘들은 아수라와 싸웠으나 한 번도 이긴 일이 없다. 천상인은 쾌락 속에 유연하고 나태하나, 아수라들은 하늘·허공·바다·육지에 거주하는 자들이 모두 용맹하여 무지하게 달려들기 때문이다.

<불설장아함경 제21권, 1. 세기경 ④ 전투품>

세상에는 또 도병(刀兵)·곡귀(穀貴)·질역겁(疾疫劫)이 있는데, 사람의 수명이 10세 정명에 이를 때, 세상에 맛난 음식이나 의복 같은 것은 다 없어져 버리고 거친 것만 남게 되는데, 7일 동안 도병겁이 오게 된다.

도병겁시대에는 무엇이고 잡기만 하면 모두 칼이 되어 토막토막 잘려지고, 서로 성내고 해치기 때문에 사람이 살 수 없게 된다.

다음 기아의 겁은 아무 것도 먹을 것이 없어 거의 굶어죽게 되므로 질병이 생겨 살아있는 사람이 거의 없다. 이것이 질역겁이다."
모두가 사람의 업력에 따라 나타난 것이므로 그 누구도 말릴 수 없는 일이니, 스스로 그 업력을 깨달아 8400세까지 살 수 있도록 노력하여야 할 것이다.

이렇게 장황한 세계를 이야기하면 도 닦는 사람들이 도는 닦지 않고 그것만 생각하게 되므로 부처님께서는 그 같은 내용을 알면서도 우선 공부하며 깨달은 뒤 스스로 보게 한 것이니 불교천락에 그 같은 내용과 사상이 없어서 반문하지 아니한 것이 아닙니다.
만동자는 한때 황홀경에 빠졌다가 그 생각이 정리되는 것만도 6개월이 걸렸다 합니다.

제48강 식인종 귀자모

1. 부처님의 족보(佛譜)

세상 사람들에게는 씨보(氏譜)가 있고, 임금님에게는 왕보(王譜)가 있으며, 부처님에게는 불보(佛譜)가 있습니다.

부처님께서 기수급고독원에 계실 때 화림굴 강당에 모여 있던 비구들이 과거 부처님들의 이력을 알고 싶어 하자 부처님께서 천이통으로 들으시고 숙명통으로 그 내력을 알아 설명하였습니다.

"과거 91겁 전에는 비바시(毘婆尸) 부처님이 탄생하였고, 31겁 전에는 시기(尸棄) 부처님과 비사바(毘舍婆) 부처님이 태어났고, 31겁 중에는 구류손(拘留孫)·구나함(拘那含)·가섭(迦葉) 부처님이 태어났다."

모두가 한 마음을 깨닫고 일체지를 얻었으므로 부처라 합니다.

"비바시 부처님 때 사람의 수명은 8만 4천 세이고, 시기 때는 7만, 비사바 때는 6만, 구류손 때는 4만, 구나함 때는 3만, 가섭 때는 2만, 나의 시대는 백 년이다."

부처님의 수요장단은 중생들의 복력과 비례합니다. 중생들의 복이 많으면 부처님도 오래 살고, 중생들이 박복하면 부처님도 단명합니다.

"비바시 · 시기 · 비사바 부처님의 성은 모두 구리야이고, 그 다음 세 부처님은 가섭이며, 나는 고타마다. 앞의 세 부처님과 나의 종족은 찰제리이고, 다음 세 부처님은 바라문이다. 비바시 부처님은 파아탈리나무 밑에서 성불하고, 시기는 푼다리카, 비사바는 사알라, 구류손은 시리이사, 구나함은 우둠바라, 가섭은 니그로오다, 그리고 나는 앗삿타나무 밑에서 성불하였다."

나무는 선정 속에서 한 발짝 옮기지 않고도 꽃과 열매를 맺는 특징이 있습니다.

"비바시 부처님과 시기 부처님은 큰 지혜와 위덕으로 3회에 걸쳐 설법하였고 비사바는 2회, 구류손과 구나함, 가섭 부처님과 나는 1회 설법하였다."

부처님의 설법은 중생의 근기에 달려있습니다. 방송은 한 번에 전세계가 볼 수 있기도 하고, 때로는 열 번을 틀어도 한 지역에 그치는 경향도 있습니다.

"건다 · 제사는 비바시의 제자이고, 아비부 · 삼바바는 시기의 제자이며, 부유와 울다마는 비사바의 제자이고, 살리와 비루는 구류손의 제자이며, 서반과 울다라는 구나함의 제자이고, 제사와 바라바는 가섭의 제자이며, 사리불과 목건련은 나의 제자이고, 무우와 인행, 적멸과 선각, 안화와 선우, 아난은 각각 일곱 부처님들의 시자였다."

부처님께서도 시자가 필요합니다. 좌우에서 안팎을 살피는 사람이 있어야 하기 때문입니다.

"또 방응·무량·묘각·상승·도사·집군·나후라는 일곱 부처님의 아들이고, 반두와 반두마저, 명상과 광요, 선등과 칭계, 사득과 선지, 대덕과 선승, 범덕과 재주, 정반과 대청정묘는 일곱 부처님의 부모이고, 반두마성·광상성·무유성·안화성·청정성·바라나성·가비라성은 각각 일곱 부처님이 태어난 나라이다."

부처님은 하늘에서 뚝 떨어진 사람이 아니고 땅에서 푹 솟은 사람도 아닙니다. 부모 속에서 태어나 자랐기 때문에 모두가 부모와 나라 그리고 권속이 있는 것입니다.

"빽빽한 구름이 하늘에 가득 찼을 때 번갯불이 천하를 비추듯이 모든 부처님들께서 태어나실 때는 해와 달이 미치지 못하는 곳까지 깨끗한 유리그릇이 안팎이 없이 비치듯이 큰 빛이 두루 비쳐 미치지 않는 곳이 없다."

이것은 맑고 깨끗한 계와 지혜를 상징합니다.

"하늘 가운데 하늘 복을 성취하고 사람 가운데 가장 높은 위치에 섰다가, 사자가 걸으면서 사방을 살피듯이 사방으로 일곱 발자국, 하늘 위에서나 땅에서 홀로 높다 하시니, 32상 80종호, 8상 성도로 오늘에 이르렀다. 오늘 나만 그런 것이 아니고 과거칠불도 그렇고 장차 오는 미륵부처도 그렇게 될 것이다."

3계 25유 중생을 제도하기 위하여 원만한 상호와 갖가지 방편의 역사를 남겼습니다. 그래서 사람들은 부처님을 이렇게 찬탄하였습니다.

"둥글고 또한 밝은 빛은 우주를 싸고
고르고 다시 넓은 덕은 만물을 길러
억만겁토록 변함없는 부처님 전에
한마음 함께 기울여서 찬양합니다."

<불설 장아함경 제1권 칠불경·칠불부모성자경·비바시불경·대본경>

2. 광녀 바사타의 구도

사위성 중에 바사타란 바라문녀가 있었습니다. 일찍이 남편을 여의고 오직 아들 하나를 사랑하여 길러 왔는데 그 애가 갑자기 병이 들어 죽었습니다. 충격을 받은 여인은 갑자기 발광이 나 온몸에 실오라기 하나 걸치지 않고 거리로 뛰어다니며 '내 아들을 살려 달라.'고 아우성쳤습니다. 모든 사람들이 보고는 불쌍하고 안타깝게 여겼지만, 보기가 민망하여 그녀만 나타나면 머리를 돌리고 모두 도망쳤습니다. 마침 그 때 한 불교신자가 보고,

"저 여자에게 약을 줄 수 있는 사람은 오직 부처님 밖에 없을 것이다."

하고 그를 부처님께 인도했습니다. 바사타는 역시 부처님을 뵙자마지

"내 아들을 살려 달라."

고 애원했습니다. 부처님이 타일렀습니다.

"가련한 여인아, 네 아들을 꼭 살리고 싶으냐?"

"네 꼭 살리고 싶습니다. 저는 그 아이 하나만을 위해서 살아 왔습니다."

"그렇다면 네 마을에 내려가서 조상 때부터 한 번도 죽은 사람이 없는 집을 찾아 가서 겨자씨 조금만 얻어오너라."

여인은 마을로 내려갔습니다.

"겨자씨 조금만 주세요."

"겨자씨는 여기 있습니다만 무엇에 쓰시렵니까?"

"단지 조상 때부터 사람이 죽지 않은 집이어야 합니다."

"예끼 미친 여인아, 조상 때부터 사람이 죽지 않는 집이 어디 있어. 몇 년 전에 어머니가 돌아가시고 며칠 전에 3대 독자 외아들까지 잃어 마음이 환장할 지경인데…"

사람들은 모두 이렇게 자기 사정을 이야기하며 매우 화를 냈습니다. 바사타는 종일토록 돌아다니다가 저녁 밝은 달이 동틀 무렵에야 제 정신이 돌아왔습니다.

"아, 세상엔 사람이 죽지 않는 곳이 없구나. 그런데 나는 언젠가는 죽지 않으면 아니 될 그 자식의 병사 때문에 내 정신을 잃었구나. 내가 미쳤지 미쳤어."

하고 곧 집으로 돌아가 죽은 자식을 화장터에 갖다 버리고 기원정사로 돌아왔습니다. 부처님께서 여인이 오는 것을 보시고 자비스러운 눈으로 물었습니다.

"바사타여, 겨자씨를 가져 왔느냐?"

"부처님. 이제 저에겐 겨자씨가 필요 없게 되었습니다."

그리하여 바사타는 제 정신을 찾고 불제자가 되어 뒤에 니승교단의 훌륭한 지도자가 되었던 키사 고오다미가 바로 그분입니다.

경전에는 이 바사타의 이야기가 여러 군데 나오는데 어느 곳에서는 '훌륭한 가문 출신으로 일찍이 남편을 잃은 3대 독자의 어머니였다'고 하고, 다른 곳에서는 '가난하고 천한 가정에 태어나 부잣집 아들에게 매수되어 시집왔는데, 자식을 낳지 못하여 극심한 시집살이를 하다가 늦게야 아들 하나를 얻어 호강을 부리다가 갑자기 병이 들어 죽으니 큰 충격을 받고 미쳤다' 하기도 하였습니다.

자식을 잃은 사람,
부모와 남편 아내, 형제를 잃은 사람,
모두가 외롭고 쓸쓸한 사람이네.

그러나 이 세상 어느 누구나
고독한 행자 아니겠는가.
먼저 가고 나중에 가는 차이만 있을 뿐.

누가 이 세상에 죽지 않는 자 있으리오.
그러나 어리석은 사람은
남의 죽음은 우습게보고 자기죽음은 귀하게 생각한다.
먼저 가고 나중에 가는 차이가 있을 뿐인데!

3. 평등성중(平等性中)에는 피차가 없다

부처님께서 사위국 녹자모 강당에 계실 때 바실타와 바라타 두 바라문이 출가 수행하자 부처님께서 물었습니다.

"그대들은 출가하여 공부하는 데 장애가 되는 것은 없는가?"

"있습니다. 바라문들이 우리를 보기만하면 우리 종족은 맑고 깨끗하여 제일이고, 다른 종족은 검고 어두워 비열하다고 비방합니다."

"바실타여, 나의 가문에서는 종성을 필요로 하지 않는다. 세상 사람들은 바라문·찰제리·바이사·수드라 4성을 나누어 깨끗하고 더러운 것을 가리지만, 바라문 가운데서도 깨끗한 사람도 있고 더러운 사람도 있으며, 찰제리·바이사·수드라에 있어서도 마찬가지이다. 모두 그것은 인과의 갚음에서 나타나는 것이지 그것이 본래 그렇게 결정 지워져 있는 것이 아니다. 바라문도 결혼하여 애를 낳고, 살생하고, 도둑질하고, 사음하고, 거짓말하는 자가 있는가 하면, 수드라도 방생하고 훔치지 않고, 정조를 지키고 거짓말하지 않는 자가 있기 때문이다. 석가족은 빠쎄나디왕을 받들고 있는데 빠쎄나디왕은 나를 받들고 있으니 그것은 법을 깨달았기 때문이다.

옛날 옛적 천지가 무너질 때 중생들은 모두 목숨을 마치고 광음천에 환생하여, 기쁨으로써 먹이를 삼고 광명으로 서로를 비치며, 신족으로 허공을 날아다녔다. 그 뒤 땅이 변해 물이 되고 온 세계가 해와 달, 별이 없이 완전히 암흑천지로 변했습니다.

그 뒤 물이 변해 하늘 땅이 생기고, 광음천 사람들이 복진타락하여 이 세상에 태어났다. 그러나 아직도 남은 복이 있어 신족으로 날아다니고, 스스로 빛을 비치며 오래 살았다.

그 뒤 땅에서 단샘이 솟아 마치 타락과 꿀 같았다. 그것을 맛본 사람들이 그 맛에 도취되어 자꾸 마시다 보니, 몸이 점점 거칠어지고 굳어져 신족이 없어져 날아다니던 사람이 걸어다니게 되었다. 마침내 해와 달이 생기고 별들이 생겨 낮과 밤이 생겼다. 거칠고 추한 사람은 단정한 자를 시기 질투하고, 단정한 자는 교만하여 우열이 생기게 되었는데, 마침내 지비(地肥)를 먹고 더욱 거칠어져 크고 작은 사람과 예쁘고 미운 사람이 생기게 되었다.

이때부터 부드러운 지비는 다시 나지 않고 거친 지비가 나게 되었는데 그래도 향과 맛은 앞에 것만은 못했으나 먹음직스러웠다. 그런데 중생들이 이것을 먹으면서 많이 먹은 자와 적게 먹은 자가 있어, 많이 먹은 자는 얼굴빛이 거칠어지고 적게 먹은 자는 오히려 즐겁고 윤기가 났다. 여기서 단정과 누추의 차이가 더욱 두드러지게 나타나, 지비는 없어져 버리고 멥쌀이 나왔다. 거기에는 아직 등겨가 없고 빛과 맛 향기가 그윽하고 깨끗한 음식이었지만, 그것을 먹음으로부터 대소변을 보게 되어 남녀의 구별이 생기게 되고, 정욕이 일어나 축생과 같은 행위를 함으로써, 서로 배척하고 몰아내어 함께 살지 못하는 자도 있었다.

이것이 차차 상습화 되니 옛날에는 그르다고 생각한 것이 지금은 옳다고 생각하여, 정욕을 마음껏 즐기면서도 부끄러워하는 마음이 없으므로, 드디어 집을 짓고 방을 만들고 칸을 막고 포태를 형성, 아침 저녁으로 마구 취하다 보니 차차 먹을 것이 귀해지게 되었다. 드디어 사람들은 먹을 것을 한꺼번에 취하여 저축함으로써, 멥쌀은 거칠고 더러워져 사람들의 모습 또한 조잡하게 되었고, 허공을 날던 신족도, 빛을 발하던 광명도 차차 없어졌다.

그래도 땅에서 나는 단샘은 아직 타락과 같아 먹을 만하였고, 겨 없는 쌀 또한 좋았으나 게으른 자들이 많이 저축하고, 심지어 남의 것을 빼앗아갈 정도가 되므로 땅에 깃대를 세워 토지를 분할하게 되었다.

이로 인해 가진 자와 못 가진 자, 약한 자와 강한 자 사이에 싸움이 일어나 지옥·아귀·축생이 생기자 사람들은 그와 틈을 해결하기 위하여 왕을 내세워 공정한 재판을 구하게 되었다.

이것이 평등주(平等主), 즉 찰제리의 탄생이다. 그런데 그 가운데서도 집은 우리와 같고 대자연은 자유롭다고 하여, 출가 입산하여 도를 닦음으로써 사람들은 그를 공경하게 되었으니 이가 곧 바라문이다. 바라문은 일생 동안 도를 닦으면서 무지한 중생들을 계도하고 선을 안내하는 도덕론자가 되었으므로, 한 때는 찰제리보다도 더 높은 위치에 있었고, 그 바라문과 찰제리를 사·농·공·상으로 받들어 모시는 백성들은 평민으로서 바이사가 되고, 이 세 부류(바라문·찰제리·바이샤)를 손발로 받들어 모시는 사람들을 수드라, 즉 천인·노예라 불렀다.

그러니 이 4성계급은 사람들이 살아오는 과정 가운데서 생겨난 제도이고, 사람은 본래부터 똑같은 사람으로서 절대 평등한 인격을 가지고 있었던 것이다. 사람의 인격은 그의 말과 행동에 달려 있고, 또 마음 쓰는 데 달려 있으니, 태어나는 종족을 중심으로 귀천을 따지는 것은 옳지 않은 것이다."

바실타와 바라타는 이 말씀을 듣고 번뇌에서 벗어났으며 마음에 해탈을 얻어 한없이 기뻐하였습니다.

4. 식인종 귀자모의 구제

또 부처님은 야만족이 사는 대도국(大兜國)에 갔다가 사람을 잡아먹는 여인을 구제한 일이 있습니다. 여인은 대도국 추장의 아내로 자기 아이는 애지중지 기르면서도 남의 아이들을 잡아 먹어 사람들은 귀자모(鬼子母)의 후신이라 하여 귀자모라 부르며 매우 두려워하였습니다.

부처님의 제자들이 탁발을 하러 갔다가 많은 군중들이 모여서 그 여자를 규탄하는 것을 보고 부처님께 아뢰었습니다.
"사람들은 분노에 차 있습니다. 그러나 그의 남편이 추장이기 때문에 억울하고 분한 사정을 어느 누구에게도 호소할 길이 없다고 합니다."
"그렇다면 내가 그들을 구해 주리라."
하고 부처님은 아무도 몰래 그 귀자모의 자식들 가운데 그가 가장 사랑하는 아들 빈가라(嬪伽羅)를 데려오라 하였습니다.

아난은 그녀의 집으로 가서 그녀가 나들이 가고 없는 틈을 타서 빈가라를 데려왔습니다. 부처님은 그 애를 아무 눈에도 띄지 않게 깊숙이 보호하고 있었습니다. 귀자모는 집에 돌아와 자식이 없어진 것을 알고 사방으로 뛰며 울고 찾아 다녔습니다. 부처님은 마침 그 때 탁발을 나가셨다가 물었습니다.

"귀자모여, 너는 어찌하여 울고 다니느냐?"

"내 아들 빈가리를 잃어버렸습니다."

"거참, 안되었구나. 그러나 너는 남의 자식을 마음대로 잡아다 먹는다면서 내 자식은 아깝게 생각하느냐?"

"남의 자식이야 내가 낳지 않았으니 알 바 없습니다. 마치 그것은 산짐승들이 물고기를 잡아먹는 것과 조금도 다름이 없습니다."

"그러나 여인아, 그것을 바꾸어 생각해 보라. 자식을 잃은 사람은 모두 지금의 네 마음과 같다."

그러나 귀자모는 그런 것과는 아랑곳없다는 듯 제 자식 잃은 것에만 불이 나 있었습니다.

"부처님 저의 자식 있는 곳을 가르쳐 주십시오."

"귀자모야, 네 자식은 아직 살아 있다. 그러나 네 마음이 고쳐지지 않는 한 나머지 일곱 자식도 모두 잡아갈 것이다."

귀자모는 이 말을 듣고 더욱 펄펄 뛰면서 '어떻게 하면 좋으냐?'고 부처님께 사정하였습니다.

"너의 마음을 고쳐 다시는 남의 애들을 잡아먹지 않는다고 약속하면 내가 찾아 주겠다."

"그렇다면 제가 부처님께 참회하고 다시는 그런 악행을 저지르지 않겠습니다."

"그러면 나를 따라 오너라."

부처님은 아이가 있는 곳으로 가서 곧 아이를 내어주고 그 아이와 함께 3귀 5계를 가르쳤습니다. 이로 인해 대도국의 식인종은 없어지고 모든 백성들은 안심하고 자식을 기를 수 있게 되었습니다.

그 후 그는 애기 낳는 산모들을 찾아 보호하고, 아이를 받아 길렀으므로 산파라 부르고, 그가 죽은 뒤에는 그에게 밥을 떠놓고 빌었으니 그것이 바로 산신(産神) 할머니입니다.

5. 재가불자 꿈바고싸까

부처님께서 라자가하 벨루숲에 계실 때 온 동네에 역병이 들어 모든 사람들이 쓰러지자 한 아버지가 아들 꿈바고싸까에게 쪽지 하나를 주시면서 말했습니다.

"애야, 너도 이곳에 남아 있으면 언제 죽을지 모르니 멀리 도망 갔다가 이 역병이 완전히 없어지면 돌아 와서 저 대밭에 묻어둔 보물을 꺼내서 살아라."

그래서 꿈바고싸까는 멀리 천리 밖으로 도망갔다가 30년이 넘어서야 돌아오니 아는 사람이 한 사람도 없었습니다.

아버지께서 지정해 준 장소에 가서 보물을 확인하고 동네 허름한 집 하나를 구해 청년들과 같이 살게 되었는데, 하루는 한 장자가 일꾼들을 고용한다 하여 갔다가 그곳 일꾼들의 십장이 되었습니다.

그 집은 바로 궁궐 옆에 있었는데 아침이면 일찍 일어나 명령했습니다.

"너는 문을 열고 청소하고, 너는 부엌에 들어가 음식을 준비하고…"

해서 날마다 질서 있게 사람들을 거느리다 보니 그 집이 아주 큰 부자가 되었습니다.

임금님께서 아침마다 일꾼들을 관리하는 자의 소리를 듣고,

"저자는 큰 부자의 소리다."

하고 세 번이나 말씀하니 시자가 나아가 확인했으나 가난한 천민출신의 사람이었습니다. 또 임금님께서

"저자는 틀림없이 부자다."

하니 시자 여인이 돈 천 냥을 타 가지고 자신의 딸과 함께 가서 그 집 옆에서 잠을 자며 동정을 살폈습니다. 소리의 주인공은 너무도 부지런하고 깨끗한 사람이라 돼지우리 같은 집을 말끔히 청소하고 부자 못지않게 살고 있었습니다.

"하루 저녁 자고 갑시다."

"아니 됩니다. 이곳에는 누구도 재우지 않습니다."

"나의 딸이 젊고 예뻐 사람들이 침을 흘리니 보호하기 위해서라도 하룻밤만 자게 해 주십시오."

그래서 그의 헛간에서 하룻밤을 잤는데, 아침 일찍 일어나보니 따뜻하게 밥을 지어먹고 출근하게 하니 기분이 좋았습니다.

"하룻밤만 더 자겠습니다."

하여 열흘을 넘게 지내다 보니 집 주인도 염치가 없는지 숨겨놓은 돈을 조금 가져와서 여인이게 건네주며,

"찬거리를 사다 모두 먹을 수 있게 음식을 만드세요."

하여 그 날은 집안 잔치가 벌어질 정도로 넉넉히 먹고 잠을 잤습니다. 자다가 여인이 딸을 깨워 꿈바고싸까의 옆에 가서 누우라 하였습니다. 며칠 후 딸이 울면서 말했습니다.

"저 사람이 나를 건드렸어요."

"그렇다면 결혼을 시켜야지."

하고 동네 사람들을 불러 잔치를 하고 임금님께 가서 아뢰었더니,

"그를 불러 나라의 재정관을 삼으리라."
하여 요즈음 말로하면 재무부장관이 되었습니다.

부처님은 이 말을 듣고 다음과 같이 노래하였습니다.

"힘써 노력하고 새김을 갖추고
행동이 맑고 신중하며
자제하고 법답게 사는 사람은
그 이름과 부가 날로 더해가는 것이다."

〈법구경 방일품〉

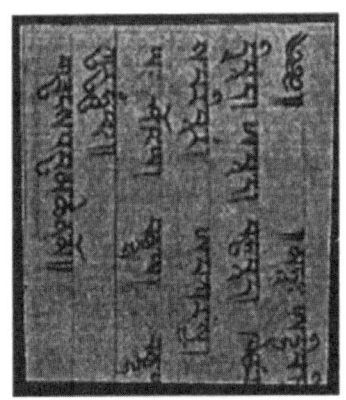

제49강 약사경 이야기

1. 우리나라 약사신앙

약사경은 부처님께서 베실리성에 계실 때 설하신 경전입니다. 약사부처님은 동방 정유리세계의 교주입니다. 대의왕으로 병들고 고통 하는 중생들을 구제하기 위하여 열두 가지 서원을 세워 동방 만월세계를 형성하고 한량없는 중생들을 교화하고 있다 하였습니다.

서쪽에는 극락세계 아미타불이 계시고, 남쪽에는 환희세계 보승부처님이 계시고, 북쪽에는 무우세계 부동존불이 있어 동·서·남·북 어느 곳에 가든 시방부처님이 계셔 우리들을 맞이하고 있지만 특히 동방만월세계 약사유리광부처님께서는 사바세계 중생들의 병고액난과 수명연장, 재화소멸, 의복 음식 등의 풍요를 약속하여 가난과 고통 속에 헤매고 있는 중생들이 많이 의지하여 왔습니다.

신라 선덕여왕은 몹쓸 병에 들었을 때 밀본스님에게 약사경을 읽게 하여 병을 치료하자 755년 경덕왕께서는 분황사에 30만 7600

근이나 되는 엄청나게 큰 약사유리광부처님을 모셔 그의 공덕을 찬탄한 것이 기본이 되어 각 절마다 약사 부처님이 모셔지고 약사 탱화가 형성되는 한편 나중에는 독립전각으로서 약사전이 형성되어 약사부처님을 보좌하고 있는 일월광보살과 12지신장, 4천왕, 8 부신중에 이르기까지 다양한 신앙이 형성되었습니다.

우리나라 묘지에 12지상이 형성된 것이라든지 탑과 절에 8부 4 왕이 대단원을 형성한 것은 약사신앙의 영향이 많으며 특히 도교의 7성 신앙이 불교의 약사칠불사상과 연합하여 민중불교의 일단으로 발전한 것은 불교의 교리발달사와 교단사 가운데 큰 몫을 하였다고 생각됩니다.

어떻든 한국불교에 있어서 약사신앙은 죽어서 극락세계 가는 것 이상으로 살아서 현생의 복락을 추구하는 사람들에게 큰 의지처가 되었다는 사실을 우리의 역사가 증명하고 있습니다.

2. 약사경

약사경은 달마급다가 번역한 약사여래본원경, 현장스님이 번역한 약사유리광여래본원공덕경, 의정스님이 번역한 약사여래칠불공덕경 등의 세 경전이 있습니다.

약사여래는 동방의 이상향인 정유리세계에 나타나는 부처님으로서, 중생을 교화하기 위하여 열두 가지 큰 원을 세운 분입니다. 이 열두 가지 대원 중 구병(救病), 현세적 복락, 고난으로부터의 해방 등 중요한 명제가 담겨 있어 현실의 고통을 벗어나려는 대중심리와 결부함으로써 많은 호응을 얻었습니다. 특히, 그 신앙은 단적이고 현세 이익적인 경향을 띠기 때문에 민간신앙으로서는 깊은 설득력을 지니게 되었습니다.

3. 약사여래

약사부처님은 대의왕불(大醫王佛)로 알려져 있습니다. 동방 정유리세계(淨瑠璃世界)에 있으면서 모든 중생의 질병을 치료하고 재앙을 소멸시키며, 부처의 원만행을 닦는 이로 하여금 무상보리의 묘과를 증득하게 하는 부처님입니다. 그는 과거세에 약왕이라는 이름의 보살로 수행하면서 중생의 아픔과 슬픔을 소멸시키기 위해 12가지 큰 원을 세웠습니다.

① 내 몸과 남의 몸에 광명이 가득하게 하려는 원
② 위덕이 높아서 중생을 모두 깨우치려는 원
③ 중생들로 하여금 욕망이 만족하여 결핍하지 않게 하려는 원
④ 일체 중생들로 하여금 대승교(大乘敎)에 들어오게 하려는 원
⑤ 일체 중생들로 하여금 깨끗한 업(業)을 지어 삼취정계(三聚淨戒)를 갖추게 하려는 원
⑥ 일체의 불구자로 하여금 모든 기관을 완전하게 하려는 원
⑦ 몸과 마음이 안락하여 무상보리를 증득하게 하려는 원
⑧ 일체 여인으로 하여금 모두 남자가 되게 하려는 원
⑨ 천마(天魔)·외도(外道)의 나쁜 소견을 없애고 부처님의 바른 지견(知見)으로 포섭하려는 원
⑩ 나쁜 왕이나 강도 등의 고난으로부터 일체 중생을 구제하려는 원

⑪ 일체 중생의 기갈을 면하게 하고 배부르게 하려는 원
⑫ 가난하여 의복이 없는 이에게 훌륭한 옷을 가지게 하려는 원
등 입니다.

이것이 약사십이대원이며, 그 공덕으로 부처가 되었고 또 한량
없는 중생의 고통을 없애준다는 것입니다. 이 십이대원 속에는 약
사여래가 단순히 중생의 병고를 구제하는 일에 그치지 않고 의복
이나 음식 등의 의식주문제는 물론 사도나 외도에 빠진 자, 파계
자, 범법자 등의 구제에까지 미치고 있음을 볼 수 있습니다.

이 십이대원 이외에도 극락왕생을 원하는 자, 악귀를 물리쳐서
횡사를 면하고 싶은 자, 온갖 재앙으로부터 보호받고 싶은 자들이
약사여래의 명호를 부르면서 발원하면 구제를 받을 수 있다고 하
였습니다.

또, 외적의 침입과 내란, 성수의 괴변, 일월(日月)의 괴변, 때 아
닌 비바람, 가뭄, 질병의 유행 등 국가가 큰 재난에 처하였을 때에
도 약사여래의 본원력을 통하여 구제받을 수 있다고 하였습니다.

부처님께서 베살리국 광엄성에 계실 때 문수사리 법왕자가 부
처님의 위신력을 받들어 물었습니다.
"세존이시여, 지금 헤아릴 수 없는 인·천들이 법문을 듣기 위하
여 구름처럼 모여들었습니다. 부처님께서는 초발심하실 때로부터
지금까지 헤아릴 수 없는 오랜 세월 동안에 여러 불세계를 보셨사
옵기 때문에 알지 못할 일이 없으시니, 저희들과 다음 상법시대 중
생들을 위하여, 여러 부처님의 명호와 본래의 서원 공덕과 국토의

장엄과 교묘한 방편의 차별상을 말씀하여 주십시오."

　여기서 동쪽으로 4항하사 수와 같은 많은 국토를 지나 광승세계
가 있고 거기 선명칭길상왕 부처님이 계시는데 지금 설법을 하고
있느니라. 문수사리여, 그 부처님께서는 처음 발심하여 보살도를
수행할 때로부터 여덟 가지 큰 서원을 세웠나니,

　첫째는 내가 다음 세상에 위없는 보리를 증득할 때 만약 중생이
모든 병고가 몸에 핍박하여 열병·학질과 마귀의 홀림과 송장을
일으키는 귀신 등에 시달릴 때 지극한 마음으로 나의 이름을 부르
면, 그 힘으로 있었던 병고가 모조리 소멸하고 마침내 위없는 보리
를 성취하고,

　둘째는 중생이 눈멀고 귀먹고 벙어리이거나 또는 문둥병·간질
같은 온갖 불치병에 시달릴지라도, 지극한 마음으로 나의 이름을
부르면, 그 힘으로 모든 감관(感官)이 온전하고 일체 질병이 소멸
하여 마침내 보리를 성취하고,

　셋째는 중생이 탐·진·치에 얽인 바 되어 무간죄(無間罪)와 가
지가지 나쁜 행위를 하며 바른 법을 비방하고 모든 선을 닦지 아
니하여 응당 지옥에 떨어져 온갖 고통을 받게 되더라도, 진실한 마
음으로 나의 이름을 부르면, 그 힘으로 무간죄와 모든 업장이 모조
리 소멸하고 악도에 떨어지지 않고, 언제나 인·천의 수승한 안락
을 받으며, 마침내 보리를 이루고,

　넷째는 중생이 의식과 침구와 영락과 재물·보배·향화와 풍악

등이 결핍되었더라도, 능히 진실한 마음으로 나의 이름을 부르면 그 힘으로 곤궁하였던 살림이 모두 풍족하게 되고, 마침내 보리를 성취하고,

다섯째는 중생이 어쩌다가 목에 씌우는 칼과 쇠사슬에 그 몸을 얽매이고 또한 매를 맞아 심한 괴로움을 받다가도 진실한 마음으로 나의 이름을 부른다면, 그 힘으로 있었던 괴로움을 모두 해탈하고 마침내 보리를 성취하고

여섯째는 중생이 험악한 곳에서 여러 사나운 짐승들인 곰 · 사자 · 범 · 표범 · 이리 등과 독사 · 살무사 등의 침해를 받고 그 목숨이 끊어지려 하여 소리를 지르면서 심한 고통을 받다가도 능히 진실한 마음으로 나의 이름을 부른다면, 그 힘으로 있었던 공포를 모조리 해탈하고 모든 사나운 짐승들도 다 자비심을 일으키며 항시 안락함을 얻고, 마침내 보리를 성취하고,

일곱째는 중생이 다투어 송사하는 것으로 인하여 못내 걱정하다가도 능히 진실한 마음으로 나의 이름을 부른다면, 그 힘으로 말미암아 다투고 송사하는 일들이 다 풀려 서로 자비한 마음으로 대하고, 마침내 보리를 성취하고,

여덟째는 중생이 강과 바다에서 모진 바람을 만나 배가 뒤집히려 하고 의지할 만한 섬 같은 것도 없이 사뭇 걱정하고 공포에 휩싸였을 때 진실한 마음으로 나의 이름을 부른다면, 그 힘으로 모두 마음 먹은 대로 편안한 곳에 이르러 온갖 쾌락을 받고, 마침내 보리를 이루게 하리라 하고 발원하였느니라.

이렇게

동쪽으로 5항하사 수를 지나가서는 묘보(妙寶)세계가 있고
보월지엄광음자재왕부처님이 계시고,

또 동쪽으로 6항하사 수를 지나가면 원만향적 세계
금색보광묘향성취 부처님이 계시고,

동쪽으로 7항하사 수의 국토를 지나면 무우세계
무우최승길상 부처님이 계시고,

또 거기에서 동쪽으로 8항하사 수와 같은 세계를 지나면
법당 세계 법해뇌음 부처님이 계시고,

또 거기에서 동쪽으로 9항하사 수의 세계를 지나면
선주보해 세계 법해승혜유희신통 부처님이 계시며,

또 거기에서 동쪽으로 10항하사 수와 같은 세계를 지나면
정유리 세계 약사유리광 부처님이 계셔
각기 서원을 세워 중생들을 제도하고 계시니라.

특히 이 부처님은 처음 발심하여 보살도를 수행할 때부터 열두 가지 큰 서원을 세웠나니 이로 인하여 그 국토는 한결같이 청정하여 모든 욕심과 집착이 없고 또한 여인도 없고 3악도에서 괴로워하는 중생이 아우성이 없으며, 정결한 유리로 땅이 되었고 성곽과 궁전과 모든 회랑과 창문, 그물 등이 모두 7보로 이루어져서, 마치 서방 극락세계의 공덕 장엄과 같으니라.

그리고 그 국토에는 두 보살이 있는데 한 분은 일광변조(日光遍照)이고, 다른 이는 월광변조(月光遍照)인데, 한량없이 많은 보살들 가운데 우두머리가 되어 능히 그 부처님의 바른 법보(法寶)를 지녔느니라.

부처님은 이와 같이 이 세상에서 인연 있는 부처님들을 만날 때는 타방세계 부처님, 또는 과거·미래 부처님과 인연을 맺어 고통을 벗게 하였으니 이것이 우리 부처님의 자비이고 사랑입니다.

그러므로 믿음이 확실해지려면 바른 생각을 가져야 하고
바른 생각을 가지려면 불·법·승 3보와 계율을 생각하고
보시·천상·열반을 믿고 헌신적인 봉사를 통해
자리이타에 충만한 행을 실천해야 하는 것입니다.

그때 한 스님이 물었습니다.
"이 세상 밖에 다른 세상을 보려면 어떻게 해야 합니까?"
"3명을 얻고 10변처를 증득하면 된다."

삼명(三明)은 세 가지 밝은 마음이다. 천안통(天眼通)·숙명통(宿命通)·타심통(他心通)이다.

전생의 여러 가지 삶에 대하여
여기서 죽어서 저기에 태어나
어떤 부모 밑에서 어떤 성씨를 가지고
어떻게 태어나 어떻게 살다가
죽은 뒤에 다시 어디에서 태어나
무슨 일을 하고 있는지!

그의 이력을 백겁(百劫)이고 천겁(千劫)을 헤아려도
그의 모습과 의식(衣食) 고락에 대하여 정확히 알면
이것이 숙명통이 되고

어떤 사람이 어디서 죽어 어디에 태어나
어떤 슬픔과 기쁨을 겪고
얼마만큼의 수한을 가지고
어떻게 살다가 죽었다는 것을 알면
이것이 천안통이며

상대방의 번뇌가 얼마만큼 있고
어떻게 부서져 자유와 해탈
밝은 지혜를 얻게 되었는지
즉시 분명하게 하는 것
이것이 타심통이다.

그리고 10변처(十遍處)는,
높고, 깊고, 넓은 곳으로 나누어지지 않고
온 세계에 땅을 꽉 채우며 명상하고,
그와 똑같이 물·불·바람·푸른색·노란색·붉은색·흰색,
공간·의식도 그와 같이 가득 차게 하여 바른 지식이 우주에 꽉
차게 된다면 4선8정을 얻어
멸진정에 들어감으로 생사까지도 벗어날 수 있다 하였습니다.

그러나 이 세상의 모든 이치를 생각해 보면 빛이 없이 살 수 있
겠는가 생각해 보십시오. 그래서 이 약사신앙은 법신 바이로자나
의 빛을 배경으로 하여 그 빛의 보·화신으로 나타난 태양신앙과
달신앙을 배경으로 조직된 것입니다.

해는 낮을 비추고 달은 밤을 비추나 겉은 비춘다 해도 속은 비추

지 못함으로 속을 비추는 등불을 만들게 되었습니다. 그러나 아무리 해와 달, 별, 등불이 이 세상을 아름답게 비춘다 해도 그 빛이 무슨 빛인지 알아볼 수 있는 우리 마음에 빛이 없다면 그 또한 허상에 불과할 것입니다.

그런데 우리는 조그마한 일을 해도 매사에 대가나 보수를 바라는데, 생각해 보십시오. 태초에서부터 지금까지 세상을 비추고 있는 태양과 달, 별이 우리에게 얼마만한 대가를 요구하고 떠있는지!

사람들은 무량한 대자연의 해택 속에 살면서도 털끝만큼도 그 은혜를 생각하지 못하고 있으므로 부처님께서는 이 같은 신앙을 통해 대자연의 은혜에 감사하고, 한편 해와 달을 포함한 자연에 감사할 줄 아는 약사부처님처럼 되라고 이와 같은 약사경을 설하신 것입니다.

보십시오. 이 세상 어디고 종교 가운데 해와 달을 일광보살, 월광보살로 분장하여 마음의 진리를 밝힌 종교가 있는가를! 진실로 감사하고 고맙게 생각하여야 될 것입니다.

그러므로 약사경에

동방세계명만월(東方世界名滿月)
불호유리광교결(佛號琉璃光皎潔)
두상선라청사산(頭上旋螺靑似山)
미간호상백여설(眉間毫相白如雪)
이라 하고

십이대원접군기(十二大願接群機)
일편비심무공결(一片悲心無空缺)
범부전도병근심(凡夫顚倒病根深)
불우약사죄난멸(不遇藥師罪難滅)

이라 하였습니다.

동방만월세계
약사유리광 부처님은
두상에 푸른 산과 같은 빛의 머리를 가지고
백설처럼 맑게 깨끗한 미간의 백호상을 가지고 있습니다.

열두 가지 큰 원으로 중생들을 이끌어
한 사람도 헛되게 하는 일이 없습니다.
범부들이 거꾸러진 마음으로 병이 깊이 들어있으니
만약 약사부처님을 만나지 못한다면 어떻게 죄를 멸할 수 있겠습니까.

하는 말입니다. 이 세상 모든 병균은 그늘 속에서 자랍니다. 해와 달, 등불처럼 빛나는 약사부처님의 원력을 따라 병균의 침해를 받지 않도록 노래해야 할 것입니다.

제50강 마띠까 할머니의 신통

1. 타심통을 한 할머니

꼬살라국 산기슭에 인구가 조밀한 마띠까 마을이 있는데 그 촌장집의 어머니가 발심하여 60명의 수행승들을 지극정성으로 받들어 모셨습니다.

"만약 스님들께서 이곳에서 3개월 동안 수행하신다면 저희들도 3귀의와 5계를 지키며 정성껏 받들겠습니다."

그리하여 스님들은 그녀의 도움으로 음식 걱정 없이 공부를 할 수 있어 함께 동의하였습니다.

그녀는 수행승들이 머물 장소를 감독하고 완성하자 통째로 주었습니다. 스님들은 한데모여 의논하였습니다.

"수행승들이여, 우리는 방일해서는 안 됩니다. 우리의 문 앞에는 활짝 열린 8대지옥이 있습니다. 우리는 살아계신 부처님께 명상주제를 받아 이곳에 왔으니 깨달음의 길을 걷더라도 간교를 부려서는 안 될 것입니다. 그러니 수행승이 한 장소에 서거나 앉지 말고 저녁에는 장로들의 시중을 들고 아침 일찍 탁발하러 갈 때만 모두 함께 모이도록 합시다. 단지 한 수행승이 아프거나 큰 일이 있을 때만 종을 칩시다."

그리하여 모든 스님들이 각기 자기 처소에 가 열심히 정진하고 있을 때 그 할머니께서 버터기름과 당밀, 그리고 여러 가지 간식거리를 가지고 와서 보니 온통 집들이 텅텅 비어 있어 물었습니다.

"스님들께서 모두 어디 갔습니까?"

"각기 자신의 밤 처소와 낮 처소에서 정진하고 있습니다."

"스님들을 만나려면 어떻게 해야 합니까?"

"종을 치십시오."

　그래서 종을 쳤더니

"누군가 아픈 사람이 생겼는가보다."

　하고 한 사람 한 사람씩 모여 들었습니다. 처음에는 싸움을 하여 각자 흩어져 있는 줄 알았는데 나중에는 공부 때문에 흩어져 있는 것을 알고 환희심이 일어나 물었습니다.

"저 같은 여인들도 명상 주제를 받아 공부할 수 있습니까?"

"공부하는 데야 남녀노소가 없지요."

"그렇다면 어떻게 공부하여야 하는지 명상 주제를 가르쳐 주십시오."

"이 몸이 어떻게 이루어졌는지 자세히 한번 관찰해 보십시오."

　그는 조용히 앉아 생각했습니다.

　'머리, 털, 손톱, 치아, 피부, 살, 근육, 골수, 뇌 등의 색들은 모두 흙으로 돌아가고 침, 눈물, 피, 고름 등 진액연말(津液涎沫)과 가래, 눈물, 정기, 대소변은 물로 돌아가고 더운 기운은 불로 돌아가고 호흡은 바람으로 돌아가고 나면 나의 이 몸뚱이는 어느 곳에 있는가?'

　자세히 살펴보니 진실로 이 몸은 텅텅 비어 있었습니다.

　'그렇다면 이 생각은 어느 곳에서 난 것인가?'

　지, 수, 화, 풍 4대 위에 뿌리를 뻗은 눈, 귀, 코, 혀, 몸 뜻 6근이

빛, 소리, 냄새, 맛, 감촉, 법, 6경을 상대하여 거기서 얻어진 지식과 상식을 가지고 이 세상을 사는 것이었습니다.

알고 보니 안다고 하는 것, 그 자체 또한 빈 마음에 불과하였습니다.

이 몸이 공해지고 이 마음 또한 비어지니 그 속에 쌓여있던 온갖 생각들이 거울 속에 드리워진 그림자처럼 울렁울렁 나타나기 시작하였습니다. 옛날 옛적부터 알게 모르게 저질렀던 일들이 훤하게 드러나다 보니 나만 그런 게 아니고 모든 사람들의 생각이 다 그러하였습니다.

유령처럼 나타났다 없어졌다 한 생각이 한참동안 울렁이는데 거기에는 밝은 것도 있고 어두운 것도 있었습니다.

밝은 것은 착한 마음에 의해 지은 종자이고 어두운 것은 악한 마음에 의해서 지어진 종자였는데 선악이 분명치 아니한 것들은 희미하게 안개처럼 일어났다가 쓰러졌습니다.

"아 이것이 인생이로구나. 도깨비처럼 살아가는 사람, 그런데 거기서 희로애락을 논하고 흥망성쇠, 길흉화복을 말하며 울고 웃고 기뻐하고 슬퍼하는 인생… 나는 다시 이것에 속지 않으리라."

한 생각이 확 돌려지고 나니 천지가 한 밤중처럼 고요해지더니 동천에 해가 솟듯 속으로부터 밝은 빛이 솟아났습니다. 안도 없고 밖도 없고 중간도 없고 온 세상이 밝아지니 산속에 앉아 공부하는 사람들의 모습이 훤히 드러나 보였습니다.

마띠까 마을 할머니는 자신의 공부자리에 앉아 이것저것 생각하고 있는 스님들을 보고

"나의 아들들이 언제 돌아오지 않는 경지에 이를까. 아직도 탐욕과 성냄, 어리석음이 꽉 차 있으니…"

하고 걱정하다가,

"이것은 첫째 장소는 마련되었으나 둘째 알맞은 음식이 결여되니 배고픔을 견디지 못하고 있는 탓이리라."

하고 날마다 넉넉한 음식을 장만하여 보냈습니다. 한번은 자기 집에서 공양대접을 하게 되었기 때문에 기분 좋게 공양을 마치자 말했습니다.

"무엇이고 필요한 것이 있으면 정성껏 받들겠사오니 어려워하지 마시고 요청하십시오. 정성껏 모시겠습니다."

그리하여 스님들은 걱정 근심이 없어져 통일된 마음으로 자성을 통찰하여 모두가 4선8정을 성취하였습니다.

해제가 되자 수행승들이 부처님께 나아가니 물었습니다.

"음식은 부족하지 않았으며 공부는 잘 되었는가?"

"예, 우리들이 무엇인가를 생각하고 있으면 그 할머니는 꼭 그 음식을 해가지고 와서 만족하게 먹고 미련 없이 공부하였습니다."

이 말씀을 듣고 한 스님이

"나도 거기 가서 한번 공부하고 싶습니다."

하여 승낙을 받고 갔습니다.

"먼 거리를 갔기 때문에 몸이 피곤하여 청소할 기력이 없으니 청소부 한 사람만 보내 주었으면 좋겠다."

생각하고 있으니 벌써 청소부가 와서 일을 하고 있었습니다.

"어떻게 오셨습니까?"

"할머니께서 큰 스님이 오시니 빨리 가서 청소하라 하여 왔습니다."

"감사합니다."

이렇게 그녀는 마실 것을 원하면 마실 것을, 먹을 것을 원하면 먹을 것을 보내주니 아무 걱정 없이 공부를 마치고 인사 갔습니다.

"마띠까의 어머니가 누구입니까?"

"바로 나입니다."

"어머니께서는 어떻게 묽은 음식을 생각하면 묽은 음식을, 단단한 음식을 원하면 단단한 음식을 만들어 수행자들이 필요한대로 음식을 보내주십니까?"

"스님들이 그렇게 생각하기 때문이지요. 다른 스님들도 그렇게 알고 계신 분들이 많습니다. 단지 말씀을 하시지 아니할 뿐입니다."

"그렇다면 내가 깨끗한 마음을 먹었을 때나 더러운 마음을 먹었을 때도 마찬가지 아닙니까?"

"그렇습니다. 그렇지만 그런 말을 하면 그런 생각을 가진 사람들이 두려워할까봐 말씀하시지 않을 뿐입니다."

"감사합니다."

하고 부처님께 와서 말씀드리니

"그러니까 수행자는 사람이 있거나 없거나 혼자 있거나 둘이 있거나 두 가지 마음을 갖지 않아야 한다. 도가 다른 데서 이루어지는 것이 아니라 그 한 마음속에서 이루어지기 때문이다."

"부처님 더 이상 무서워서 도를 닦을 수 없습니다."

"닦고 안 닦는 것은 네 맘에 달려있지만 마을에 가서도 두 마음을 가지면 안 된다."

하여 다시 그 노보살님이 계신 곳에 가니 단 3일만에 대도를 깨달았습니다.

그래서 그는 그 보살님께 감사하고 물었습니다.

"부처님께서 32상 80종호를 갖추게 된 것을 어떻게 알았습니까?"

"그거야 전생부터 5근을 가지고 6바라밀을 닦고 제6근으로 복과 지혜를 닦았기 때문에 32상이 구족하고 제7식과 8식을 가지고 남이 좋아하는 일을 하다가 보니 80종호가 된 것이지요."

하였습니다.

2. 절을 불태워버린 보살님

우리나라에서도 이와 비슷한 이야기가 있습니다.

옛날 어떤 보살님이 절에 갔다가 공부할 만한 스님을 발견하고 물었습니다.

"스님의 희망이 무엇입니까?"

"아무도 없는 조용한 장소에 들어가 20년만 공부하면 출가한 보람이 있을 것 같습니다."

"그렇다면 내가 암자를 하나 마련해 줄 터이니 하고 싶은 공부를 마음껏 해 보십시오."

그리하여 이 보살님은 집에 와서 돈을 마련하여 작은 암자를 하나 짓고 매일 10리길을 걸어 다니면서 공양 준비를 하고 시중을 들었습니다. 20년이 마치는 날 그의 막내딸에게 일렀습니다.

"오늘은 우리스님께서 공부하신 지 20년이 되는 날이니 네가 공양을 가지고 가서 대접하고 스님의 품안에 한번 안겨보아라."

딸은 시키는 대로 가서 공양대접을 하고 상을 치운 뒤 스님의 무릎에 가서 푹 안기면서 물었습니다.

"스님, 이럴 때는 기분이 어떻습니까?"

"마른나무가 찬 바위에 기대니 3동에 더운 기운이 없습니다."

하였습니다. 딸이 돌아와서 이렇게 말하자 보살님은

"20년 동안 속간 이(세속에 나가 사는 중)를 공양하였구나."

하고 그 길로 올라가서 암자를 불태워버리고 스님을 쫓아내 버렸습니다.

어떻게 했어야 불도 나지 않고 쫓겨나지도 않았을까요. 이것이 화두입니다.

선문염송 맨 마지막 1463칙에 있는 화두인데요.

그 스님은 그 후 10년 동안 "어떻게 하였어야 쫓겨나지도 않고 절도 불태우지 않았을까 하고 천지를 유랑하다가 결국 한 소식을 얻고 그곳을 찾아가니 절터는 쑥밭이 되어있고 할머니는 돌아가시고 딸은 다른 곳으로 시집가고 없었습니다.

천척사륜직하수(千尺絲綸直下垂)
일파재동만파수(一波纔動萬波隨)
야정수한어불식(夜靜水寒魚不食)
만선공재월명귀(滿船空載月明歸)

천자 낚싯줄을 깊은 물에 드리웠더니
한 파도 일어나니 만 파도가 일어난다
고요한 밤 찬물에 고기가 물지 않아
빈 배에 밝은 달만 가득 싣고 돌아왔다

3. 오대산 이야기

사실 공부란 아무렇게나 되는 게 아닙니다. 마음속에서 우러나야 되지요.

내가 어려서 오대산 상원사 선방에 있을 때 7월 보름 1주일을 앞두고 용맹정진을 한다고 하였습니다. 공양주 채공과 미감은 맨 아랫자리로부터 순서적으로 앉게 되어 있어 모서리 구석진 기둥나무 앞에 자리하여 앉았는데 정진 하루가 지내니 여기서 쿵 저기서 쿵 앉았던 사람들이 머리를 방바닥에 부딪쳤습니다.

당시 입승이 현 부산 태종대 조실스님이신 도성큰스님이라 긴 법장을 가지고 다니면서 졸고 있는 신참들의 등을 쳐서 잠을 깨웠는데 3일이 지나니 이제는 구참들이 머리를 땅에 대고 방아를 찧었습니다.

그런데 큰스님은 어떻게 하여 잠도 자지 않고 뒤에 앉아있는 사람들이 조는 것을 알아 내려치는지! 의심이 되어 정신을 바짝차리고 두 눈을 부릅뜨고 앞의 기둥나무를 바라보고 무자(無字)화두를 관했습니다.

두세 시간 동안 눈도 깜빡이지 않고 기둥나무를 들여다보고 있으니 그 다음 부터는 전혀 눈이 감겨지지 아니했습니다.

그래서 제7일이 되어 새벽3시 예불을 마치고 적멸보궁에 올라가 108배를 드리러 갔는데 땅을 딛는지 허공을 밟는지 전혀 구분이 되지 않았습니다.

4km 먼 길을 중대를 거쳐 올라가 108배를 드리고 돌아오는데 잔디밭에서 쪼르르 미끄러져 아래 참나무에 탁 가서 부딪쳤습니다.

순간 눈에서 불이 번쩍 뜨이며 시 한 수가 읊어졌습니다.

천강보리로(千江菩提路)요
만산반야봉(萬山般若峰)이로다.
비로무처소(毘盧無處所)언마는
관음생자비(觀音生慈悲)로다.

천강은 깨달음의 길이고

만산은 지혜의 멧부리다
비로자나 부처님은 처소가 없는데
관세음보살이 자비를 베풀고 있구나

하는 시입니다.

그때 나무 밑 천야만야(千也萬也)한 낭떠러지로 떨어졌으면 오늘 이 자리도 없었을 것입니다.

깨달음의 길이 이곳에 있을까 저곳에 있을까 망설이며 미련한 사람은 이리 기웃 저리 기웃 하지만 결국은 자기에게 있는 것입니다.

어느 곳에 부처님의 지혜가 없겠습니까. 그러니까 만 가지 산을 넘는 것이 그대로 부처님의 지혜를 개발하는 일이지요.

나는 무엇 때문에 공부를 못하고 무엇 때문에 잠을 못 잔다 하는데 2·3일만 걸러보세요. 때와 장소를 가리지 않고 잠이 잘 올 것입니다. 한가한 사람 한량들이 때를 가리고 장소를 가리지만 진짜 공부하는 사람은 때와 장소가 없습니다.

그때 당시 상원사 원주가 한암스님의 문도 희섭스님이었습니다. 그런데 그 스님은 한 달이면 한 번씩 강릉에 나아가 화주, 시주를 해가지고 쌀 보리 한 가마니 반씩을 짊어지고 평창서 상원사까지 올라오는데 한 번도 쉬지 않고 오십니다.

지개를 짊어지면 오직 발끝만 내려다보고 "이 뭐꼬?"하고 걸어옵니다. 짊어지고 가는 놈이 누구인지 짊어진 것이 누구인지 이렇게 3시간 내지 4시간 올라오면 상원사에 이릅니다.

그러면 찬물에 목욕하고 보리밥 한 그릇 잡수신 뒤 그대로 또 앉아서 고사리 도라지를 다듬습니다.

한번은 어떤 군인이 차를 타고 와
"우리 아버지 49재를 지내주십시오."
하고 빨간색 만원 짜리 한 뭉치를 내놓았습니다.
오후 2시에 왔기 때문에 급히 밥을 짓느라 쌀도 제대로 일지 않
고 밥을 하여 쌀에 돌이 섞였던가 봅니다.
군인들은 밥을 먹다가 돌이 씹히면 밥까지 함께 상에 뱉어 놓았
습니다. 공양주가 상을 치우려 하니 조리를 가지고 오시더니 물에
다 헹구어 그대로 뱉어놓았던 밥을 삼켜 버렸습니다.
나는 그때 그 광경을 보고 지금까지 밥 한 톨 버리지 못합니다.
모든 것은 생명이 있는 것인데 더러워진 생명이라고 천해진 것
이 아닙니다. 어쨌든 그 군인은 점심을 먹고 갔고 저녁공양이 끝
난 뒤 대중공사가 벌어졌습니다.
"어떻게 재를 지낼 것인가?"
하는 것이었습니다. 조실스님의 뜻을 따르기로 하였기 때문에
먼저 송광사 주지를 지낸 조추강스님께 물었습니다.
"어떻게 지낼까요?"
"어떻게 지내기는 밥 한 그릇 떠놓으면 되지."
하여 아무런 준비도 하지 않고 대중스님들 먹는 대로 밥 한 그릇
차려 놓고 49재를 지내게 되었습니다.
군인은 정한 날짜에 와서 노발대발 야단이 났습니다.
"적어도 돈이 1000만원이면 집 한 채 가격인데 어떻게 이렇게 음
식을 차릴 수 있습니까?"
노스님은 아무 말씀 없이 시식을 베푸신 뒤
"억울하면 이 돈 그대로 가지고 가서 다른 데 가서 재를 다시 지

내시든지 아니면 당신이 쓰든지 알아서 하시오.”

하시고 밥 한 그릇 값만 빼고 그대로 내 놓았습니다.

“당신의 아버지는 당신 세 살 때 어머니가 죽어 품안에 안고 젖을 얻어 먹이고 우유로 연명을 시켜 지금 이렇게 장교가 되었지만 당신이 그냥 장교가 된 것이 아닙니다. 중학교 들어갈 때는 중학교 선생을 찾아가고, 고등학교 들어갈 때는 고등학교 선생을 찾아가고, 사관학교 들어갈 때는 사관학교에 찾아가 갖가지 눈물로 호소하여 한이 맺힌 것은 돈 뿐입니다. 어디서 한 푼만 생기면 “돈돈돈” 하며 당신을 찾았기 때문에 당신 아버지께 필요한 것은 돈이지 음식이 아닙니다. 그래서 오늘 법문도 돈 법문을 하였습니다. 오실 때에도 한 푼 가지고 오지 아니했고 가실 때에도 한 푼 가지고 가지 아니했으니 아직도 자식에게 빚이 남았으면 이것으로 마지막 빚 청산 하시라고 말입니다.”

군인은 한없이 눈물을 흘리고 있다가 다시 100일 때 대중공양을 잘하기로 하고 그 돈은 나한전 수리비로 남겨놓고 갔습니다.

사실 이렇게 우리는 6.25 사변후의 생활을 살아왔으며 산중에서 인연 따라 공부했습니다.

여러분, 조상의 제사 때나 형제 간의 재를 지낼 때 돈 가지고 싸우지 마시고 재비를 깎지 마세요. 형편 따라 내는 것입니다. 절에서 그 돈 가지고 사사롭게 쓰지 않습니다. 남으면 봉사하고 인연 따라 장학금도 주고 밥 없고 옷 없는 사람들에게 밥 사주고 옷 사입힙니다.

모처럼 부모님께 효도하는 자리에서 인색한 마음내면 안됩니다. 있으면 있는 대로 없으면 없는 대로 정성을 다하면 영가도 감농하게 되어있습니다.

물고기가 물에서 잡혀 나와
땅바닥에 던져진 것과 같이
이 마음은 펄떡거리고 있습니다.

흔들리고 동요하고 지키기 어려운 이 마음
지혜로운 사람은 바로 잡습니다
마치 활 만드는 사람이 화살을 바로잡듯이 말입니다.

원하는 곳에는 어디든 내려앉아
제어하기 어렵고 다스리기 어려운 이 마음
그러나 훌륭한 사람들은 그것을 다스려 안락을 얻습니다.

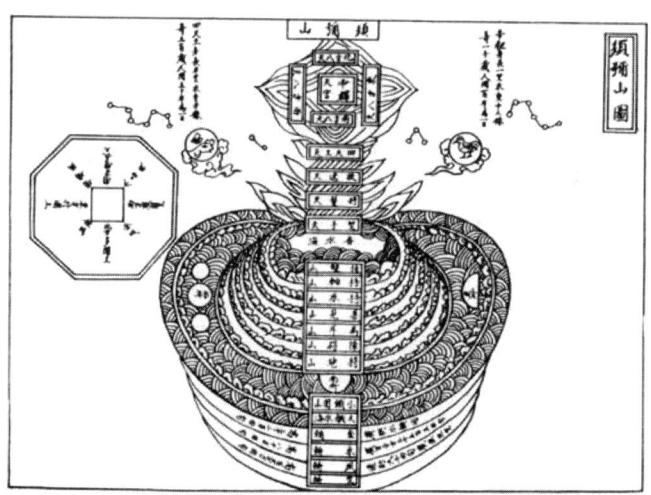

제51강 숫파붓다의 죽음

1. 싸리뿟따와 라훌라

부처님은 찰리카 언덕에서 열세 번째 안거를 보내고 다시 제타와 승원에 와서 열네 번째 안거에 들어갔습니다. 싸리뿟따가 이곳 저곳을 다니면서 교화하다 보니 많은 사람들이 비올 때 입는 우의 (雨衣)를 사미스님들과 신참비구들을 위하여 제공하겠다 하였습니다. 이에 싸리뿟따는 나이 어린 스님들이 받다 보면 받은 것을 또 받아, 받지 못한 사람이 있을 염려가 있으므로 개인적으로 받지 말고 그것을 받아 단체적으로 모아 놓으라 하였습니다. 그런데 비구스님들이 싸리뿟따를 비방하고 나섰습니다.

"욕심 많은 싸리뿟따가 우리들의 복전을 뺏으려 한다."

하여 부처님께서 그 허물을 벗겨주고 또 목갈라나에 대한 유언비어도 바로 잡아 주었습니다.

그때 라훌라는 13세에 출가하여 20세가 되던 해에 처음으로 비구계를 받고 공부에 열중하던 시기였습니다. 부처님은 믿음과 정진, 사유, 선정, 지혜 다섯 가지에 대하여 교육코자 안다숲으로 오라고 하였습니다.

안다숲은 옛날 야소라타가 까사파 부처님 사리를 모시는 탑을 세우기 위하여 거국적으로 돌아 다녔는데 500명의 강도가 그의 돈을 빼앗기 위하여 이 자리에서 그를 죽이고 장님이 된 곳입니다. 그래서 그곳은 '장님들의 숲'이라 부르게 되었는데 인도 말로는 '안다와나'입니다.

라훌라는 먼저 싸리뿟따에게서

① 믿음 없는 자는 사귀지 말고
② 믿음 있는 자와 사귄다.
③ 믿음을 일으키는 가르침을 성찰한다.
④ 게으른 사람은 사귀지 않고
⑤ 부지런한 사람과 사귀며
⑥ 정진력 일으키는 가르침을 성찰한다.
⑦ 바른 생각 잃은 자를 사귀지 말고
⑧ 바른 생각 있는 자를 사귀고
⑨ 바른 생각 일으키는 가르침을 성찰한다.
⑩ 삼매를 갖추지 못한 자를 사귀지 않고
⑪ 삼매를 갖춘 자를 사귀고
⑫ 삼매를 일으키는 가르침을 성찰한다.
⑬ 지혜를 갖추지 못한 자를 사귀지 않고
⑭ 지혜를 갖춘 자를 사귀고
⑮ 지혜를 일으키는 가르침을 성찰한다.

이 열다섯 가지 교육을 받아 성숙하게 되었으므로 바로 육오법(六五法)으로 들어갔습니다.

"라훌라여,

① 눈은 영원한가? 무상합니다.

② 눈은 괴로움인가? 괴로움입니다.

③ 눈은 내 것인가? 내 것이 아닙니다.

귀·코·혀·몸·뜻은 어떤가? 그 또한 마찬가지입니다.
빛·소리·냄새·맛·감촉·법은 어떠한가?
그 또한 마찬가지입니다.
'거기서 얻어진 지식과 상식은 어떠한가?'
또한 마찬가지입니다.

사랑하는 라훌라여, 그래서 지혜로운 수행자는 6근, 6경, 6식을 탐착하지 않고 싫어하는 것이다."

이것이 '출라 라훌라 닷타숫타' 입니다.

2. 두 야차의 제도

야차는 식인종 깡패입니다. 어느 날 밤 라훌라가 알맞은 곳이 없어 비구가 된 지 1년도 채 못 되어 좌선을 익히지 못한 까닭으로 부처님 향실 입구에 누웠다가 코끼리로 변한 마라의 침입을 받고 잠깐 놀랐으나 부처님의 법력으로 쫓아냈습니다.

어느 날 부처님은 새벽에 대비정에 들었다가 두 야차를 제도할 인연이 있는 것을 아시고 가야까지 가서 돌로 된 탕키타 의자에 앉아 있었습니다.

전생에 승단의 기름을 훔쳐 바른 과보로 온 몸이 부풀어 오르는 피부를 가지고 뒤틀리게 생긴 카랄로마야치와 카샤파 부처님 당시 포살 때마다 승원에 가서 설법을 듣다가 날짜를 잘못 알아 포살일에 반나절 동안 일을 하여 바늘 같은 털이 곤두선 수칠로마야차가 어두운 곳에 앉아있는 부처님을 보고 진짜 사람이다, 가짜 사람이다 하여 피차 실험을 하는데도 부처님은 조금도 두려워하지 않자 세 가지를 물었습니다.

"① 탐진치 3독은 어디서부터 일어나고
② 모든 사물에 대한 불쾌감과 5감은 어디서 비롯되는가?
③ 그리고 9차 제정은 무엇으로부터 일어나는가?"

"탐진치 3독은 몸을 근원으로 하여 일어나고
모든 번뇌는 감관에서 나타나고
9차 제정은 8정도를 기초로 한다."

두 야차는 이 설법을 듣고 그 자리에서 예류과를 얻어 추하고 흉한 모습이 없어져 버리고 향기 가득한 황금빛 찬란한 몸을 가지게 되었습니다.

3. 마하나마의 깨달음

이렇게 부처님은 사왓티시에서 열네 번째 안거를 마친 후 여러 곳을 거쳐 까삘라 왓투시에 도착하여 인연 있는 중생들을 제도하였습니다.

까삘라왓투에 있는 니그로다아라마승원은 석가족 왕자 마하나마가 부처님께 지어 바친 것입니다. 마하나마가 물었습니다.

"무엇을 행해야 재가신자가 될 수 있습니까?"

"3귀의계를 받아야 합니다."

"계율은 어떻게 지켜야 합니까?"

"죽이는 것과 빼앗는 것, 사음, 거짓말을 멀리하고 과음을 조절해야 합니다."

"어떻게 믿음을 키워 나갈 수 있겠습니까?"

"부처님과 아라한에 대한 깨달음의 즐거움을 믿고 존경하여야 합니다."

"무엇을 버려야 재가신자가 될 수 있습니까?"

"인색과 집착을 버리고 베푸는 손을 깨끗이 씻고 베푸는 기쁨으로 얼굴에 펴져야 합니다."

"어떻게 지혜를 갖춥니까?"

"법문을 들어야 지혜를 얻을 수 있습니다. 번뇌를 부수고 열반에 들어야 속이 편안해져서 보이지 않던 것을 보게 되고 듣지 못한 것을 듣게 되기 때문입니다."

그런데 마하나마는 옛날 사왓띠 임금님이 석가족 여인을 요구해 왔을 때 석가족 피를 정통으로 받은 여인을 보내지 않고 하인에게서 난 딸을 보낸 일이 있는데, 이것을 차마 공개할 수 없어 비밀로 한 일이 있습니다. 그런데 장차 이것이 환란이 되어 외손자인 유리태자에게 죽음을 당하게 됩니다.

그런데 부처님의 장인 숩파붓다는 아주 경우가 달랐습니다.

4. 장인 숩파붓다

첫째는 조카이자 사위인 고타마가 거지가 되어 밥을 얻어먹고 돌아다니는 것이 보기 싫었고,

둘째는 자신의 아들인 데바닷타가 계를 받고 출가한 것에 대한 앙심이 남아 있었기 때문입니다.

그리하여 하루는 부처님께서 지나가야 할 길거리에서 일부러 사람들을 모아 술잔치를 벌였습니다. 그런데 부처님과 그의 제자들이 그 길로 오자

"나이 많은 사람이 길을 비켜줄 수 없으니 다른 길을 택해서 가라."

그래서 방향을 돌려 다른 곳으로 가자 첩자를 보내 낱낱이 부처님 말을 기억해 오도록 하였습니다. 그런데 부처님이 아난존자하고 대화하는 가운데

"7일후에 숩파붓다가 계단에서 떨어져 죽을 것이다."

하였습니다. 이 말을 들은 숩파붓다는 단호히 말했습니다.

"두고 보자, 내가 7일 만에 죽어. 멀쩡한 내가 왜 죽어. 내가 죽지 않으면 너는 거짓말 하는 거지로 내가 너를 가만두지 아니할 것이다."

그리고 7층 꼭대기에 올라가 그 날은 전혀 문밖출입을 하지 아니할 작정으로 힘센 문지기를 두 명씩이나 배치했습니다. 이 소식을 들은 부처님은 비구스님들께 말했습니다.

"여래는 결코 거짓말하지 않는다. 좋은 말로 일러주어도 듣지 아니하면 그는 할 수 없다."

하고 다음과 같이 시를 읊었습니다.

"허공에 머무는 사람도
바다 가운데 있는 사람도
산속 동굴 속에 들어가 있는 사람도
이 세상 어느 곳에서도 죽음은 피할 수 없다."

그런데 그때 숩파붓다 집 기둥에 묶여있던 말이 갑자기 뇌성 소리를 듣고 소리를 지르며 뛰기 시작하자 순식간에 집이 무너져 내려 숩파붓다는 그 속에 깔려죽었습니다.

5. 제석천왕의 질문과 알라위카왕

이 광경을 보고 있던 제석천왕이 급히 내려와 부처님을 시위하고 사왓티 제타동산으로 모시고 와서 물었습니다.

"① 모든 보시 중에 무슨 보시가 제1입니까?
② 모든 맛 중에 무슨 맛이 제1입니까?
③ 모든 기쁨 중에 무슨 기쁨이 제1입니까?
④ 갈애를 제거한 아라한을 최고라 부르는 이유는 무엇입니까?"

부처님께서 대답하셨습니다.

"① 보시 가운데는 법보시가 제일이고
② 맛 가운데는 법미가 제일이고
③ 기쁨 가운데는 법열이 제일이고
④ 갈애 가운데서도 괴로움을 끝낸 아라한이 제일이다."

그때 알라위시의 알라위카왕은 매주 한 번씩 신하들과 여성 및 무희들을 거느리고 유희를 가지는데 그날로 유흥을 포기하고 사냥을 나갔다가 노루 한 마리가 멀리까지 도망가는 바람에 3요자나를 지나 겨우 사슴 한 마리를 잡아 가지고 속이 상해 알라와카야차가 거주하는 반야나무 그늘에 와서 잠깐 쉬고 있다가 야차에게 들켰습니다.

야차는 요즘말로 하면 식인종이라 죽은 시체를 먹지 않고 살아 있는 사람만 잡아먹는데 워낙 그 모습이 장대하고 사나워 이 세상 어떤 것도 대적할 자가 없습니다.

왕이 사슴을 내놓자 말했습니다.

"이 숲 안에 들어온 것은 모두가 내 것인데 그대는 어찌하여 사슴을 미끼로 하여 자신의 삶을 구하는가?"

왕은 벌벌 떨면서

"매일 밥 한통과 산 사람 하나씩을 공양할 것을 약속하니 살려주십시오."

"약속이 지켜지지 아니할 때는?"

"제 자신을 희생하기로 하겠습니다."

하여 겨우 약속하고 살아 나왔습니다.

군인들은 오랫동안 기다리고 있다가 임금님이 나타나는 것만도 다행으로 알아 궁중으로 모시고 왔는데 임금님께서는 국무대신과 은밀히 의논하고 매일 죄인 한 사람씩을 보내기로 하였습니다. 그래서 이튿날 아침 사형수들에게 일렀습니다.

"살고 싶은 사람은 문 밖으로 나오너라."

그리하여 깨끗이 목욕시키고 새 옷을 입힌 뒤 산해진미로 배불리 먹인 뒤 밥통 하나를 들고 반야나무 아래로 가니 거대한 야차가 와서 너털웃음을 웃은 뒤 마치 순무를 구겨 입에 넣듯이 단번에 삼켜 버렸습니다. 이것을 본 사람들이 소문을 퍼트렸습니다.

"이 나라 왕은 도둑을 잡아 야차의 밥으로 준다."

그리하여 알라위시가 안에서는 도둑질하는 사람이 하나도 없게 되었습니다. 심지어 길거리에 금전 은전을 뿌려놓아도 가져가는 사람이 없었습니다. 죄수들이 바닥이 나자 노인들이나 아이들을 보내기로 하였는데 노인은 제 부모를 죽이는 것과 같아 아이는 새로 나면 되니 아이를 보내기로 하였습니다.

그러나 12년 동안 매일 아이들을 보내다 보니 아이 밴 사람은 이웃나라로 도망치고 능력 있는 사람은 아이들을 데리고 이웃나라로 피난 가니 마지막엔 아이 한 명도 구할 수 없어 1만 6천명이 시위를 하다가 왕비가 낳은 태자를 빼앗아가려 했습니다.

"아, 나를 위해서 왕자를 죽이다니."

하며 그 왕자를 내놓으니 온 나라가 죽음의 바다처럼 출렁거렸습니다.

한 사람의 무지 때문에 만백성이 고통을 받았고 마지막엔 나라까지 위험한 상태에 빠졌습니다. 그러나 이 일은 인류의 행복을 위해서 그대로 놓아둘 수 없는 일이었기 때문에 제타동산에 계시던 부처님은 해질 무렵 혼자 길을 나서 30요자나의 길을 걸어 야차의 경계에 들어갔습니다.

6. 알라와카 야차의 제도

　부처님께서 알라와카 궁전 앞에 서니 문지기 가드라바가 물었습니다.

　"영광스런 부처님, 어떻게 이렇게 해가 떨어져 가는 저문 때에 홀로 여기 서 계십니까?"

　"알라와카 야차를 만나러 왔다."

　"지금 하마완타산에서 열린 천신들의 모임에 갔습니다. 그러나 알라와카 야차는 너무도 사납기 때문에 여기서 머물지 않는 것이 좋습니다."

　"나도 잘 알고 있다. 그러니 너에게 큰 부담이 되지 않는다면 나에게 쉼터를 제공하라."

　"네. 그렇지만 제 맘대로 자리를 제공했다가는 나도 죽을 수 있을 터이니 내가 가서 물어보고 오겠습니다."

　하고 번개처럼 날아 하마완타산으로 갔습니다.

　그동안 부처님은 안으로 들어가 천상의 보석에 앉으니 찬란한 빛이 온 궁전에 다 퍼져 야차녀들이 몰려와 부처님께 예배드렸습니다.

　"그대들은 전생에 많은 복을 지어 이곳 궁전에 태어나 있는 것이다. 그러니 시기, 질투, 인색을 버리고 공덕을 닦으라."

　천녀들은 수차례 박수갈채를 보내며 부처님의 법문을 귀담아 들었습니다.

　그때 사타기라 야차와 헤마와타가 부처님을 뵈러 가다가 알라와카 궁전에서 부처님을 뵙고 가서 알라와카에게 알리니 알라와카는 격노했습니다.

"그자가 어찌하여 내 집에 와 있단 말이냐."

두 야차의 말을 들은 알라와카 야차는 큰 소리로 외쳤습니다.

"누가 이 세상에서 기운이 장사인지 내가 보여주리라."

하고 켈라사산 꼭대기를 쿵하고 밟으니 그 산이 와르르 무너졌습니다. 그때 알라와카는 큰소리를 쳤습니다.

"나는 알라와카다."

그 소리는 3천대천세계에 메아리쳤습니다. 그러자 알라와카는 생각했습니다.

"삭카의 천둥번개를 이용할까, 아니면 자신의 무기인 웨싸와나의 철봉을 사용할 것인가. 아니면 자신의 흰 망과 야마의 곁눈질을 사용할 것인가?"

결국 흰 망토로 부처님을 잡을 생각을 하고 하늘 근처로 날아와 망을 던졌으나 갑자기 변하여 작은 발판이 되어 부처님 발밑에 떨어졌습니다. 알라와카는 뿔 부러진 황소처럼, 이빨 부러진 코브라처럼 자존심을 잃고 말았습니다. 그래서 조용히 외쳤습니다.

"어찌하여 그대는 주인의 허락도 없이 남의 자리에 앉아 있는가. 빨리 나오너라."

실제 부처님은 승낙을 받지 않고 들어갔기 때문에 빨리 나왔습니다. 그런데 알라와카는 부처님을 지치게 하기 위해 세 번이나 들어갔다 나오게 하자 부처님께서 말씀하셨습니다.

"나는 더 이상 들어갔다 나갔다 하지 않는다. 우는 자식은 젖 먹이고 장난감을 주듯이 지금까지는 그대의 말대로 했으니 좋은 약을 담으려면 유리병을 깨끗이 닦듯이 생각을 비우고 무엇이든 생각대로 해보라."

알라와카는 부처님을 시험코자 질문을 하였습니다.

"이 세상에서 가장 가치 있는 자산은 무엇인가?"

"믿음이다."

"인간의 행복은 무엇으로 충족시킬 수 있는가?"

"복덕의 기쁨, 천상의 기쁨, 열반의 기쁨이다."

"모든 맛 가운데 제일가는 맛은 무엇인가?"

"지관(止觀)·삼매(三昧)·해탈(解脫)의 맛이다."

"어떻게 사는 삶이 최상의 삶인가?"

"지혜의 눈을 가져야 최상의 삶을 살 수 있다."

알라와카는 뜻밖의 대답을 듣고 생각하기를 부처님은 자신과 같은 힘으로 대결할 사람이 아니라는 것을 느꼈습니다. 그래서 다시 한 번 물었습니다.

"생사의 소용돌이를 건너려면 무엇을 타야 합니까?"

"반야용선(般若龍船)을 타야 한다."

"무엇으로 윤회의 바다를 건널 수 있습니까?"

"10선(善)이다."

"무엇으로 반복된 고통을 극복할 수 있습니까?"

"정진(精進)이다."

"무엇으로 번뇌를 끊을 수 있습니까?"

"지혜(智慧)다."

그는 그리하여 예류과를 얻고 노래를 불렀습니다.

"바른 사람과 교제하고

바른 법을 듣고

근본적인 사유를 통해

위빠사나를 닦으면 누구나 해탈할 수 있다."

사실 그는 늘 이 세상에서 부자 되고 유명해지며 좋은 친구와 어울려 지혜를 갖추어 다음 생의 슬픔을 없애는 것에 관해 고민을 많이 해 왔는데 오늘 부처님을 통해 믿음과 불방일, 선행, 법에 대한 성찰을 통해 모든 소망을 다 이룰 수 있다는 생각을 가지고 감사했습니다.

　"고맙습니다. 부처님. 저는 늘 나, 내 것만 가지고 생활하였는데 저 알라위카왕의 어리석음을 보고 마지막 그 자를 잡아먹기 위해 그의 왕자를 보호하고 있는데 이제 돌려 드리겠습니다."

　하고 내 놓아 알라위카에서는 대축제가 열렸습니다.

　그 뒤로 주위 열여섯 나라에서는 도적이 저절로 없어지고 사람을 잡아먹는 야차가 없어져 참으로 평화로운 태평천국이 이루어졌습니다.

　"환상을 여의고 자만이 없어지고
　탐착을 여의고 내 것에 대한 관념을 떠난 사람
　분노·자아가 다 없어지면
　그가 성직자이고 수행자며, 수행승이다."

제52강 빠탈리풋트라의 건설

1. 망하지 않고 쇠퇴하지 않는 법

부처님께서 44번째 안거는 라자까에서 지내고 인연 닿는 대로 전인도를 한 바퀴 돌다시피 하였습니다.

아자타삿투왕의 세력이 커지자 주위 여러 나라들이 위협에 싸이고 백성들의 생명이 위협을 느끼고 있었기 때문입니다.

이번 안거는
첫째는 정치적인 면에서 안정을 촉구하고
둘째는 경제적인 면에서 풍요를 축원하고
셋째는 문화적인 면에서 자유를 누릴 수 있게 하기 위해서였습니다.

부처님께서 킷차쿠타산 언덕에 계실 때 아자타삿투왕은 왓싸카라대신을 시켜 웨살리와의 전쟁에 대해 문의하였습니다.

"웨살리 사람들이 팟타나가마역 부근 비밀창고에 있는 보물들을 두 번 세 번씩 싹 쓸어가 아자아투대왕께서 크게 분노하고 있습니다. 만약 전쟁을 한다면 이길 수 있겠습니까?"

부처님께서는 옆에서 부채질을 하고 있는 아난에게 물었습니다.

"왓지국 사람들이 자주 모임을 갖는다는 말을 들었느냐?"

"예, 들었습니다."

"화합하여 모였다가 화합으로 헤어진다는 말도 들었느냐?"

"예, 들었습니다."

"새 법령을 만들지 않고 옛법을 잘 지킨다는 말도 들었느냐?"

"예, 들었습니다."

"연장자를 존경하고 여인들과 어린 아이들을 보호한다는 말도 들었느냐?"

"예, 들었습니다."

"조상의 사당에 제사를 잘 지내고 종교인들을 보호한다는 말을 들었느냐?"

"예, 들었습니다."

"만약 이 일곱 가지에 대하여 철저히 지키고 있다면 여러 나라가 침범해 오더라도 윗차위족은 멸망하지 아니할 것이다."

이 이야기를 듣고 왓싸카라 대신은 우선 전쟁에 앞서 나라 대신들의 화합과 백성들의 단합을 이 일곱 가지의 원칙에 의하여 강화할 것을 생각하고 와서 아자아투사투 임금님께 아뢰자 왕께서도 당장 전쟁을 일으키지 말고 지방의 요새부터 확보하고 국민들의 화합을 도모하자고 하였습니다.

한편 부처님은 라자가하 부근에 있는 비구스님들을 한데 모으고 불교가 쇠퇴하지 않는 원리로 이 일곱 가지 덕목을 중심으로 설명하셨습니다.

"비구들이여, 정법이 이 세상에 오래 머물게 하려면
첫째 자주 모임을 가지고
둘째 화합하고
셋째 내가 제정하지 않는 새 율법을 만들지 말고
넷째 연장자를 존중하고
다섯째 물질적인 번창을 꾀하지 말고
여섯째 숲속에서 홀로 머물기를 즐기고
일곱째 바른 생각에 머물러 계율을 존중하라.

또
① 세속적인 활동이나 거래를 좋아하지 말고
② 무익한 말을 하지 말고
③ 게으름을 쫓지 말고
④ 집단을 좋아하지 말고
⑤ '내가 깨달았다. 어떤 덕망을 갖추었다.' 하고 거짓 인격을 발
로하지 말고
⑥ 사악한 친구를 사귀지 말고
⑦ 정신적으로 번창하라.

또
첫째 신뢰를 얻고
둘째 악을 저지르지 말고
셋째 잘못을 두려워하고
넷째 지식보다는 선정과 지혜를 갖추고
다섯째 정진하고
여섯째 바른 생각을 갖추고

일곱째 위빠사나를 닦으라.

그리고 칠각지(정념, 택법, 정진, 기쁨, 경안, 삼매, 버림)를 통해 다음 여섯 가지 덕목을 갖추라.

① 몸과 마음과 뜻으로 청정하게
② 번창하고
③ 수행하며
④ 법도를 잘 지키는 도반들을
⑤ 얼룩지게 하지 말며
⑥ 자애심으로 보호하라.

이렇게 하여 계·정·혜가 울타리가 되면 어떠한 종교사상도 불교를 침해하지 못할 것이며 부처님과 법, 스님들을 욕되게 하지 못할 것이다.”

2. 암바라팃카 별장과 싸리뿟따의 고향 나란타에서

암바라팃카 별장은 임금님의 별장이다. 언젠가 부처님이 이 길을 걸을 때 외도의 스승과 제자가 한 사람은 앞에 서고 한 사람은 뒤에 따라오면서 칭찬하고 모함한 일이 있습니다. 그러나 부처님은 전혀 그들에 대한 미운 생각이 없었는데 오히려 부처님 제자들이 의아하게 생각하자

“너희들도 미련하다. 그들이 칭찬하고 헐뜯는 것은 우리들의 겉모습과 행동을 보고 자기네들과 별 다른 차이가 없는데 대중의 사랑을 받는다고 혹평한 것이지만 나는 그러한 것과는 관계없다. 왜

냐하면 내가 깨달은 진리는 그들이 감히 상상도 할 수 없기 때문
이다."

　부처님은 오늘도 그 자리에 앉아서 계율과 삼매에 대해서 설명
하신 뒤 싸리뿟따의 집터가 있는 나란다 파와리카 망고동산에 이
르러 싸리뿟따의 위대한 깨달음이 어느 정도에 이르렀는지 유도
하여 질문하게 합니다.
　"부처님 저는 완전한 깨달음에 있어서 부처님을 능가할 이 세상
어떤 사람도 보지 못하고 있습니다. 과거에도 그렇고 현재에도 그
렇고 미래에도 부처님처럼 일체지를 구족한 이는 볼 수 없을 것입
니다."
　"사리자여, 그대의 그것이 그대의 깨달음에 의한 것인가 아니면
남의 말을 듣고 한 말인가?"
　"저는 부처님과 같은 타심통을 가지지 못했습니다. 그러나 그동
안 부처님께서 설하신 법을 유추해 볼 때 부처님처럼 5개(蓋)를 버
리고 4념처(念處), 7각지(覺支), 8정도(正道)를 통해 분명히 보여준
자는 없습니다. 마치 성문을 지키는 수문장이 오랜 경험을 통해
성 밖의 이상한 사람들의 출입을 막듯이 부처님은 분명히 사마외
도를 금지 시키고 있는 줄 압니다."
　"참으로 장하다. 정과 사를 구분할 줄 아는 나의 법장이 있다는
것은 우리 불교를 위해서 크게 영광된 일이다."
　하고 칭찬 하였습니다. 다음은 빠탈리 풋트라로 갑니다.

3. 빠탈리 풋트라의 건설

아자아투사투왕은 와싸카라 바라문을 통하여 부처님의 자문을 구한 뒤 마가다국의 전 국민을 일곱 가지를 통하여 중무장하도록 하고 수니다 대신과 함께 빠탈리풋트라에 보내 방어망을 구축하도록 하였습니다.

새 도시를 건설하는 데는 이유가 있어야 하므로,
첫째는 왕사성은 물이 부족하여 많은 국민이 살 수 없고
둘째는 나라가 크게 넓어졌는데 왕사성은 교통의 요충지가 될 수 없다는 이유를 들어서 물이 풍족한 곳, 그리고 교통의 요충지를 선정하다보니 빠탈리풋트라가 선정되었다고 선전하였습니다. 그리고 이 도시를 3중으로 요새를 짰습니다.

첫 번째는 하류노동과 잡역을 담당한 사람이 제일 전진기지에 살기로 하고,
두 번째는 상공업에 종사하는 사람들이 시장을 형성해 살게 하고,
세 번째는 부호장자 즉 자본을 넉넉히 가진 사람들이 요새를 만들어 살게 하였는데
빠탈리풋트라는 북인도 즉 지금의 파키스탄과 아프가니스탄으로 직통 뚫리는 길이 있어 장차 유럽 중국의 전진기지가 되도록 하였습니다.

부처님은 바로 이곳에 이르러 수니다 대신과 왓싸카라 바라문의 환영을 받고 대중공양을 하였습니다. 부처님께서는 공양을 받

고 대신들의 질문에 의해 새롭게 도시가 형성되는 것을 축복하면서 세 가지 우려를 표하였습니다.

첫째 도시가 광활하고 토지가 넓으면 관리하는 데 문제가 있다는 것이었고,

둘째 교통이 4방으로 뚫려 4방에서 많은 사람들이 몰려오면 화합을 이룩하기가 어렵다는 것이고,

셋째 전쟁방어를 위해 도시를 형성하게 되면 여러 가지 무기에 의해 사람들이 많이 상할 염려가 있다는 것이었습니다.

부처님은 더 이상 구체적인 말씀을 하시지 않았지만 두 대신들에게도 물, 불, 바람 3재를 지극히 조심하라 일렀습니다. 그리고 불교 또한 이 자리에서 분열될 염려가 있는데 의식이 풍족한 도시가 형성되면 얻어먹는 사람들이 많이 모여 공부는 하지 않고 세속적인 습관 때문에 타락할 염려가 있다는 것이었습니다. 부처님은 이렇게 간단히 말씀해 주시고 마지막 안거를 위해 웨살리로 가는 도중 나티카에서 법경경을 설하십니다. 나티카에는 두 명의 사촌형제들이 저수지 가까이에 마을을 형성하고 있었기 때문입니다.

4. 쌍둥이 마을에서 설하신 법경경

나티카 마을에는 벽돌로 만든 승원이 있었는데 거기서 쌀라비구와 난다, 수닷타, 수자타, 쿡쿠타, 칼림바, 니카타, 카티싸하, 툿타, 산툿타, 밧다, 수밧다 등 여러 재가 신도들이 죽었습니다.

부처님은
"쌀라비구는 아라한과를 증득하여 무생법인을 얻었고, 난다비

구니는 불환과를 증득 브라흐만 세계에 태어났으며, 재가신자들은 모두 욕계천에 태어나 세상의 복락을 받고 있다"

하고 그 뒤에 죽은 50명의 신자와 90명등 500명의 죽음에 대하여서도 낱낱이 설명하신 뒤 스스로 그 죽은 뒤의 문제를 이해할 수 있는 법경경을 설해 주었습니다.

"사람들아, 죽은 사람이 어디에 태어났는가 걱정하지 말고 그들의 환생처를 알고자 하면 그들이 이 세상에서 무엇을 했는지 알아보는 법지(法智)를 얻어야 한다.

먼저 여래 10호를 통해 그 인격을 인지하고 다음에 내가 설한 법을 통해 실천에 옮기며 이어서 승단의 규율을 잘 지키고 공부하면 그 마음이 거울처럼 맑아져 육도윤회처를 훤히 볼 수 있게 되느니라."

부처님께서 이렇게 말씀을 하고 나니 한 외도가 해골바가지를 두들겨 그 환생처를 잘 알아 맞춘다는 소문이 나서 사람들이 줄을 서 있었습니다. 부처님께서 한 수행자의 해골바가지를 보면서

"어느 곳에 태어나 있는가를 알아 맞추어 보라하였습니다."

그런데 아침부터 저녁때까지 계속 두들겨도 그의 거처가 나타나지 아니 하자 부처님을 직접 찾아뵙고 물었습니다.

"이런 경우는 어떤 경우에 해당됩니까?"

"식(識)이 없어진 경계이니라. 이 세상 모든 존재는 뇌 속에 잠재되어 있는 의식이 자기와 인연 있는 곳에 환생하게 되는데 수다원, 사다함, 아나함, 아라한 가운데 아나함 이상의 경계를 깨달은 사람은 다시는 이 세상에 태어나지 않게 되므로 욕계 사람들로서는 그 거처를 알 수 없느니라."

그리하여 그 점치는 사람은

"종일토록 남의 돈만 세고 있었더니 나에게는 반 푼의 이익도 돌아오지 않습니다."

하고 출가하여 얼마 가지 않아 아라한과를 증득하였습니다. 요즈음도 귀신을 보고 영혼을 점치는 사람들이 적지 않으나 남의 점도 중요하지만 자기 점을 먼저 칠 줄 알아야 합니다.

조상의 관념이나 유혼의 업식만 따라 다니다가는 귀신의 종이 되고 혼령들의 심부름꾼이 되어 결국 그 세계에서 벗어나지 못합니다. 귀신들은 귀신의 돈이기 때문에 사람이 함부로 쓰면 가만두지 않습니다. 귀신 팔아 잘사는 사람 보셨습니까? 귀신의 노예가 되지 않으려면 허튼 소리는 그만하고 깨달음을 얻어야 합니다.

5. 가난한 목동과 사냥꾼 쿡쿠타

부처님께서 라자가하 웰루와나에서 17번째 안거를 보내는 동안 다양한 교설로 많은 중생을 제도하였습니다. 그 후 안거가 끝난 뒤 부처님은 다시 사왓티로 와서 제타동산에 계셨는데 어느 날 동틀 무렵 자비명상에 들었다가 500명의 비구들을 데리고 알라위로 가서 대중공양을 받았습니다.

그런데 그때 이 잔치에 동참하고자 목동 한 명이 아침부터 소를 잃어버려 찾고 돌아다니다가 부처님께서 공양을 다 마친 뒤 설법 직전에야 겨우 도착하였습니다. 부처님께서는 기다리고 계시다가 시주자에게 물었습니다.

"시주자여, 밥통에 밥이 남았는가?"

"예, 남았습니다. 남았으면 저 목동에게 밥을 주라."

지금까지 부처님은 재가불자에게 밥을 전해 준 일이 없었습니다. 스님들과 신도님들은 매우 의아해 했지만 밥을 다 먹고 난 뒤에야 법문을 시작하면서 말했습니다.

"뭐니뭐니 해도 이 세상에서 가장 목마른 것은 배고픔이다. 속이 비면 법문도 제대로 들리지 않는다. 저 목동은 간절히 불법에 목말라 있으면서 주인집의 소를 찾아야만 하였기 때문에 온 산천을 헤매고 다녀 완전히 속이 빈 상태에 있었다. 이제 배가 채워졌으니 내 말을 잘 들어라."

하고 보시, 지계. 인천법문을 하고 애욕의 위험과 애욕에서 해탈한 자유, 그리고 고·집·멸·도 4제 법문을 하여 그 자리에서 아라한과를 증득하게 하였습니다.

부처님께서 웰루아나 승원에서 열아홉 번째 안거를 지낼 때 사냥꾼 쿡쿠타밋타를 제도하였습니다. 라자가하의 한 부호가 성년이 되는 딸을 7층 저택의 맨 꼭대기에 살게 하였는데 어느 날 그녀는 500개의 말뚝과 덫으로 500마리의 사슴을 잡아 짐마차에 싣고 오는 쿡쿠타밋타를 보고 반하여 그의 시자를 시켜 돌아오는 시간을 물어오라 하였습니다.

이에 하녀가 일러 준 시간에 맞추어 옷과 장식품, 금·은 등을 챙겨 길가에 섰다가 그가 지나가자 무조건 따라 갔습니다.

"어디로 가십니까? 왜 나를 따라옵니까?"

여인은 빙그레 웃으며

"걱정 말고 어서 가십시오."

하여 얼마쯤 따라가니 그만 수레를 타라 하여 결국 함께 살게 되었습니다. 그래서 그는 아들 일곱 명을 낳았으나 친정에서는 딸을 잃어버렸다고 곳곳으로 찾다가 그만 죽은 줄 알고 제사를 지냈습니다.

그런데 어느 날 부처님이 보니 그 집 식구가 모두 구제를 받아야 할 시기가 돌아왔습니다. 그래서 아침 일찍 맨발로 홀로 떠나 사냥 덫이 있는 곳으로 가서 나무 밑에 앉아 있었습니다. 쿠쿠밋타는 매일 아침마다 사냥지를 순방하는데 그날은 짐승이 하나도 잡히지 않아 이상하게 생각하고 찾아다니다 보니 부처님이 나무 밑에 앉아계셔 짐승들을 방생한 것으로 생각하고 활을 쏘았으나 활은 나가지 않고 쏜 사람이 그대로 굳어져 서 있었습니다.

한 나절이 지나도 남편이 돌아오지 않자 아내는 아이들을 데리고 사냥터에 왔다가 바보처럼 서있는 남편을 보고 활을 빼앗고,
"나의 아버지께 인사드려요."
그때서야 비로소 정신을 차리고 부처님께 인사를 했습니다.
그때 부처님은,
"손바닥에 상처가 없는 사람은 독을 손으로 만져도 상처를 받지 않듯 내 딸은 이미 집안에 있을 때 예류과를 얻어 전생의 남편을 제도코자 여기까지 온 것이다."
하여 모두가 깨닫고 사냥꾼에서 영원히 벗어날 수 있었습니다.
사람이 이 세상에 태어날 때는 두 가지 원인이 있습니다.
첫째는 업으로 인하여 전생의 빚을 갚거나 받기 위해 태어나는 것이고
둘째는 원력에 의하여 천생의 인연 있는 중생들을 구제하기 위해 태어나는 것입니다.

쿠쿠타의 부인은 이 세상에 태어나지 아니하여도 될 사람이지만 인연이 있는 친정부모와 업보가 지중한 전생의 남편을 제도하기 위하여 부처님께서 이 세상에 태어나 계실 때 몸을 받은 것입니다.

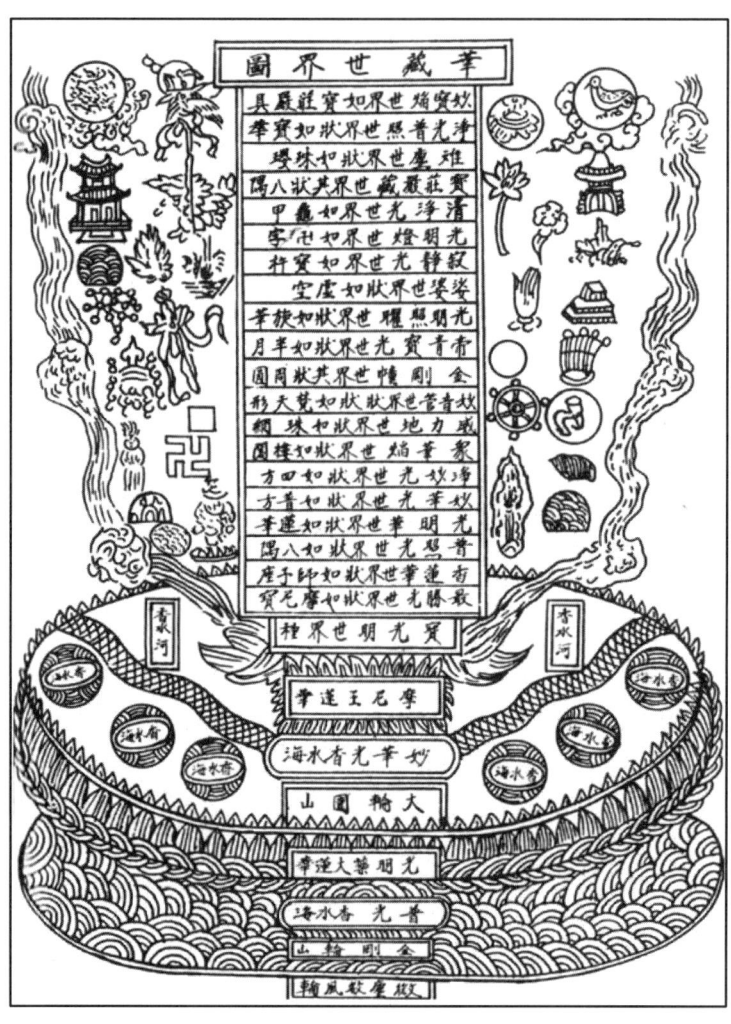

제53강 빠쎄나디왕의 죽음과 석가족의 멸망

　부처님은 말년에 매우 슬픈 일이 많이 생깁니다. 목숨을 갖춘 인간 부처님에게 있어서는 피할 수 없는 사실이며 진실로 견디기 어려운 사건들이었습니다.

　앞서는 제자이면서 형제간이었던 데바닷다가 반격을 하여 부처님의 독실한 신봉자였던 빔비사라 왕이 죽었는데, 이번에는 꼬살라왕 빠쎄나디가 그의 부하 반둘라 장군의 조카에게 죽임을 당해 객사하게 됩니다.

　그리고 얼마 있지 않아 꼬살라 왕위를 계승한 비두우바다가 석가족을 공격하여 멸망케 합니다. 물론 이 같은 사실은 부처님 지혜로써 미리 내다보고 있었던 것이었지만 막상 사건이 터지고 나니 피차 견디기 어려운 고통이었습니다.

1. 탁가실라성에서 만난 세 왕자

(1) 유학 시절의 세 왕자

사왓티 마하꼬살라 왕의 아들 빠쎄나디와 웨살리 릿차위 왕의 아들 마하 릿차위(마할리), 그리고 꾸시나가라 말라 왕의 아들 반둘라는 탁실라에 가서 한 스승 밑에서 공부하여 다정한 친구가 되었습니다.

빠쎄나디는 마하 꼬살라 왕 앞에서 자신의 무용과 기예를 배워 왕위를 계승하고, 마할리 왕자는 때를 기다리다 눈이 멀어 여러 왕자들의 제안으로 1년에 10만 은 조각의 세입을 거둘 수 있는 통행료의 징수자가 되었고, 반둘라는 60개의 대나무 묶음을 내려치다가 마지막 쇠막대기가 들어있는 것을 자르지 못해 꼬살라국 빠세나디왕의 최고사령관이 되어 그의 부모님들까지도 그곳에 모셔 살게 하였습니다.

(2) 빠쎄나디왕의 공양

빠쎄나디왕은 어느 날 1천명의 비구가 쭐라 아나삔디까의 집과 뿝빠라마 승원의 시주자인 웨싸까의 집, 장자의 아내인 습빠와사 집에서 탁발하는 것을 보고 크게 감동하여 자신도 부처님께 찾아가서 정기적으로 공양할 것을 청했습니다.

먼저 7일 동안 1천명을 왕궁으로 초대하여 공양하고 그 다음에는 500명씩을 7일 동안 공양하고 8일째부터는 복잡다난한 국사 때문에 공양 시간을 잊어버려 걸식 왔던 비구들을 따뜻하게 음식을 대접해 주지 않아 3일 동안 히탕을 치고 오직 아난존자만 밥을 먹

게 되었습니다. 이에 화가 난 임금님이 궁인들을 보고 화를 내자

"아마도 피차 익숙하지 못한데 원인이 있지 않나 생각하니 지난 일을 가지고 화내실 것 까지는 없습니다."

하고 부처님께서는 스님들에게 아홉 가지 비구들이 가야 할 곳과 가서는 안 될 곳에 대하여 설명하여 주었습니다.

① 재가 신자가 공경스럽게 비구를 환영하지 않는 경우
② 재가 신자가 공경스럽게 비구에게 인사를 하지 않는 경우
③ 재가 신자가 공경스럽게 자리를 제공하지 않는 경우
④ 재가 신자가 공경스럽게 제공한 물품을 숨길 경우
⑤ 재가 신자가 수승한 것을 놓아두고 열등한 것을 제공할 경우
⑥ 재가 신자가 많이 가지고 있으면서도 조금만 제공한 경우
⑦ 재가 신자가 불경스럽게 보시하는 경우
⑧ 재가 신자가 가르침을 받기 위해 가까이 오지 않는 경우
⑨ 재가 신자가 비구스님의 가르침을 귀담아 듣지 않는 경우

이런 경우는 재가 신자 집에 가면 아니 되고 그러하지 아니 할 때에만 가야 한다 하였습니다.

(3) 와사빠깟티야 공주와 유리태자

빠쎄나디왕은 이 말씀을 듣고 승단에 보다 정성 드릴 것을 다짐했습니다. 그래서 석가족과 결혼할 생각을 일으켜 청하였습니다. 그러나 석가족은 다른 종족과 피를 섞지 않는다는 이유 때문에 마하나마가 노비 다가문다와 관계하여 낳은 딸 와사빠깟티야를 보냈습니다. 그래서 거기에서 아들 하나를 낳아 사랑받는 왕자란 이름으로 '날라빠'란 이름을 지어 주었는데 전령이 귀가 어두워 '위타

투빠'로 잘못 불러 유리태자가 된 것입니다.

왕은 어린 아들을 총사령관으로 임명하여 부처님을 뵙고 여섯 살에 외가에 다녀오도록 하였는데, 외가에 갔다가 위장 결혼한 것을 알게 되어 장차 석가족을 몰살시키게 됩니다. 유리태자는 이렇게 생각합니다.

"첫째는 아버지 빠쎄나디왕의 잘못이고, 둘째는 샤카족이 우리를 무시한 것이니 둘 다 척결하지 아니하면 아니 된다."

그래서 먼저 아버지 빠쎄나디왕의 제거를 생각합니다. 그런데 빠쎄나디왕은 옛날 반둘라 장군의 삼촌을 최고사령관으로 발탁했다가 그의 권세가 높아지고 인기가 넓어지자 제3자를 통해 제거한 일이 있습니다.

그런데 지금은 반둘라 장군의 기세가 높아지니 매우 심기를 불편하게 가지고 기회를 노리고 있으므로 반둘라 장군에게 이야기하였습니다.

"당신의 삼촌이 우리 아버지에게 비명횡사한 일이 있으니 그 원수를 깊으려면 빠쎄나디왕을 처리하지 아니하면 안 됩니다. 지금도 당신의 세력이 커지는 것을 못 마땅하게 생각하고 있으니 당신은 언제 죽을지 모릅니다. 만약 당신이 아버지 빠쎄나디왕을 제거하고 나를 왕으로 옹립시켜 준다면 나는 그동안 양성된 정예부대를 거느리고 까삘라국에 가서 석가족을 멸망시키겠습니다."

두 사람은 은밀히 약속한 뒤 얼마 있다가 빠쎄나디왕께서 서북쪽으로 원정을 가자 반둘라 장군은 그의 조카를 그의 협시로 따라 보내 그 목적을 달성하게 합니다.

빠쎄나디왕은 마가다국과 꼬살라국 사이에서 마지막 숨을 거두면서,

"죽인 자는 죽임을 당하고 밟은 자는 밟힘을 당한다. 내가 까삘라국과 인척 관계를 갖게 된 것은 깊은 신심과 원력에 의한 것이 아니고 나의 명예와 사랑을 위해서 허영을 부린 것이니 참으로 까삘라국 사람들이 불쌍하다."

하고 죽었습니다. 그러나 이미 때는 늦었습니다. 비두아바다 즉 유리태자의 복수전은 마음속에 깊이 자리 잡고 있었기 때문입니다.

(4) 유리태자의 복수전

아버지를 죽이고 왕위에 오른 유리태자는 근신에게 선포하였습니다.

"옛날 내가 까삘라국에 갔다가 그 여자 종에게 내가 앉았던 자리를 물로 씻긴 일이 있다. 이번 행군에서 그물처럼 포위망을 좁혀가서 석가족 출신은 한 사람도 남기지 말고 몰살시켜 그들의 피로 까삘라국 왕궁을 씻도록 하여야겠다. 알았느냐?"

"예!"

"만약 이 뜻을 어기는 자가 있다면 먼저 너희들의 목을 베어 그 피로써 까삘라국의 땅을 청소할 것이다."

병정들은 벌벌 떨었습니다.

그러나 너무 여러 해 동안 마음속에 간직해 온 원한이기 때문에 누구도 말릴 수 없었습니다.

1만 8천 명의 군대와 3천 명의 정예부대를 거느리고 길을 가는데 뜻밖에 부처님께서 마른 나뭇가지 밑에 앉아 계시는 것을 보았습니다. 비두아바다가 물었습니다.

"부처님, 저 많은 나무를 놓아두고 하필이면 마른 나뭇가지 밑에 앉아 계십니까?"

"내 친족의 나뭇가지는 말랐다."

너무도 충격적인 말씀이었습니다. 이미 세속을 벗어나 도를 깨친 어른이 친족의 비참한 소식을 듣고 차마 견딜 수 없으므로 나와 앉아 계신 것입니다. 비두우바다는 한참동안 망설이다가 군인들을 퇴각시켰습니다.

"내가 부처님 무릎 위에 앉아 재롱을 피웠는데 어찌 부처님의 마음을 이렇게 괴롭혀 드려서야 되겠느냐. 군인들은 모두 물러가거라."

  그도 따라 돌아가서 보름 동안 말이 없이 지냈습니다. 그런데 부대장들 가운데는 옛날 사사로운 감정 때문에 까삘라족과 싸워 분패한 일이 있었으므로 비두우바다 왕을 충동했습니다.

"사내 대장부가 한번 마음을 먹고 대전에 나갔으면 결과를 보아야지 그냥 돌아오는 법이 어디 있습니까."

이렇게 두 번, 세 번 충고하자 다시 군대를 일으켜 갔습니다. 이번에도 부처님은 똑같은 방법으로 비두우바다 마음을 돌렸으나 반대로 어머니 와사빠땃까와 거기서 낳은 동생들을 노예로 강등시켜 온갖 고통을 겪게 하였습니다. 한편 까삘라국에서는 이 소문을 듣고 생각이 있는 사람들은 가족들을 데리고 히말라야 파키스탄 쪽으로 도망갔고 미얀마, 라오스, 베트남 쪽으로 도망간 사람들도 있었습니다.

드디어 세 번째 출병하니 부처님께서 나무 밑도 아닌 허허벌판에서 숯검정과 같은 얼굴을 하고 앉아 계셨습니다. 그때 마하 목갈라나와 싸리뿟다가 따라 와서 말했습니다.

"부처님, 저희들이 신통력으로 이들 군대를 몰살시켜 버릴까 합니다."

"그런 소리 하지 마라. 이미 익은 업은 과보를 받아야 끝이 날 수 있다. 너희들이 새로운 업을 짓는다면 여태까지 공부한 보람이 어디 있겠느냐. 출가자에게 편애가 있으면 아니 된다. 나는 단지 원한을 갚고, 그들이 다시 과보 받을 것을 한탄할 뿐이다."

비두우바다는 길거리에서 앉아 계신 부처님을 보고도 마치 목마른 사람이 아지랑이를 보고 쫓아가듯 맹렬히 달려갔습니다. 벌써 석가족 주민들은 9천 9백 9십 9명이 호숫가에 둘러앉아서 임금님의 명령만을 기다리고 있었습니다.

"너희들 들어라. 너희들이 양반을 핑계하여 이웃나라 임금님의 명령을 속이고 남의 노예를 정녀로 둔갑시켜 내 나라에 보내 나로 하여금 철천지원수를 맺게 하였으니 이 일을 꾸민 마하나마는 들거라. 네 죄를 알고 있는가?"

"예, 알고 있습니다."

"그대와 나는 의리로 보면 외할아버지가 되고 나는 손자뻘이 되지만 세상의 죄에는 친인척이 필요 없다. 단지 원한다면 한 가지 들어줄테니 무엇이고 말하라."

"제가 저 물 속에 들어가 자살할 것인데 그동안 도망간 사람들은 살려 주었으면 합니다."

"그래 그것이 마지막 소원이라면 그 한 가지는 들어 주리라."

마하나마는 큰 소리로 외쳤습니다.

"내가 이 물 속에 들어가 스스로 죽을 것이니 여러분은 그동안 온 힘을 다하여 도망치라. 도망치는 사람은 살 것이요 그대로 있는 자는 죽을 것이다."

하고 물속으로 쑥 들어갔습니다. 그런데 들어간 지 한 시간이 되어도 몸이 물에 뜨지 아니했습니다. 잠수부를 시켜 들어가 보니 물속에 있는 나무뿌리에다가 그의 상투를 꼭꼭 매어 떠오르지 못하게 하고 있었습니다.

비두우바다는 석가왕족들의 거두들을 모아 강가에 무덤을 파게 하고 한 사람 한 사람 친족들을 그 속에 처넣어 생매장을 시켰으며 나머지 간부들은 피를 뽑아 천지에 뿌리고 목을 쳐서 나무에 매달아 복수를 하였습니다.

(5) 비두우바다의 최후

비두우바다는 이렇게 복수전을 펴고 개선가를 부르고 본국에 돌아와 자신을 도왔던 반둘라 장군과 그의 아들 32명을 처형하고 갠지스 강에 나아가 3일 동안 대잔치를 벌렸습니다.

너무나도 흥분한 나머지 3천명의 정예부대와 1만 8천명의 병정들에게 모두 계급을 한 계급씩 올리고 상금을 나누어 준 뒤 남녀 혼성파티를 열게 하였습니다.

술이 취한 군인들이 부모형제와 같은 사람들을 알아보지 못하고 겁탈하고 혼음하여 만 이틀 동안 뛰고 놀다보니 모두가 지쳐 쓰러져 있는데 하늘에서 갑자기 소낙비가 내려 강물이 크게 불어나서 한 사람도 살아남지 못하고 익사하였습니다.

어리석은 자는 평생 동안 현명한 스승을 섬겨도
수저가 밥 맛을 모르듯 진리를 깨닫지 못한다.

가난한 농부의 딸이 첫째 왕비가 된 일과 비천한 혈통의 왕비가
아들을 낳아 바라나시 캇타와하닥 임금님이 된 예를 들어 그 명예
를 회복시켜 주기는 하였지만 나라가 통째로 다른 사람에게 넘어
가게 되었으니 누구를 보고 원망하겠습니까?

그러므로 불교를 하는 사람은 선한 일에 서두르고 악으로부터
마음을 지켜야 합니다.

2. 두 개의 까삘라국

오늘날 인도에는 이로 인하여 두 개의 까삘라국이 생겨 있습니
다. 먼저 생긴 까삘라는 현재 네팔의 틸라우라콘으로 부처님 당시
유적지가 거의 폐허 상태에 빠져 있던 것을 아쇼카왕 때 이르러
원상복구하고 남아있는 석가족들을 들어오게 하여 살게 하였지만
대부분 석가정족보다는 석가족과 인연 있는 사람들이 와서 살고
있습니다.

한편 그때 도망쳐 살아남은 사람들의 후손들은 현 인도의 비드
라하와에 자리잡은 까삘라국에서 살았기 때문에 부처님 돌아가신
뒤 사리를 모셔 그 사리병과 몇 가지 유물들이 나와서 현 델리 인
도박물관에 보존되어 있습니다.

그래서 인도인들은 인도에 있는 것이 진짜 까삘라국이라 하고,

네팔사람들은 필라우라콘에 있는 까삘라국이 진짜 까삘라국이라 합니다. 그러나 실제 가서 보면 정반왕과 마야부인의 궁전 자리는 경전상에 나타난 야무나강과 궁전 안에 있는 호수로 볼 때 틸라우라콘에 있는 것이 먼저 까삘라국이고 바드라하와에 있는 것은 뒤에 만들어진 것임을 알 수 있습니다.

어쨌든 인과란 무서운 것입니다. '밭에는 잡초가 독이고 세상에는 성냄이 독이다' 하였는데, 탐욕과 성냄 그리고 어리석음이야말로 이 세상을 태우는 불과 같음을 새삼스럽게 알 수 있습니다.

어느 누구나 폭력을 무서워합니다. 모든 존재들은 죽음을 두려워하고 삶을 사랑하기 때문입니다. 그러므로 부처님께서,

"세상의 행복을 위해 사랑을 선사하라.
모든 중생들의 생명을 위하여
모든 세상의 복지를 위하여
화평한 마음으로 세계와 중생을 사랑하라."

저속하고 비속하며 거칠고 천박하며
무익하고 고통스러운 감각적 쾌락을 추구하지 말라.
나는 두 극단을 떠나서 바르고 원만한 중도를 깨달았다.
바른 눈, 앎, 바른 깨달음이야말로 열반의 안내자이다.

그러므로 칭찬해야 할 것과 비난해야 할 것을 알아야 하고
즐거움에 대한 정의를 바로 알아 추구해야 한다,
비밀을 지켜야 하고 공개해야 될 것과

날카로운 말과 차분한 말
표준어와 지방어에 대한 것을 보다 명확히 분석해야 한다.

저속하고 비속하며 거칠고 천박한 것은
모두가 무익한 것이다.
존재의 결박에서 벗어나면
상처·불안·고뇌를 수반하지 않는다."
하였습니다.

3. 반둘라 장군의 부인 말리까

한편 반둘라 장군은 쿠시나라 말라족의 딸 말리카와 결혼했으나 오랫동안 자식을 낳지 못해 고향으로 돌려보내려 하자 부처님께서 가지 말고 집으로 다시 돌아가라 하여 집으로 왔는데 과연 그날 밤 아기가 들어서서 열여섯 번이나 쌍둥이를 낳으므로 32명의 아들이 나왔고 각기 그들에게 1천명씩의 군대를 거느려 3만 2천명의 대군단을 형성하였습니다.

그런데 반둘라는 첫 번째 아내가 애기를 가졌을 때 왕가의 호수에서 목욕을 하고 싶다 하여 금욕지대에 가 억지로 목욕하고 릿차위 왕자들을 죽인 일이 있었습니다.

그 뒤로 억울한 재판을 판정하여 명망이 높아지자 빠세나디 왕은 반둘라 장군을 최고 재판관으로 임명하였습니다. 이에 반감을 가진 다른 재판관들이 혐오심을 가지고 장차 왕에게 고자질하여 가짜 변방 전쟁을 일으켜 그의 32 아들과 반둘라 장군을 귀향길에서 다 죽었습니다.

  그 날은 아내 말리카가 두 상수제자에게 공양을 올리는 날이었습니다. 소식을 적은 쪽지를 받아 외투 속에 넣고 공양대접을 하는데 시녀가 실수로 버터 기름병을 떨어뜨려 깨졌습니다. 사리불이 말했습니다.

  "부서지는 본성을 가진 것이 부셔졌군요."

  말리까는 공양이 끝난 뒤 며느리들을 안심시키고 임금님에게 나아가 며느리들과 자신이 각기 친정으로 돌아갈 수 있게 허락해 달라고 하고 자신의 남편과 자식을 죽인 사람에 대하여 원망을 갖지 않겠다고 했습니다.

  고향에 돌아가 있던 말리까는 장차 부처님께서 쿠시나가르에서 열반하셨다는 말씀을 듣고 인도 전체에서 세 사람(위사까, 자신, 도둑인 데와딘나)만 가지고 있던 아하라타 웃옷을 부처님 관 위에 덮어 드리고 발원하니 장관을 이루었다 합니다.
  "부처님, 제가 윤회하는 동안 꾸미지 않더라도 제 외모가 완벽하기를 바랍니다."

  꼬쌀라왕 빠쎄나디는 반둘라 장군의 조카 디가카라야나를 총사령관으로 임명하였는데 빠쎄나디왕이 죄책감으로 매달 추파에 계신 부처님을 찾아가 천막 속에서 밤을 지새우고 이튿날 평복으로 부처님을 뵙고자 왕장들을 디가카라야나에게 맡기니 디가카라야나는 그 길로 왕장을 비두우바다 왕자에게 전해서 혁명을 일으켜 왕위가 아들에게 찬탈되게 됩니다.

이 소식을 들은 빠쎄나디왕은 비두우바다를 제거하기 위하여 라자가하로 원병을 청하러 갔다가 왕문 앞에서 궁녀의 무릎을 베고 죽었습니다. 그때 부처님께서 비구들에게 말씀하셨습니다.

"과거로 거슬러 올라가지 말고
미래도 바라지 말라.
과거는 이미 버려졌고
또한 미래는 오지 않았다.

그러므로 현재 일어나는 일들을 잘 관찰하라.
정복되지 않고 흔들림 없이
오늘 해야 할 일에 열중해야지
죽음의 신에 굴복하지 않는다."

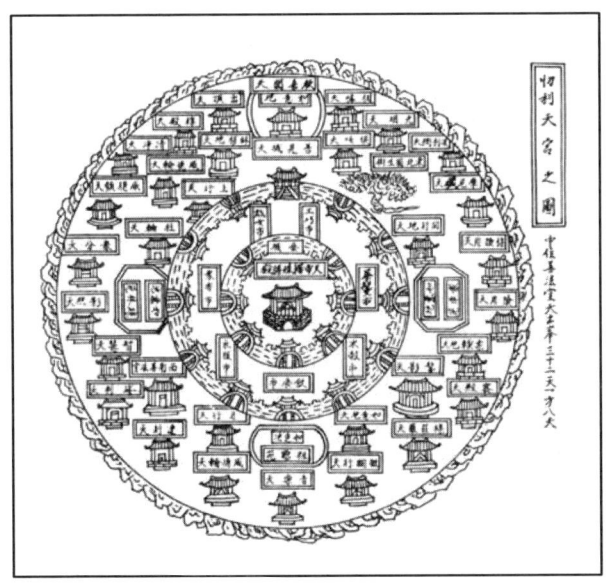

제54강 유수장자와 방생의식

1. 유수장자의 방생(放生)

이 세상에서 모든 존재는 살기를 좋아하고 죽기를 싫어합니다. 좋아하는 것을 도우면 은혜로운 일이 생기고 싫어하는 것을 도우면 원망하는 일이 생깁니다. 그러므로 방생은 자비복덕의 길이고 살생은 단명횡사의 길이라 한 것입니다.

불교의 자비는 방생을 으뜸으로 하기 때문에 5계·10계·250계·348계 가운데 불살생을 제1계로 가르치고 있는 것입니다. 그러나 방생을 할 때 어떤 방식에 의해서 할 것인가는 매우 막연한 일이 됩니다. 죽게 된 것을 살리고, 죽어가는 것을 구할 때 자타가 함께 즐거운 일이라는 것은 누구나 압니다. 그러나 그것이 어떻게 살다가 어떻게 죽어야 될 것인가 하는 문제까지 가르쳐 준다면 그 방생은 더욱 복된 방생이요 덕된 방생이라 할 수 있습니다.

어느 때 부처님께서 왕사성 기사굴 산중에 계실 때 청신사 신상(信相)이 이런 생각을 하였습니다.

"어찌하여 석가모니부처님께서는 수명이 80세 밖에 되지 않을까. 전생에 살생을 많이 하거나 보시를 행하지 아니한 사람은 명이 짧고 복이 부족하다 하였는데 부처님께서는 다생에 수많은 방생과 보시를 하였는데 어찌하여 저처럼 명이 짧으실까?"

이렇게 생각하자 갑자기 그의 방에서 광명이 쏟아지며 이런 말소리가 들렸습니다.

"청신사 신상이여, 그런 생각을 하지 말라 부처님의 수명은 천·마·범·문(天·魔·梵·門) 그 어떠한 사람도 헤아릴 수 없다. 온갖 바다 물방울을 세어 보고, 수미산의 무게를 재고, 대지의 먼지를 다 헤아리고, 허공의 티끌을 알 수 있다 할지라도 석가모니부처님의 수명은 헤아릴 수 없다."

신상은 그날 밤 꿈에 금빛 찬란한 쇠북을 보았는데 그 빛 속에서 온갖 세계의 중생들이 보리수 밑의 사자좌에 앉아 설법하시는 부처님을 우러러 바라보고 있었습니다. 그런데 그때 한 바라문이 그 북을 치니 그 속에서 참회의 소리가 흘러나왔습니다. 이튿날 신상이 기사굴산으로 부처님을 찾아가 뵙고 이야기를 하니 부처님께서 찬탄하였습니다.

"이 북소리를 들으면
삼재 삼악도의 고통과
빈궁 가난을 없애고
온갖 번뇌 공포를 없애
두려움 없는 부처님과 같이 된다."

그때 신상이 물었습니다.

"어떤 것이 정론이며 어떻게 선행을 모아야 합니까?"

"중생들을 이롭게 하고 모든 의혹을 끊는 것이 정론이고 선행이다. 천자란 인간 세상에 태어나 하늘나라의 법을 실천하는 것이다. 선행 가운데 그 으뜸은 생명을 살리는 일이고 악을 저지르지 않는 것이다.

옛날 어떤 나라에 의사 지수(指水)가 있었는데 의학으로 병을 잘 치료하였다. 지수장자의 아들 유수(流水)도 천성이 총명하여 갖가지 학문과 기예에 능통하였다.

이때 나라 안에 전염병이 돌아 수많은 중생들이 죽어가고 있었다. 그러나 지수장자는 나이가 많아 거동을 마음대로 하지 못하므로 유수가 아버지에게 4대색신을 조절하는 법을 배워 사방으로 돌아다니면서 만병을 치료하였다.

"어찌하여 4대의 기관이 손상하여 병이 생깁니까?"

"계절 따라 알맞게 음식을 먹으면 능히 몸을 도울 수 있는데 그렇지 못하기 때문이다. 풍병은 대부분 여름에 생기고, 열병은 가을, 찬병은 겨울, 폐병은 봄에 많이 성하게 되어 있다.

풍병 든 자는 기름진 고기와 그리고 신 음식과 더운 음식을 골고루 먹어야 하고, 열병 든 자는 차갑고 단 음식을 먹어야 한다. 찬병이 든 자는 달고 시고 기름진 고기를 먹어야 하고, 폐병 든 사람은 기름지고 맵고 더운 음식을 먹여야 한다. 식색(食色)이 과하면 폐병을 얻기 쉽다. 소화 될 때 열병이 생기고 소화된 뒤에 풍병이 일어나기 때문이다."

이렇게 의약의 원리를 아버지에게 배운 유수장자는 천촌만락을 돌아다니며 병을 따라 약을 쓰고 때로는 말로 위로하여 갖가지 중생들의 고통을 제거하여 주었습니다.

장자의 아내 수용공장은 수공(水空) 수장(水藏)의 두 아들을 잘 길렀는데 유수장자는 이 두 아들들을 거느리고 차례로 성과 읍 마을들을 돌아다니며 이익을 주고 있었습니다.

그런데 하루는 어떤 늪에 이르니 호랑이, 여우, 개, 날짐승들이 고기와 피를 먹고 달아나고 있었습니다. 따라가서 보니 큰 가뭄으로 못이 말라 1만여 마리의 물고기들이 펄펄 뛰며 잡혀 먹고 있었습니다.
"참으로 불쌍하다. 누가 저 물고기들에게 물을 줄 수 있을까?"
유수장자는 스스로 생각하였습니다.
"내 이름이 유수인데 첫째는 물이 스스로 흐른다는 뜻이고, 둘째는 물을 댈 수 있다는 뜻이다. 내 저들에게 반드시 물을 주어 죽음에서 벗어나게 하리라."
하고 우선 나뭇가지를 꺾어 그늘을 지워주고 물의 근원을 찾아가 그 출구를 막아 물이 흘러내리지 못하게 해 놓았습니다. 못이 마르면 고기를 잡기 위해 마을 사람들이 해 놓은 것이었습니다.

그러나 그 둑은 너무 높아 90일 동안 수천 명이 힘을 써도 물을 댈 수 없을 것 같았습니다. 그리하여 유수장자는 임금님을 찾아가 요청하였습니다.
"20마리의 코끼리를 빌려 주시면 만 마리의 물고기를 살리겠습니다."
대왕은 유수장자의 말을 듣고 코끼리를 내주었습니다. 장자의 두 아들은 가죽으로 만든 자루를 코끼리 등에 걸쳐 물을 담아 싣고 와서 쏟아 부었습니다. 그리고 코끼리 한 마리를 집에 보내 고기밥을 가져오도록 하였습니다.

고기들은 물속에서 춤을 추고 놀다가 밥까지 얻어먹게 되니 더욱더욱 감격하여 눈물을 흘렸습니다. 이때 유수장자는 이들 고기들에게 방등경전을 읽어 주기도 하고 보승부처님의 명호를 부르며 12인연법을 설하였습니다.

"과거 보승여래·응공·정변지·명행족·선서·세간해·무상사·조어장부·천인사·불·세존님께 귀의하라.

무명(無明)이 행(行)을 일으키고,
행이 식(識)을 일으키고,
식이 명색(名色)을 일으키고,
명색이 육입(六入)을 일으키고,
육입이 촉(觸)을 일으키고,
촉이 수(受)를 일으키고,
수가 애(愛)를 일으키고,
애가 취(取)를 일으키고,
취가 유(有)를 일으키고,
유가 생(生)을 일으키고,
생이 노사(老死)와 각종 근심 슬픔 고뇌 등을 일으키느니라."

이것이 불교방생법회의 시초입니다. 그래서 첫째로 중국의 연지대사는 일곱 가지 살생하지 않는 날을 말하였고, 둘째로 적석도인은 일곱 가지 방생을 권했습니다.

첫째로 살생하지 않는 날로는,

① 생일날: 자신의 탄생을 축복하는 뜻에서 남의 생명을 해치지 않는다.

② 자식을 낳는 날: 새로운 생명을 찬탄하는 뜻에서

③ 제사 지낼 때: 슬픔이 있는 날 남에게 슬픔을 주지 않기 위해

④ 결혼할 때: 만인의 축복 속에 행복을 염원하는 날 일체 만물에게까지도 축복을 주고자

⑤ 연회 때: 기쁨을 함께 나누는 곳에서 슬픈 눈물을 보이지 않게 하기 위해서

⑥ 기도할 때: 잘 되기를 기도하는 사람이 남의 생명을 해치지 않아야 하므로

⑦ 직업을 경영할 때: 죽이는 마음보다는 살리는 마음이 번성을 기약 하므로,

둘째, 적석도인의 일곱 가지 방생은

① 자식 없는 자가 아이를 낳고자 할 때 방생한다.

② 자식을 가져서 방생하면 뱃속의 아이가 자유를 얻는다.

③ 기도할 때 방생하면 기쁜 마음 때문에 기도가 잘 된다.

④ 예수재를 지낼 때 방생하면 업장을 소멸하고 수명장수 한다.

⑤ 제사 때 방생하면 죽은 자가 도움을 받는다.

⑥ 녹을 얻었을 때 방생하면 그 녹이 더욱 길고 높아진다.

⑦ 염불할 때 방생하면 삼매를 얻고 해탈한다.

이 외에도 연회할 때, 약속할 때, 기타 좋은 일 나쁜 일이 있을 때 방생하면 항상 즐겁고 자유롭고 깨끗해진다 하였습니다.

방생물은 따로 있는 것이 아닙니다. 풀 한 포기, 나무 한 그루, 기고 날고 뛰는 일체의 생물, 그리고 어지러워진 자연을 청소하고 돌멩이 하나까지도 제자리에 놓아 보호하는 일이 모두 방생이 되기 때문입니다.

2. 흥부의 방생과 록펠러씨의 방생

우리나라에서는 흥부와 놀부 이야기 가운데, 땅에 떨어진 제비 새끼를 살려준 인연으로 박씨를 물고 와서 부자가 되었다 하거니와 미국에서는 세계적인 부자 록펠러씨가 죽어가는 환자를 살려 방생한 이야기가 유명합니다.

록펠러씨는 원래 한 기름회사에서 심부름꾼으로 일했습니다. 1930년대 자동차가 많아지자 기름장사가 제법 되었는데, 정제가 되지 않은 기름 때문에 자동차의 수명이 짧아지고 기름회사에서는 기름을 넣는 데 고생이 많았습니다.

그런데 록펠러씨가 그 기름을 분해하는 기술을 가지고 있는 사람을 사귀어 정유회사를 경영함으로써 일약 미국에서 제일가는 부자가 되었습니다. 록펠러씨는 생각했습니다.

"이왕에 미국에서 제일가는 부자가 되었으니 세계에서 제일가는 부자가 되어 보리라."

하고 MIT의 석·박사들을 2, 30명 써서 최첨단의 기술을 개발하게 되었는데, 지나치게 신경을 쓰다 보니 눈이 어두워져서 세상을 볼 수 없게 되었습니다.

부자도 부자지만 눈 하나 없어지고 보니 세상 그대로가 암흑 천지였습니다. 너무도 답답하여,

"바깥 세상 한번 구경하도록 하자."

하여 휠체어를 타고 지나가는데, 병원 카운터에서 큰 소리가 들려왔습니다.

"내 집을 팔아 의료비를 지불할 테니 죽어가는 외동딸을 살려주세요."

"안됩니다. 이렇게 약속하고 살아난 뒤에는 언제 보았느냐 하는 사람들이 너무나 많습니다."

이 말을 들은 노부부는 목 놓아 울었습니다. 이 소리를 들은 록펠러씨는 비서에게 말했습니다.

"저 사람 비용이 얼마가 되든지 즉시 수술을 하도록 하시오."

그래서 수술이 결정되자 록펠러씨는 자신도 모르게 입이 벌어졌습니다. 더욱이나 오후에 수술이 잘 되어 회생하게 되었다는 말을 듣고는 그때까지 보이지 못하던 눈이 점점 밝아졌습니다.

그래서

"좋은 일을 하자. 좋은 일을 하면 내게도 좋은 일이 생긴다."

하여 전 재산의 3분의 1을 내어 미국 여러 대학에 의과대학을 설립하고, 의료봉사를 하게 하였으며, 의사와 약사들에게 생명의 등대가 되어 줄 것을 부탁하였습니다.

실로 그는 뇌손상으로 인하여 3년 이상 살기 어렵다고 하였는데 52세에 사형선고를 받았던 사람이 70년을 넘어 살게 되었으니 이것이 방생의 공덕이 아니고 무엇이겠습니까.

그러므로 '방생의 노래'에

"내 몸의 자유자재 바라고 있다면
잡히어 죽을 목숨 풀어서 살리고
병든 중생을 도와서 고치면
자유는 돌아와서 내 목숨 지키네
내 가족 부귀창성 바라고 있다면
죄 없이 죽을 목숨 돌이켜 살리고
굶주린 중생을 도와서 보태면
행복은 찾아와서 내 가족 섬기네"
한 것입니다.

이 세상의 행복과 안락은 굶주린 중생을 구제하는 데 있고, 불멸의 영생은 길 잃은 중생을 건져주는 데 있다고 하였습니다. 무참히 죽을 목숨이나 빚 속에 얽혀 있는 중생들을 구제하면 참다운 인연과 보람찬 삶이 그 속에서 이루어지고, 대대손손 억겁의 광명이 그 속에 나타나기 때문입니다.

외항선원 김정섭씨는 불란서 앞바다에서 화재를 만나 다 죽게 되었는데, 바다 속에 뛰어 들어가 거북이 등을 타고 나와 구조되었습니다. 알고 보니 그의 어머니가 매달 자식을 위해 부산 앞바다에서 방생한 공덕이라고 신문에 난 일이 있습니다.

3. 토끼보살과 금까마귀 이야기

부처님 본생설화에 토끼보살과 금까마귀 이야기가 나옵니다.

하늘에 있는 제석천왕이 지상에 내려와 지상의 무리들을 보니 한 곳 큰 숲속에서 토끼와 여우, 그리고 남생이 세 친구가 아주 다정하게 사는 것을 보았습니다. 얼마나 남을 위해 희생하고 봉사하는 정신을 가지고 있는지 보기 위하여 늙은 할아버지로 변하여 그들 앞에 나타나 숨을 몰아쉬었습니다.

"어찌하여 이렇게 힘이 없으십니까?"

"배가 고파 숨을 쉴 수가 없노라."

"그렇다면 저희들이 즉시 가서 먹이를 구해가지고 올게요."

하고 가서 남생이는 피라미를 물어오고, 여우는 죽은 시체를 가지고 왔는데, 토끼는 아무데도 갈 생각을 하지 않고 있다가 말했습니다.

"나는 내 나이 늙어 곧 죽게 되어 있는데, 어떻게 죽을까 걱정하였는데, 시체까지 치워줄 노인이 왔으니 잘 잡수세요."

하고 계수나무 장작더미 위에 앉아 죽어버렸습니다.

그러자 제석천왕은 본래의 모습을 나타내면서,

"토끼의 살신성명의 정신은 모든 존재들이 본받아야 할 것이므로 내 이제 그의 모습을 저 달 속에 넣어 영원히 없어지지 않도록 하겠다."

하고 달 속에 넣었는데, 그래서 지금도 그 달 속에 계수나무로 턱을 고이고 있는 토끼 모습이 나타나고 있다 하였습니다.

그리고 옛날 갈까마귀가 알을 품고 있는 황후까마귀의 얼굴이 점점 검어지는 것을 보고 물었습니다.

"어디 아프십니까?"

"아니다. 궁중요리가 먹고 싶어 그렇다."

그러나 어느 누구도 궁중요리를 가져올 자가 없었습니다. 그때 그 까마귀가 임금님 주방 옆에 가서 앉았다가 음식만 가지고 가면

달려들어 물어 왔습니다. 이를 본 임금님께서 화를 내면서,

"그 놈을 이리 잡아오너라."

하여 임금님 앞에 온 까마귀에게 물었습니다.

"너는 어찌하여 나의 음식을 가로채 먹느냐?"

"제가 먹고 싶어서가 아니라 황후께서 아파 죽게 되어 약으로 구해다 드린 것입니다."

"오호, 사람보다 났구나. 내 하늘에 있는 제석천왕께 부탁드려 매년 정월달이면 까마귀밥을 주게 하고 그대의 모습은 해 속에 넣어 영원히 없어지지 않게 하리라."

하여 해를 금까마귀 혹은 금오(金烏)라 부르게 되었다 합니다.

그러므로 고려 때 야운스님은,

옥토승침최로상(玉兎昇沈催老像)이요
금오출몰촉년광(金烏出沒促年光)이로다.
구명구리여조로(求名求利如朝露)요
혹고혹영사석연(或苦或榮似夕煙)이로다.
권여은근수선도(勸汝慇懃修善道)하노니
속성불과제미륜(速成佛果濟迷倫)이어다.

하는 시를 지었습니다.

옥토끼 달이 커졌다 작아졌다 하는 것은
늙은 사람들의 수명을 재촉하고
금오 해가 떴다 졌다 하는 것은
세월을 재촉하는 것이다.

구하는 명예와 재물은 아침 이슬 같고
혹 괴롭고 즐거운 것은 저녁연기와 같으니
은근히 착한 일 많이 하여 도 닦기를 권하노니
속히 부처님 되어 중생제도하기 바란다

한 말입니다.

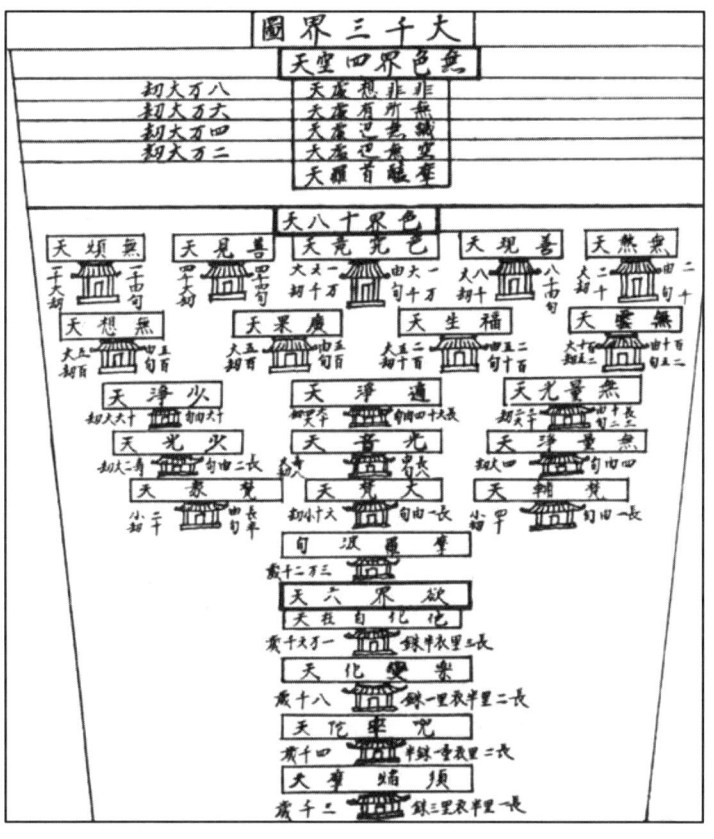

제55강 접대부 시리마

부처님께서 알라위시에서 열여섯 번째 안거를 마치고 라자기와 웰루아나 승원에 이르러 열일곱 번째부터 스무 번째에 해당하는 안거를 바로 이곳에서 보냅니다.

1. 접대부 시리마

(1) 복 짓는 시리마

그때 라자가하와 무역 상인들이 웨살리에 갔다가 고급 접대부 암바팔리를 보고

"우리도 그와 같은 제도를 만들자."

하여 빔비사라 임금님께 권하여 천하미인 살라와티를 국기로 선발하여 적당한 교육을 마친 뒤 정식으로 임명하였습니다.

하룻밤 그를 초청하여 놀면 화대가 100냥, 지금 돈으로 치면 1천만 원에 달했습니다. 그런데 그녀가 첫 번째 아이를 낳자 길거리에 버려져 아바야왕자에게 입양되었다가 뒤에 탁가실라성에 유학하여 의사가 되는데 그가 바로 유명한 기바의사입니다. 호적이 없는

기생은 남자 아이를 기를 수 없었기 때문입니다.

그리고 두 번째 난 딸 시리마가 어머니 뒤를 이어 국기가 되었는데 그 인물이 어머니보다 더 뛰어나 하룻밤 화대를 1천냥으로 정했으니 어머니보다 10배를 더 받은 셈입니다.

부처님께서 17번째 웰루와나에서 안거를 지낼 때 시리마는 최고로 아름다운 미스 인디아가 되어 있었습니다. 부처님께서 부상 푼나의 집에서 공양을 청해와 가니 푼나의 부인 웃타라가 그를 데리고 있었습니다. 부처님께서는 그날 공양을 받고 칭찬하자 시리마는 그 자리에서 부처님과 비구승단을 초대하여 대공양회를 베풀고 그 이튿날부터 매일 16냥씩 보내서 8명씩을 공양하기로 하였습니다.

그래서 그곳에 가서 음식을 먹은 스님은 행운아라고 할 정도까지 소문이 나 있었습니다. 그런데 하루는 그 음식을 받던 비구스님들이 라자가하와 변방으로 옮겨가니 한 비구가 물었습니다.
"스님은 어디서 공양을 받았습니까?"
"시리마의 집에서 받았습니다."
"먹을 만합니까?"
"한 사람에게 3, 4명의 몫이 될 만큼 풍족하였지만 그보다도 그 보살님의 상냥한 모습이며 특출한 인물은 가히 천상의 여인에 가까웠습니다."

그때 이 대화를 듣고 있던 한 비구가 그 말만 듣고도 연정을 느끼게 되었습니다. 그래서 지도자 스님께 물었습니다.

"언제쯤 되면 우리도 시리마 집에 가서 공양을 받아먹을 수 있겠습니까?"

"그게 그렇게 원이 된다면 내일 새벽 일찍 나서서 가면 그 집의 초대를 받아가는 스님들 사이에 끼어들면 공양을 받을 수 있을 것이다."

그리하여 그 스님은 밤새도록 준비하여 새벽에 도착하였습니다. 그런데 공교롭게도 시리마는 치명적인 병에 걸려 밖에 나오지 못하고 시녀들에게 일렀습니다.

"스님들께서 오시면 우선 죽과 과자를 먼저 대접하고 식사시간이 되면 발우를 받아 쌀밥을 한 발우씩 담아드려라."

스님들께서 공양이 끝나니 시리마는 시자들에게 부축되어 나와서 간신히 인사를 하였습니다.

"몸이 불편하여 제대로 대접하지 못한 것을 죄송스럽게 생각합니다."

변방에서 왔던 스님은 그녀를 보고

"병이 들어 치장도 하지 않았는데 저처럼 고우니 만약 건강해 거기에 치장까지 하면 얼마나 예쁠까!"

하고 절로 돌아온 스님은 그대로 상사병이 들어 인사불성이 되었습니다.

(2) 죽어서 깨달음을 준 시리마

그런데 시리마는 불행하게도 그날 밤에 유명을 달리했습니다. 부처님께서 이 소식을 듣고 왕에게 부탁하였습니다.

"화장을 하지 말고 묘지 뒤쪽에 두십시오. 그리고 어린 아이들에게는 보이지 말고 초분을 형성하여 까마귀, 여우들이 침해하지 못하게 해 주십시오. 그리고 모든 사람들에게 마음대로 와서 구경하게 해 주십시오."

만장만 해도 수백 개가 되고 그를 위해 치장한 상여며 관이 모두가 구경거리가 될 수 있었기 때문에 사람들은 쉴 사이 없이 줄을 지어 올라갔다가 그의 5관에서 쏟아져 나오는 썩은 물과 고약한 냄새, 뱃속에서 터져 나온 오물들을 보고 구역질을 하였습니다. 세속사람들이 어느 정도 구경한 다음에는 스님들도 빠짐없이 구경하도록 하였습니다.

그리고 얼마 후에 부처님께서도 오신다하니 임금님께서 친히 나와 안내를 하였습니다. 그리고 병든 스님도 한쪽에 와서 보았습니다. 부처님께서 물었습니다.

"의사 지바카동생 시라마가 어디 있습니까?"

"여기 있습니다."

하며 앙상한 뼈를 보여주자

"자, 여기 누가 1천냥 돈을 주고 시리마를 가져갈 자 있으면 이리 나오너라."

누구 한 사람도 나서는 사람이 없었습니다.

"너무 비싸서 그러는가?"

하고 다시

"500냥, 100냥, 열냥, 한냥."

으로 가격을 낮추어 불러도 한 사람도 나서는 사람이 없었습니다. 그때 부처님께서 말씀하셨습니다.

"보라, 비구들이여. 이렇게 허망하고 값어치 없는 것이 인생이니라. 그러니까 살아서 잘해야 한다. 행·주·좌·와, 어·묵·동·정이 모두 이 가운데서 나타났으니 그에 속지 말고 살았을 때 좋은 일 많이 해야 한다. 시리마는 그동안 스님들을 공양한 공덕으로 천상의 왕비가 되어 500대의 천상 마차를 거느리고 있다."

이 법문이 인도에서는 "파씨 칫타카탐"으로 시작되는 "위자야숫타"이고 우리나라에서는 "세상천지 만물 중에 사람밖에 또 있는가?" 하는 회심곡으로 이어졌습니다.

이것을 나이 든 사람들을 깨닫게 하기 위해 작곡한 것이 '백발가'이고 이 세상에 연연하지 말고 '극락세계로 가자' 한 것이 '몽환가'이고 '왕생가'입니다. 선문염송의 7현녀 3반물도 여기서 나온 것입니다.

"갈기가 휘날리는 사자처럼
작고 크고를 가리지 않고 가르치고 배우는데
최선의 노력을 기울여야 한다.

일어나지 않는 악을 일어나지 않게 하고
이미 일어난 악을 그치게 하고
일어나지 않는 선을 일어나게 하고
이미 일어난 선을 더욱 키워가야 한다.

악취의 위험을 성찰하고
연마하는 공덕을 자각하고
걸어가는 길을 반성하고
먹는 음식을 존중하고

상속의 위대함을 성찰하고

스승의 위대함을 감사하고
출생의 위대함을 살피고
구족한 범행자를 쫓고

게으른 사람을 멀리하고
부지런히 노력하되
행·주·좌·와에 간격을 두지 않고
마음이 떨리지 않고
악을 저지르지 않고
앎에 두려움이 없어
믿고, 노력하고, 생각함에 의심이 없어져
안정된 판단 아래 힘이 생기게 해야 한다."

세상 사람들은 이런 소리를 들으면 자못 허무주의에 빠집니다.

2. 허무주의와 운명론

사실 부처님 당시에는 빠꾸따 깟짜아나 같은 영혼주의적 허무주의자들이 많이 있었습니다.

"생명을 해치고 주지 않는 것을 빼앗고
가택을 침입하여 노략질하고
타인의 처를 겁탈하고 거짓말하더라도 죄가 되지 않는다.

왜냐하면 이 세상의 모든 존재는
흙과 물, 바람, 불 속에서 만들어져

영혼 속에 실제 심령과는 관계가 없이
괴롭고 즐거움을 느끼지 않기 때문이다.

모든 요소는 석녀(石女)처럼
살아 움직이는 것이 아니고
움직이지 않고 변화하지 않으며
서로 영향을 주지도 않기 때문에
죽이는 자도 없고, 죽이게 하는 자도 없고
듣는 자도 없고, 듣게 하는 자도 없고
알려진 자도 없고, 알려지게 하는 자도 없기 때문이다.

그러므로 날카로운 칼로 사람의 머리를 자를지라도
그것은 누구의 생명을 앗아가는 것이 아니라
단지 7대 요소 사이를 날카로운 칼이 지나갔을 뿐이다."

이러한 학설은 초기 베단타에서 우빠니샤드의 영원주의(常住論), 불괴론(不壞論), 불변성(不變性)에서 영향을 받은 바 크지만 당시 인도사람들은 그러한 영향력을 크게 받고 있었으며 더 나아가서는 운명론과 천명론에 빠져있는 사람들도 많았습니다.

부처님께서 싸게야국 데바다하 마을에 계실 때 니건자들이 말했습니다.
"이 세상의 고락은 전생의 업보에서 기인된 것이다. 그러므로 전생의 업은 고행으로 없애고, 새로운 업을 짓지 아니하면 미래과보가 없어지게 된다."

부처님은 이 말을 듣고 말씀하였습니다.

"느낌의 존재는 과거행위의 결과뿐만 아니라 현재의 행위와 동시에 일어난다. 그리고 그 느낌은 업의 작용이 아니고 업의 결과도 아니다. 왜냐하면 빛과 소리, 냄새, 맛 등이 모두 감각에서 나타나기 때문이다."

또 어떤 사람은 사람이 하는 모든 행위가 하늘이나 조상, 귀신들이 시키는 것이기 때문에 사람으로서는 어찌할 수 없다 하지만 알고 보면 죽이고, 살리고, 주고, 빼앗는 것이 모두 사람의 생각 속에서 이루어지고 있다. 그런데도 어리석은 사람들은 자신의 행동을 신이나 귀신들에게 핑계하고 괜히 멀쩡한 신들을 욕 먹이고 있다. 무슨 할 일이 없어서 하나님이 지상 사람들에게 거짓말을 시키고 시기질투를 하게 하겠는가."

또 부처님께서 싸게야국 싸마가마(마을)에 계실 때 자이나교 교주 낫타뿟다가 빠바에서 죽자 그의 제자 니건타들이 두 패로 나누어 싸웠는데, 똑같이 교주를 핑계하였습니다. 부처님께서 말씀하였습니다.

"만약 그것이 그렇다면 교주 닛타뿟따의 영혼이 둘이 되어 그들에게 들어붙어 싸움을 했다는 말인가. 나는 계율의 분쟁은 오히려 사소한 것이라 생각하고, 교리 수행에 대한 분쟁은 큰 것이라고 생각한다. 많은 사람들에게 다툼과 불행을 가져 오게 하기 때문이다. 그러니 사람들은 괜히 신과 영혼들을 핑계하여 신들과 인간에 손해를 끼치는 일을 해서는 아니 될 것이다."

3. 특수계급을 자랑하는 사람들

부처님께서 꼬쌀라국을 여행하고 있을 때 하느님의 머리에서 태어났다고 자부하는 쌍가라바 바라문의 형수 다난자니가 예유과를 증득하여 항상 3귀의를 외우자 화가 난 쌍가라바는 짤달라깝빠 마을에 들어오신 부처님을 뵙고 물었습니다.

"어떤 수행자가 곧 바로 깨달음에 이르러 청정한 삶을 할 수 있다고 생각하십니까?"

"어떤 사람들은

① 전승을 따르고,

② 어떤 수행자는 믿음을 따르고,

③ 어떤 수행자들은 곧 바로 깨달음에 도착하여 청정한 삶을 실천한다.

그래서 나는 알라라 깔라마를 찾아 묻고, 웃다까 라마뿟따를 찾았으나 결과를 얻지 못하고, 6년 동안 고행을 통해 나 자신의 습관을 고치고 마지막엔 중도법으로써 나의 주인을 보게 되었고, 깨달음을 얻은 뒤 천왕님들의 청으로 교화의 길에 나서게 된 것이다."

4. 아쩰라 깟싸빠와 박꿀라의 두타행

부처님께서 라자가하 벨루숲 깔란다까 나바빠에 계실 때 박꿀라의 친구 아쩰라 깟싸빠가 박꿀라에게 물었습니다.

"출가한 지 얼마나 되었는가?"

"80년 되었네."

"그 동안 감각적 쾌락에 관해 욕망에 대한 지각(이성)을 한번이라도 일으킨 일이 있는가?"

"그러한 생각은 일으킨 일 없네."

"분노, 폭력은?"

"마찬가지지."

"옷은 몇 번이나 받아 입었는가?"

"누구에게서도 옷을 받은 일이 없고, 가위질 한 일도 없으며, 바느질 하고 물들이고 까티나옷(여벌 옷)을 가진 일도 없으며, 남을 위해 그렇게 한 일도 없고, 남의 초대를 받아 식사한 일도 없으며, 집안에 앉거나 집안에서 식사를 하거나 여인을 대하거나 여인에게 가르침을 주거나, 게송을 읊거나, 수행녀들의 처소에 간 적이 없고, 새내기들을 가르친 일도 없으며, 상좌를 두거나 구족계를 준 일이 없고, 남에게 의존하지 않으며 시자를 두지 않고, 목욕탕에 가 비누를 쓰거나 마사지를 시킨 일도 없고, 질병을 앓거나 약을 먹은 일이 없으며 침대나 베개를 베고 잔 일이 없고, 마을 속에서 우기를 피한 일도 없다네. 출가 후 7일만에 아라한이 되어 7일 동안 빚진 음식을 먹은 일은 있네."

친구 아쩰라 깟싸빠는 이 말을 듣고 세존께 출가하여 4개월간 수습기간을 거쳐 비구가 되고 바로 아라한이 되었습니다. 바꿀라는 162세로 죽을 때도 부처님께 말씀드리고 높은 언덕에서 떨어져 그 몸을 새와 짐승들에게 보시한 일이 있습니다.

부처님께서 제타숲에 계실 때 뺀돌라존자가 두타행을 실천하자 노래하였습니다.

"비방을 삼가고 폭력을 삼가고

계율의 행복을 수호하고
알맞은 분량의 식사를 얻고
홀로 떨어져 앉거나 누워
보다 높은 마음을 닦는 것
이것이 깨달은 님의 가르침이다."

5. 칠현녀의 삼반물(三般物)

시리마의 시체가 발견되기 하루 전 왕사성 귀부인 일곱 명이 구경 왔다가 자기네들도 모르게 "왁"하고 소리 지르자 제석천왕의 궁전이 흔들리자 내려다보니 참으로 순수한 여인들이 자성을 깨닫고 있었습니다. 그래 일곱 개의 꽃다발을 가지고 와서 바치고 사귀기를 청하니 세 가지를 요청했습니다.

"뿌리 없는 나무 한 그루(無根樹)
메아리가 없는 골짜기 하나(無響谷)
그림자 없는 땅 한 평(無影地)를 가지고 오십시오."
아무리 생각해도 구할 수 없어 부처님께 가서 물었더니
부처님께서 불렀습니다.
"제석이여,"
"예!"
"바로 그것이니라."
그리하여 그들은 지금까지 만나 춤을 추고 노래하고 있다고 합니다.

제56강 암바팔리와 유마거사

1. 암바팔리의 득도

남선북마(南船北馬) 좌불난석(坐不煖席)이라는 말이 있듯 부처님의 교화 생활은 동·서·남·북 잠시도 자리가 따뜻해질 날이 없었습니다. 그러던 어느 날 싸밧티성 동원녹자모강당(東園鹿子母講堂)에서 저녁 때 선정에서 일어나 목욕하고 잔등을 말리며 앉아 계셨는데 시자 아난다가 와서 부처님의 등을 어루만지며 말했습니다.

"부처님, 옛날에는 살결이 아름답고 빛났는데 이제는 주름이 생기고 몸이 앞으로 많이 구부러졌습니다."

"아난다야, 젊음에는 늙음이 있고 건강에는 병이 있으며 삶에는 죽음이 있다. 부서진 수레는 구르지 못하고 사람이 늙으면 닦기 어렵다."

부처님께서는 빠딸리 촌에서 밧사캬라의 공양을 받고 갠지스강을 건너 코티촌과 나디카촌을 지나 베살리로 들어갔습니다. 나디카촌에서는 이 마을에서 임종한 차루(遮樓)비구와 난다(難陀)비구니, 수자타신녀 수단나 이하 8인의 신사를 합하여 모두 11명의 사후 왕생을 밝히고 함께 슬퍼하셨습니다.

"이들 모두는 아라한 4과를 통해 다시는 태어나지 않는 경계에 들어갔으나 다시는 그 모습으로 만날 수 없으므로 슬프다."

그리고 베살리에 들어가서는 그곳 조용한 교외 암바팔리 부인이 소유한 동산에 머물러 있었습니다. 암바팔리 부인은 원래 유명한 창부였는데 부처님께 귀의하여 비구니가 되었습니다.

암바팔리가 출가한데는 재미있는 이야기가 있습니다.

부처님께서 자신의 동산에 와 계신단 말을 듣고 천하의 미인 암바팔리는 자기도 한번 만나보고 싶은 충동에서 7보단장으로 만반의 몸치장을 하고 시녀들과 같이 보배수레(寶車)를 타고 부처님을 찾아뵈었습니다.

부처님께서는 비구들에게 미리
"이 여자들에게 마음을 빼앗기는 일이 없도록 하라."
당부하시고 그들의 일행이 부처님 앞에 이르러 예배하고 한쪽에 앉아 법문을 청하자 다음과 같이 말씀하였습니다.
"암바팔리여, 그대는 마음의 아름다움이 얼굴과 몸맵시에서도 나타나는구나. 젊은 나이에 많은 재물과 명예를 갖추었으며 그 위에 또한 나의 바른 법을 행하려는 것은 참으로 갸륵한 일이다."

"지혜 있는 남자는 스스로 다스리기가 어렵지 않으나 여자는 의지가 약하고 지혜가 얕은 반면 욕정이 두텁습니다. 그런데도 모든 것을 두루 갖춘다는 것은 지극히 어려운 일입니다. 사람이 세상에 나면 남녀를 막론하고 바른 법을 따르는 것이 가장 성스러운 일이 아니겠습니까. 재물과 색은 자주 자주 변하므로 당연히 믿을 만한 보배가 못된다고 생각합니다."

"젊음은 늙고 늙음은 병들고 죽음을 만든다. 그러나 참된 진리를 얻는 자는 불변의 진리를 깨달으므로 이러한 모든 고통으로부터 능히 침략을 막을 수 있다. 그러니 너희들은 여자의 약점을 깨우치고 정진하여 그 누구에게도 기대지 말고 천대받지 말고 스스로 일어설 수 있는 온전한 법을 배우라."

암바팔리는 이 법문을 듣고 곧 발심하여 그가 소유하고 있던 암마팔리동산을 부처님께 희사하고 그의 재산을 반분하여 1분은 그의 시녀들에게 나누어주고 1분은 비구스님들께 공양하고 스스로 출가하여 부처님의 제자가 되었습니다.

부처님은 그곳에서 여러 비구들에게 네 가지 깊은 법(四深法)을 가르치셨습니다.
① 성스러운 계(聖戒),
② 성스러운 정(聖定),
③ 성스러운 지혜(聖慧),
④ 성스러운 해탈(聖解脫)
부처님은 이 네 가지 성스러운 진리를 깨닫지 못하면 영원히 3계의 유전을 벗어나기 어렵다 하였습니다.

우리나라에서도 자유당 시절 유명한 국기 법련화가 송광사 구산스님에게 이 법문을 듣고 스스로 그의 집을 내놓고 임종에 다다라 삭발염의 하여 금생에 다하지 못한 인연을 내생으로 기약함으로써 송광사에서는 그의 집을 송광사 서울포교당으로 만들어 서울 사간동 법련사가 생기게 되었습니다.

2. 마지막 안거

부처님은 암바팔리의 공양을 받으시고 그 뒤 아난과 같이 그곳으로부터 그리 멀지않은 페루바촌(竹芳村)으로 들어가 마지막 안거를 시작했습니다. 그런데 이 촌락은 퍽 적고 게다가 그 해는 흉년이 들어서 여러 사람이 한곳에서 안거를 할 수 없었으므로 비구들은 각기 흩어져 인연 따라 안거를 하게 되었습니다. 그때 부처님께서는 간절히 부탁하였습니다.

"비구들아 너 자신들을 잘 이겨야 한다. 좋은 것을 얻어도 좋아하지 말고 나쁜 것을 얻어도 싫어하지 말고 다만 식사는 몸의 건강을 유지하고 도업을 이루기 위한 것으로 알고 탐욕을 가지지 말라. 탐욕은 생사의 원인이다."

그런데 불행히도 부처님께서는 이 안거 중에 몸에 병이 들었습니다. 이것은 노쇠현상의 한 모습이지만 통증이 너무 심했기 때문에 견디기 어려울 정도였으나 부처님께서는 굳게 정진하는 마음으로 이 병을 극복하고 아난다의 청에 의해 법문을 하셨습니다.

"아난다야, 수행하는 스님들이 나에게 무엇을 더 바랄 것이 있겠느냐. 나는 내외의 구별 없이 모조리 설할 만한 것은 다 설했다. 나는 이제 인생의 여로를 다 겪어 나이 80이 되었다. 마치 낡은 수레가 가죽끈의 덕택으로 간신히 움직이는 것과 같다. 그러나 아난다야, 항상 하고자 노력하는 사람은 모든 생에 마음이 물듦이 없이 하나하나의 감수작용을 없앰으로 상(相)이 없는 마음의 통일에 들어가 머무를 때 그의 몸은 건전해진다.

그러므로 아난다야, 이 세상에서 너 자신을 섬(島)으로 삼고 너 자신을 의지처로 하고 다른 사람을 의지처로 하지 말며 법을 섬으로 삼고 법을 의지처로 하며 다른 것을 의지처로 하지 말라."

그때 베살리국에 사는 이차족(離車族)들이 떼로 몰려왔습니다. 전날 그들은 부처님을 뵙기 위해 오다가 암바팔리가 공양을 올린다는 말을 듣고 1만금으로써 그의 초대를 양보하여 주기를 원했으나 그 여인이 듣지 않자 다시 갔다가 오늘 온 것입니다. 부처님은 그들의 공양을 받고 세상에서 얻기 어려운 다섯 가지 보배에 대해서 설법하셨습니다.

"첫째, 여래를 만나는 것과 그의 설법을 듣기가 어렵다.
둘째, 여래의 정법을 듣고 생각하고 잊지 않기가 어렵고,
셋째, 여래의 법을 듣고 생각하고 밝은 지혜를 얻기 어렵다.
넷째, 여래의 교법을 만나기 어렵고 3악도를 벗어나기 어렵다.
다섯째, 생사의 인연을 알고 정과 욕을 멸하고 열반에 드는 것이 어렵다.
그런데 여러분은 지금 여래를 만나서 법을 들었으니 이제부터는 자신들이 정진하여 안식처를 얻도록 하여라."

5백여 명의 이차족 권속들은 부처님의 이와 같은 설법을 듣고 환희용약(歡喜踊躍), 감탄해 마지않으며 오랫동안 일어날 줄을 몰랐습니다.

3. 유마거사의 불이법문

이렇게 부처님께서 간신히 몸을 회복하고 마지막 안거를 했다는 소문을 듣고 유마거사는 부처님 대신 육체병을 핑계하여 사바세계 중생들의 정신병을 모두 털어놓은 뒤 이 세상을 어떻게 정토화할 것인지 명쾌한 답변을 찾아내었습니다. 불국정토는 마치 진흙 속에서 연꽃이 피는 것과 같기 때문입니다.

(1) 진흙 속의 연꽃
지극한 이치는 말이 없고 밝은 지혜는 앎이 없습니다.
앎이 없기 때문에 알지 못하는 것이 없고
말이 없기 때문에 온갖 말이 다 나옵니다.
말 없는 말 앎이 없는 앎
이것이야말로 진짜 크고 넓고 바른 것입니다.

그러나 중생들이 이름과 모양에 집착하여
그것을 깨닫지 못하고 있기 때문에
옛 사람이 병을 핑계하여 온갖 법과 이름을 밝히고
대승의 참뜻을 나타내 보였으니
고원 육지에는 연꽃이 피지 않고
니습후지(泥濕汚池)에 연꽃이 핀다 한 말이
이를 두고 한 말입니다.

(2) 불국토의 조건
불국토는 깨달은 성현들이 사는 곳입니다.
불국토에 세 가지 종류가 있으니

첫째는 상적광토(常寂光土)이고
둘째는 실보장엄토(實報莊嚴土)며
셋째는 범성동거토(凡聖同居土)입니다.

부처님은 언제나 적광토에 머물러
본래의 원을 따라
혹은 실보토에 나아가기도 하고
혹은 동거토를 보이기도 합니다.
모두 중생을 이익되게 하기 위한 방편입니다.

이승(二乘)은 화택(火宅)을 벗어나
적멸락(寂滅樂)에 빠지므로
중생교화를 소홀히 합니다.
그러므로 보살이 신통을 보여
불국정토를 나타내는 것입니다.

(3) 국민의 수준

청하지 않는 곳에 나아가 좋은 벗이 되어 주고
삼보의 정신을 계승하여 끊어지지 않게 하고
마군이와 원수를 항복받고 모든 외도를 제압하고
이미 청정을 얻어 영원히 오계십전(五蓋十纏)에서 벗어나야
남의 말을 알아들을 수 있습니다.

마음을 항상 편안하게 가져 무애해탈에 머물고
생각과 정력이 총지 변재를 끊어지지 않게 하고
6바라밀을 실천하여 온갖 방편을 갖추었고

이를 곳 없는데 까지 이르러 법인을 일으키지 않고도
능히 불퇴전의 법륜을 굴릴 것입니다.

잘 법상(法相)을 알아
근기 따라 대중들을 두려움 없이 있게 하고
온갖 공덕과 지혜로써 그 마음을 닦고
아름다운 상호로 장엄하여 색상(色相)이 으뜸이고
세간의 모든 꾸밈을 버렸지만
그 이름이 수미산처럼 드러난 사람

깊은 신심이 금강과 같아
법보를 널리 비쳐 감로의 비를 뿌리고
말씀이 미묘하여 깊은 인연법으로 사견을 뽑아주고
유무이변(有無二邊)에 다시 남은 습기가 없고
법을 연설할 때 두려움 없는 것이 사자와 같은 사람

그 설법이 우레와 같아 그 양을 넘어섰고
법보대중을 바다의 길잡이처럼 잘 안내하고
모든 법의 깊은 뜻을 알아 중생들이 나아갈 길을 밝히고
짝할 이 없는 부처님의 지혜와
10력 4무소외 등 18불공법을 가까이 하여
모두 악취의 문을 닫아 버린 사람

5도에 몸을 나투어 대의왕이 되어 중생병을 치료하되
병을 알고 약을 제공하여 한량없는 공덕을 짓고
모든 불국토를 깨끗하게 장엄하여

보고 듣는 사람들이 이익을 입지 아니한 자가 없게 한 사람
이러한 사람들이 이 세상을 빛나게 하는 사람들입니다.

돌 속에 옥이 들어 있으면 산이 빛나고
물 속에 구슬이 있으면 내가 더욱 아름답듯
사람에게도 덕이 있으면 세상이 더욱 풍요로워집니다.

하늘에 해와 달이 있으면 밤과 낮이 빛나듯이
세상에 선지식이 있으면
한 번만 보아도 알고 알지 못하는 것이 없습니다.
모두가 큰 지혜 속에서 대지본행을 실천한 까닭입니다.

(4) 보살의 정토
그러면 어떤 것이 정토입니까?
보살의 불국토는 중생입니다.
중생을 교화하여 불국토를 장엄하고
중생을 조복하여 불국토를 꾸미며
중생에게 불지혜를 얻게 하여 불국토를 이루고
중생에게 보살심을 일으켜 불국토를 성취하기 때문입니다.

왜냐하면 보살이 불국토를 얻게 하는 것은
모든 중생에게 이익을 주기 위한 것이니
마치 빈 땅에 집을 짓는 것과 같습니다.

곧은 마음이 보살의 정토이니
보살이 성불시 아첨중생이 그 국토에 나지 않기 때문입니다.

깊은 마음이 보살의 정토이니 보살이 성불시
공덕이 부족한 중생이 그 국토에 나지 않기 때문입니다.
보리심이 보살의 정토이니 보살이 성불시
무지한 중생이 그 국토에 나지 않기 때문입니다.
보시가 보살의 정토이니 보살이 성불시
인색한 중생이 그 국토에 나지 않기 때문입니다.

지계가 보살의 정토이니 보살이 성불시
선행이 부족한 중생이 그 국토에 나지 않기 때문입니다.
인욕이 보살의 정토이니 보살이 성불시
화 잘 내는 중생이 그 국토에 나지 않기 때문입니다.

정진이 보살의 정토이니 보살이 성불시
게으른 중생이 그 국토에 나지 않기 때문이다.
선정이 보살의 정토이니 보살이 성불시
마음이 어지러운 중생이 그 국토에 나지 않기 때문입니다.

지혜가 보살의 정토이니 보살이 성불시
우치한 중생이 그 국토에 나지 않기 때문입니다.
4무량심이 보살의 정토이니 보살이 성불시
자비희사 중생이 그 국토에 와서 나기 때문입니다.

4섭법이 보살의 정토이니 보살이 성불시
4섭(攝) 중생이 그 국토에 와서 나기 때문입니다.
방편이 보살의 정토이니 보살이 성불시
일체법에 걸림 없는 중생이 그 국토에 와서 나기 때문입니다.

37조도품이 보살의 정토이니 보살이 성불시
4념처 · 4정근 · 4신족 · 5근 · 5력 · 7각지
8정도 중생이 그 국토에 와서 나기 때문입니다.
회향심이 보살의 정토이니 보살이 성불시
일체공덕을 갖춘 중생이 그 국토에 와서 나기 때문입니다.

8난을 제거한 것이 보살의 정토이니 보살이 성불시
3재8난이 없는 중생이 그 국토에 와서 나기 때문입니다.
소승의 계율을 지키고 남을 헐뜯지 않는 것이
보살의 정토이니 보살이 성불시
청정한 중승들이 와서 태어나기 때문입니다.

10선이 보살의 정토이니 보살이 성불시
요사(夭死) 질에(嫉恚)가 없는 부드럽고
진실한 말을 하는 큰부자 범행자가 권속이 되어
싸움을 잘 화합시키는 까닭입니다.

이렇게 곧은 마음이 깊은 마음을 내고
깊은 마음이 조복심을 일으키며
조복한 마음을 그대로 실천하여 회향하고
갖가지 방편으로 중생을 성취 불국토로 안내하니
그러므로 법이 깨끗해지고 지혜를 깨달아
그 마음이 깨끗하면 일체공덕이 깨끗하게 되고
불국토가 깨끗하게 되는 것입니다.

그런데 정명은 오래 전부터 부처님을 섬겨

깊은 선근을 심고 무생법인을 얻었기 때문에
변재가 걸림 없고 신통이 자재하였던 것입니다.

마치 바다가 다섯 가지 덕으로 세상을 밝히듯
첫째는 맑고 깨끗하여 썩은 송장을 받지 않고
둘째는 여러 가지 보배를 갈무리고 있으며
셋째는 용이 머물며 때에 따라 비를 내리게 하고
넷째는 빛과 바람이 마르지 않게 하며
다섯째는 수심의 깊이를 헤아리기 어렵게 하기 때문입니다.

마찬가지로 유마거사도
마음이 깨끗하여 계를 범하지 않고
지혜의 보배를 나타내 세상의 가난을 구제하고
불법의 큰비를 퍼부어 목마른 자를 축여주고
사마의 빛 바람에도 훼손되는 바 없으며
지혜가 넓고 커서 헤아리기 어려웠습니다.

사람을 제도하기 위하여 베살리성에 살고 있었는데
재물이 한량없어 가난한 자들을 살피고
계행이 청정하여 파계자를 구원하고
언행이 철저하여 화 잘 내는 사람을 교화하고
정진이 뛰어나서 게으른 사람을 거두어들이고
마음이 항상 선정에 머물러 산란한 자들을 구하고
결정적인 지혜로 무지한 사람들을 교화하였습니다.

비록 흰옷을 입었으나 스님들의 청정율행을 받들어 지니고

세상 사람들의 집에서 사나 3계에 집착하지 않고
처자가 있으나 항상 범행을 닦고
권속이 있으나 항상 떨어져 있으며

찬란한 옷을 입어 장엄하여도 상호로써 몸을 꾸미고
음식을 먹으나 선열로써 맛을 삼고
바둑 장기놀이 하는 곳에 가서도 사람들을 제도하고
이교도들과 함께 어울려도 바른 신앙을 훼손하지 않고

세상의 전적에 밝아도 항상 불법을 즐기고
일체를 공경하는 것으로 최고의 공양을 삼고
정법을 가지되 어른과 아이를 가리지 않고
치산생업(治産生業)에도 기뻐하지 않고

사거리에 나아가 함께 유희하나 중생을 이익 되게 하고
바른 법으로써 일체를 구족하며
강론하는 곳에 나면 대승으로써 가르쳐주고
학당에 들어가서는 어리석은 아이들을 깨우쳐주고
음사에 가서는 허물을 보이며
술집에 들어가서는 그 지조를 세웠습니다.

이것이 유마거사의 방편입니다.

제57강 열반을 예고하다

1. 베살리성 체티야 앞에서

부처님은 페루바촌에서 안거가 끝난 뒤 다시 베살리로 가서 챠발라체티야(遮波羅制底)에 머물렀습니다.

체티야는 신성한 나무라 번역하기도 하나 흔히 묘(廟), 예배당으로 천신을 모시고 예배하는 성당으로 이해하고 있습니다.

특히 이것은 마우리야 왕조 이후에 만들어진 것으로 돌 또는 벽돌로 된 탑 모양은 훨씬 후대의 것으로 추정됩니다. 우리나라의 선돌, 적석총, 전탑 같은 것도 모두 여기서 연유된 것입니다.

부처님 당시에 있었던 체티야는 죽은 사람의 유골 위에 만들어진 토총(土塚)과 같은 것이었는데 인도사람들은 그러한 토총을 만들지 아니하면 그곳에 나무를 심어 신성하게 여겨 왔습니다. 뒤에 이것은 세상을 떠난 성자의 유골이나 유품 위에 커다란 총(塚)을 만들면서 스투파 즉 탑파(塔婆)와 같은 뜻으로 이해되었으니 오늘날 우리가 볼 수 있는 탑들은 모두 이 체티야로부터 발전된 것이라 해도 과언이 아닙니다.

그런데 부처님은 그 체티야 속에 들어가 뜨거운 햇빛을 피하고 앉아 휴식을 취하면서 아난다에게 석달 후에 돌아가실 것을 예언했습니다.

아난다와 비구들은 이 말을 듣고 매우 슬퍼하면서 "왜 그렇게도 부처님의 수명이 짧습니까?" 하고 탄식했습니다. 그때 부처님은 좋은 말로 위로했습니다.

"아난다야, 근심하지 말라. 1겁(劫)을 더 산다 할지라도 서로 만난 사람이 한번은 이별하지 않겠느냐. 이것이 존재하는 모든 것의 양상이다. 설사 내가 죽어 육신이 다한다 하더라도 내가 설한 묘한 진리의 몸만은 언제까지나 멸하지 않는다."

이것이 법신불멸사상(法身不滅思想)입니다.

부처님은 다시 비구를 격려했습니다.

"비구들아, 지금까지 내가 너희들에게 말한 모든 가르침을 생각하고 외우고 닦으라. 욕심을 제어하고 자기 자신을 이기고 몸을 바르게 하고 말을 바르게 하고 분노를 버리며 탐욕을 버리고 항상 죽음을 생각함에 마음을 쓰라. 마음이 사(邪)에 끄달리더라도 따르면 안 된다. 마음이 욕심을 일으키더라도 그런 마음을 허락해서는 안 된다. 사람이 마음을 따라야 하는 것이지 마음이 사람을 따라가서는 안 된다.

왜냐하면 이 마음은 신(神)도 되고 사람도 되고 악마도 되고 귀신도 되고 부처님도 될 수 있기 때문이다. 그러므로 너희들은 마음을 바로 하여 도를 행하라. 도를 행하는 자만이 세상에서 안온을 얻는다.

비구들아, 나는 지금 너희들을 위해 이 세상의 종말에 이르기까지 고독(苦毒)의 나무를 변화시켜 감로로써 열반의 열매를 맺도록 격려해 왔다. 너희들도 이 법 안에서 서로 화목하고 존경하고 다투지 말라. 물과 우유가 서로 융합하듯 하라. 나는 스스로 이 법을 깨닫고 다른 사람을 위해 설하였다. 이 법은 으레 너희들의 스승이 되어 너희들을 해탈의 경지로 들어가게 할 것이다. 나는 앞으로 3개월이 지나면 니르바나에 들 것이니 부디 잘 알아서 행하라."

2. 케샤아리의 불발탑

부처님께서는 열반을 예고하신 지 며칠 있다가 친히 베살리성에 들어가 탁발을 마치고 성을 나오셔서 푸완다촌으로 가시는 도중 타고 가시던 큰 코끼리와 같이 전신을 떨치시고 베살리성을 응시하며 말씀하셨습니다.

"아난다야, 여래께서 베살리성을 돌아보는 것도 이것이 마지막이 될 것이다."

비록 여래(如來) · 응공(應供) · 정변지(正徧智) · 명행족(明行足) · 선서(善逝) · 세간해(世間解) · 무상사(無上士) · 조어장부(調御丈夫) · 천인사(天人師) · 불세존(佛世尊)의 칭호를 받은 3계무비의 대성자였지만 나와 80평생 아니 수천 수만 겁의 인연을 맺어온 이 사바세계를 완전히 이별한다고 생각할 때 어찌 쓸쓸한 마음이 들지 않겠습니까. 너무나도 평범한 인간, 너무나도 다정한 인간, 그 분이 인간이었기에 인간 세상의 바른 길을 가르친 스승이 될 수 있었던 것입니다.

푸완다촌을 나온 부처님은 케사리아 촌에서 베살리성 릿차비사

람들에게 자신이 수용하시던 발우를 주면서

"이것을 복전으로 삼으라."

하고 마지막 작별을 고 하였습니다.

그래서 지금 케사리아에는 인도에서 제일 큰 불발탑이 형성되어 있습니다. 탑 주위에는 작은 개울이 흐르고 있고 부처님께서 마지막으로 서서 응시하셨던 커다란 나무도 그대로 서 있습니다.

부처님은 더 이상 베살리성 사람들이 따라오지 않도록하고 천천히 걸어 반다가마(捷茶)촌, 핫티가마(授手)촌, 암바가마(菴婆羅)촌, 잠부가마(潛浮)촌을 지나 보가나가라(負伽) 등에 들어갔습니다. 부처님은 들어가는 곳마다 어디서나 만나는 행자들에게 그들에게 알맞은 법문을 일러주었습니다.

(1) 사념처(四念處)

① 이 몸은 깨끗지 못한 것이라 관하고(觀身不淨 · 身念處)

② 외부 대상에 대해 이 마음으로 받는 것은 모두 괴로움이라 관하고(觀受是苦 · 受念處)

③ 고락(苦樂)과 심리적 반응과 관련된 우리의 마음은 무상하다 관하고(觀心無常 · 心念處)

④ 모든 법은 실체가 없다고 관하라.(觀心無我 · 法念處)

처음 설해 준 4념처는 몸에 대한 애착이 강한 사람들에게 설한 법문입니다.

다음은 게으른 사람들에게 가르친 4정근입니다.

(2) 사정근(四精勤)

⑤ 이미 생긴 악은 끊고

⑥ 아직 생기지 않은 악은 미리 방지하고

⑦ 이미 생긴 선은 더욱 자라나게 하고

⑧ 아직 생기지 않은 선은 생기도록 부지런히 힘쓰라.

다음은 부지런히 노력하는 사람들에게 가르친 4신족입니다.

(3) 사신족(四神足)

⑨ 항상 착하고(常欲善)

⑩ 항상 법을 생각하고(常念法)

⑪ 항상 정진하며(常精進)

⑫ 항상 한 마음으로 사유하라(常思惟).

다음은 신통을 얻는 방법입니다.

(4) 사여의족(四如意足)

⑬ 뛰어난 삼매의 행을 생각하고(欲如意)

⑭ 뛰어난 삼매를 부지런히 닦을 것을 생각하며(念如意)

⑮ 뛰어난 삼매를 부지런히 닦고(進如意)

⑯ 뛰어난 삼매의 행을 사유하라(慧如意).

다음은 신념이 약한 자들에게 격려한 말씀입니다.

(5) 오근(五根)

⑰ 부처님의 교법을 믿고 사교(邪敎)와 사신(邪信)에 물들지 말

고(信根)

⑱ 악행을 끊고 선행을 힘써 닦으며(進根)

⑲ 바른 생각을 가지고 살고(念根)

⑳ 선정을 성실히 닦고 마음에 산란을 제거하며(定根)

㉑ 지혜를 닦아 4제의 진리를 깨달아라(慧根).

다음은 힘이 부족한 사람들에게 힘을 기르는 방법을 설하신 것입니다.

(6) 오력(五力)

㉒ 불법을 착실하게 믿고 사교를 믿지 말고(信力)

㉓ 선을 닦고 악을 없애기 위하여 부지런히 힘써 닦으며(進力)

㉔ 사상을 바르게 가지고 삿된 생각을 버리고(念力)

㉕ 선정을 닦아 어지럽고 산란한 생각을 없게 하여(定力)

㉖ 지혜를 닦아 불교를 깨달아라(慧力).

다음은 깨달음이 부족한 사람들에게 가르친 교훈입니다.

(7) 칠각지(七覺支)

㉗ 지혜로써 모든 것을 가려 선한 것은 골라 하고 악한 것은 버리라(擇法覺支).

㉘ 여러 가지 수행에 방황하지 말고 오직 바른 도를 향해 한 길로 나아가라(精進覺支).

㉙ 참된 법을 얻어 기뻐하고(喜覺支)

㉚ 그릇된 견해나 번뇌를 끊을 때 능히 참되고 거짓됨을 알아서 올바른 선근을 기르라(除覺支).

㉛ 바깥 경계에 집착하던 마음을 떠날 때 거짓된 것은 추억하지 말라(捨覺支).

㉜ 선정에 안주하여 번뇌망상을 일으키지 말라(定覺支).

㉝ 선정과 지혜를 고르게 닦아라(念覺支).

다음은 중도행을 적극적으로 가르치신 교훈입니다.

(8) 팔정도(八正道)

㉞ 유무의 편견을 버리고 중도의 불법을 바르게 보아라(正見).

㉟ 몸과 입과 뜻에서 탐진치 3독을 버리고 4제를 생각하라(正思惟).

㊱ 입으로 삿된 말(거짓, 이간, 악한, 욕설)을 하지 말고 바른 말을 하라(正語).

㊲ 몸으로 살생, 도둑질, 간음하지 말고 지조를 바르게 하여 품위 있는 행동을 하라(正業).

㊳ 정법을 바탕으로 하여 올바른 생활을 하라(正命).

㊴ 열반의 정도를 위하여 일심으로 힘써 나아가라(正精進).

㊵ 바른 도만 생각하고 삿된 생각을 버리라(正念).

㊶ 선정을 바로 하여 산란이 없게 하라(正定)."

이상 4념처, 4정근, 4신족, 4여의족, 5근, 5력, 7각지, 8정도를 합하면 총 41도행이 되는데 이 가운데 4신족과 4여의족은 그 내용이 같은 것이므로 37도행이라 합니다. 이것은 모두 보리(菩提)를 돕고 성도를 증득해 가는 길이므로 37조도품(助道品), 혹은 37보리분(菩提分) 37성도분(聖道分)이라 합니다.

스리랑카에서는 이것을 청정도론이라는 말로 새롭게 풀었으며, 티베트에서는 역대 달라이라마가 매년 1회씩 보리분법 차제론이라 하여 특강하고 있습니다. 우리나라에서는 원효스님이 철학적 논리로 이장의(二章義)로써 정리해 놓았습니다.

또 부처님은 8정도 가운데 여덟 번째 정정(正定) 즉 선정(禪定)을 올바로 닦게 하기 위하여 백골관(白骨觀), 부정관(不淨觀), 촉루관(觸髏觀), 수식관(數息觀), 인연관(因緣觀), 무상관(無常觀), 무아관(無我觀), 고관(苦觀), 공관(空觀) 등3)을 닦도록 하였는데,

---

3) 첫째, 백골관은 사람이 죽은 다음 육신은 피부와 근육이 다 없어지고 흰 뼈만 앙상히 남은 것을 관하게 한 것인데 이것은 4대화합의 이 몸을 진짜 자기라고 오인하고 있는 사람들에게 무아의 진리를 가르친 방편이었습니다.

둘째, 부정관은 사람은 누구나 아홉 구멍(두 귀, 두 코, 두 눈, 입, 항문, 성기)에서 항상 궂은 물이 흐르고 안과 밖 중간의 간, 쓸개, 위, 장, 폐, 신장, 손톱, 발톱, 이빨, 가죽, 뼈, 피 등 온갖 부정물을 가지고 있는 것을 관하고 또 이 몸이 썩을 때 온 몸이 불어터져 온갖 벌레가 생기는 것을 관하는 것이니 이것은 자신의 몸에 대한 탐욕이 많은 사람들에게 가르친 수선법(修禪法)입니다.

셋째, 촉루관은 백골관과 거의 같은 것으로 인연에 의하여 만들어진 이 몸은 결국 앙상한 뼈로 돌아가는 것을 가르친 것이니 이 또한 이 육신에 대한 탐욕이 많은 사람을 위하여 설하신 것입니다.

넷째, 수식관은 들이쉬고 내쉬는 호흡을 세어 천만 가지 사량을 제어하는 것이니 이는 산란이 많은 중생을 다스리는 관법입니다.

다섯째, 인연관은 4성제 가운데 집제 즉 12인연을 역순으로 관하여 무생을 얻게 한 것이니 이는 어리석은 중생을 다스리기 위하여 베푼 선정입니다.

여섯째, 무상관은 이 세상 모든 존재가 잠깐도 쉬지 않고 찰나찰나에 멸해 가는 것을 관한 것이니 이는 상단(常斷)에 떨어져 있는 중생을 교화하기 위해 설하신 것입니다.

일곱째, 무아관은 이 몸은 지·수·화·풍의 4대 소집이고 이 마음도 수·상·행·식의 집적에서 일어나는 것이니 나라는 것은 없다고 관하는 것이니 아집에 집착된 중생을 다스리기 위해 설한 것입니다.

여덟째, 고관은 4제중 고제를 관하는 것으로 우리가 받고 있는 모든 현상은 엄밀히 따지고 보면 고통 아닌 것이 없다고 관하는 것이니 이는 지나치게 현실을 낙관

여기서 지나치게 극단적인 사고방식으로 수행한 사람들이 종종 자살을 범했기 때문에 후에 금지하게 되었습니다.

이렇게 부처님은 비구들을 볼 때마다 각기 그들의 근기와 수준에 맞추어 알맞은 법문을 하시어 허송세월을 보내지 않게 하고 다음에 파바(波婆)로 나아가 그 교외에서 살고 있는 대장장이 춘다(Cunda·純陀)가 소유하고 있는 숲으로 들어가 네 가지 잡론(雜論)을 파하는 법을 가르쳤습니다.

① 어떤 법을 주장할 때 반드시 경·율을 기준으로 그것의 허와 실을 가려 거짓말이면 그것을 버리고 진실한 것이면 받아들이라 한 것이 그 첫째이고,

② 어느 곳에서 어떤 장로에게 이 일을 친히 들었다 주장하면 그 역시 경·율로써 허실을 가려 취택하여야 한 것이 그 둘째이고,

③ 어느 곳에서 어떤 장로에게 이 일을 친히 들었다 주장하면 그 역시 경·율로써 허실을 가려야 한다고 한 것이 그 셋째이며,

④ 어떤 곳에서 경·율을 잘 배우고 조행을 잘 지키고 있는 박학의 한 장로로부터 이 일을 들었다고 주장하면 그 역시 경·율로써 허실을 가려라 한다고 하신 것이 그 넷째입니다.

만 하는 어리석은 중생을 위해 베푼 것입니다.

아홉째, 공관은 삼라만상은 모두 인연 화합에 의하여 생긴 것이니 그 밑바탕을 들여다보면 모두 텅텅 비어 있다고 관하는 것이니 이 또한 법집중생(法執衆生)을 위해 설한 것입니다.

3. 춘다의 마지막 공양

빠바시 대장쟁이의 아들 춘다는 부처님께서 자기의 원림(園林)에 들어가 계신다는 말을 듣고

"세상에 부처님께서 나의 원림에 들어와 계신다니!"

하고 환희심으로 부처님을 찾아뵙고 공양청을 했습니다.

"내일 제가 부처님과 부처님 제자들에게 공양을 올리겠습니다."

그런데 그가 마련해 온 음식 가운데는 쑤까라 맛다바라 하는 전단나무 버섯이 들어 있었습니다. 이것은 상당히 독이 있는 음식이지만 맛으로는 이 세상 어느 무엇보다 훌륭한 것이었습니다.

부처님께서는 이것을 보고 '이것은 독이 있는 음식이니 다른 비구들은 먹지 말라' 이르고 오직 그의 성의를 저버릴 수 없어 홀로 잡수셨습니다. 그런데 부처님께서는 그 음식을 잡수시고 곧 극심한 복통을 일으켜 이질을 앓았습니다.

어떤 사람들은 부처님을 싫어한 외도들이 춘다를 매수하여 그런 음식을 만들어 바친 것으로 이해하고 있습니다만 부처님에 대한 춘다의 지극한 신심과 춘다에 대한 부처님의 이해로 보아서는 도저히 그렇게 말할 수 없습니다. 또 원래 버섯은 거의 다 독이 많은 음식물이나 맛과 영양으로 보아서는 상당히 고급음식에 속하므로 아마 그 지방에서는 귀객을 접대하는 식물로 여기고 있었는지도 모릅니다.

또 인도에서는 소를 도끼로 잡아 '도끼버섯'이라 하고, 돼지는 칼로 잡아 '칼버섯'이라 부르기도 했기 때문에 그 음식이 버섯 음

식이 아니고 돼지고기가 들어있는 음식으로, 부처님께서는 스님들에게 이러한 음식을 먹지 못하게 하셨다는 내용을 기록한 책이 있습니다.

부처님은 이 음식을 잡수시고 극심한 복통을 일으켰으나, 아난다에게 쿠시나라(拘尸那羅)로 가자고 하셨습니다.

그래서 불편한 몸을 이끌고 가시다가 너무도 견딜 수 없어 아난다에게 옷을 벗어 깔게 하고 쉬면서 찬물을 구했습니다. 그러나 그때 마침 5백대의 수레가 짐을 싣고 지나가 물이 흐렸습니다. 그래서 아난다는 꾸굿타 강까지 가서 물을 구해왔으나 그 물도 흐려 걱정했는데, 부처님께서 물그릇을 받는 순간 물이 맑아졌으므로 아난존자는 놀라 '부처님 신통을 처음 보았다'고 말했습니다.

부처님께서는 꾸굿타강에서 목욕하고 말라족 툿쿠사(富貴)가 올린 황금색 옷 두 벌을 받아 한 벌은 아난다에게 주고 한 벌을 친히 입으셨습니다. 그래서 인도스님들의 옷이 황색법의로 만들어지게 된 것입니다.

그리고 빠딸리 가마에 이르니 재가신도들이 자리를 깔고 부처님께 청법하였으므로 다섯 가지 계의 공덕을 설했습니다.

"계를 지키면 ① 방일을 여의고 ② 착한 이름이 드러나고 ③ 모임에 떳떳하고 ④ 미혹하지 않고 ⑤ 몸이 건강해진다."

그리고 난 후 부처님은 몇 번씩이나 쉬면서 히란야 비티이(熙蓮)강을 건너 쿠시나가라의 우파밧타바(和跋單)란 이름의 사라나무 숲으로 들어갔습니다. 아난다가 두 개의 나무 사이에 자리를 만드는 동안 그 옆 바위 위에 앉아 계셨는데, 지금도 그 바위가 남아 있습니다.

제58강 쫀다의 환생과 왕후난

1. 쫀다의 죽음과 환생

부처님께서 죽림정사에 계실 때 55년간 돼지 사육업자 쫀다의 죽음을 보고 말씀하였습니다.

"내 들으니 그는 흉년에 한가마니 쌀을 가지고 시골에 가서 백 마리의 돼지 새끼를 사와 한 우리에 집어넣고 기르다 때가 되어 잡게 되면 움직이지 못하도록 기둥에 묶고 고기를 부풀러 오르게 하고 부드럽게 하기 위해 몽둥이로 치고 강제로 그 입을 벌려 쐐기를 박은 뒤 차디 찬 물을 목에 부어 창자에 똥·오줌이 남지 않도록 하였다.

돼지 창자가 깨끗해지면 뜨거운 물을 온 몸에 끼얹어 털을 벗기고 마지막에는 돼지 머리를 칼로 찔러 솟은 피를 그릇에 담아 그것을 발라가며 구워 먹고 팔았다는 말을 들었다.

그런데 그가 죽기 1주일전부터 창자가 터져 앞뒤로 헤매다가 돼지처럼 꿀꿀 꽥꽥거리다가 죽었다 하는데 그는 살아서 한 됫박도 남에게 보시한 일이 없기 때문에 죽어 무간지옥에 들어갔다.

악행을 하면 두 곳에서 슬퍼지나니
"이 세상에서 슬퍼하고 저 세상에서 슬퍼하게 된다.
자신의 업이 더러움을 보고 비탄에 빠지고 통탄하게 된다."
하였습니다.

어떤 경전에는 사리불과 부처님이 함께 길을 걸어가는데 날파리 같은 것이 허공 가운데서 파도치고 흘러가니 부처님께서 빙긋이 웃으셨습니다.
"왜 웃으십니까. 부처님?"
"여기가 돼지우리이기에 웃는다. 끝없는 세월 무간지옥에서 고생할 줄 알았더니 스님들이 이 길을 걸으면서 반야를 염(念)하므로 뜨거운 기운을 내뿜으며 파도치고 있구나. 머지않아 사람으로 환생하여 도 닦는 사람이 될 것이나 귀가 축 늘어지고 입술이 툭 튀어나온 사람이 있거든 그가 곧 쭌다인 줄 알아라."

과연 10년후 사미 쭌다가 출가해 왔는데 그의 모습이 돼지와 똑같이 생겨 제2 쭌다인 줄 알았습니다. 말을 제대로 하지 못하고 꿀꿀 꽥꽥하여 만나는 사람마다 "아이구 이 미련한 돼지 새끼야!" 하여 그는 전생의 돼지심을 깨닫고 아라한이 되었습니다.

불쌍한 사람들이 살아가던 장소에 도 닦는 사람이 지나만 가도 이 같은 공덕이 생긴다 하여 후에 어려운 사람들이 더욱 불법을 가까이 하게 되었습니다.

2. 화엄경에 나오는 도살업자

화엄경에는 소를 잡는 도살업자 이야기가 나옵니다. 날마다 소를 잡고 피투성이가 되어 오는 남편을 본 아내는,

"우리는 필경 지옥 종자야. 어떻게 하면 좋을꼬!"

하고 걱정하면,

"걱정할 것 없어. 잡는 사람이 있어야 먹는 사람이 있지. 내가 돈을 벌기 위해서가 아니고 중생들에게 영양보충을 시키기 위해 자원해서 하는 일이야."

했지만 그래도 걱정이 되어 지나가는 스님께 물으니

"짐승을 잡을 때는 도끼를 내리치며 '발보리심해라.'"

하고 치라 하였습니다.

그래서 그때부터 그 스님이 시키는 대로 하였는데 오랫동안 하다 보니 그만 습관이 되고 말았습니다. 하루는 큰 황소가 들어와 두 번, 세 번 쳐도 죽지 않으므로 온 힘을 다하여 "보리심을 발하라!" 하고 힘껏 내려 쳤는데 그만 소가 쓰러지면서 "너는?" 하고 소리를 질러 그 소리를 듣고 깨우치고 보니 자신이 현겁 천불 가운데 제999존임을 알게 되었습니다.

같은 살생도 죽이는 사람의 마음을 따라 악도에 가기도 하고 선도에 가기도 하는 것이니 작심일념(作心一念)이 만법을 소생하는 것입니다.

"선행을 하면 두 곳에서 즐거워하나니

이 세상에서 즐거워하고 저 세상에서 즐거워하고

내가 선을 지었다고 환호하며
좋은 곳으로 가서 한층 더 환호할 것이다."

3. 쑤마나의 죽음

급고독장자에게 마하쑤마나 쭐라쑤마나, 그리고 막내쑤마나 세 딸이 있어 모두가 승가대중을 섬기다가 출가하였는데, 막내는 출가하지 못하고 죽었습니다. 숨이 떨어지려 할 때 아버지가 소식을 듣고 급히 달려와
"무슨 일이냐?"
물으니
"아우여. 나는 먼저 간다."
하였습니다. 정신이 없어 헛소리를 하는 것으로 알고
"정신이 있느냐?"
물으니
"정신이 있으니 두려워하지 말라."
하였습니다.

급고독장자가 너무도 슬퍼 울면서 부처님께 와서 말씀드리니
"쑤마나가 정신이 없어서 헛소리를 하는 게 아니라 아버지가 자신보다 늦게 도를 깨치고 늦게 오게 되기 때문에 아우라 부른 것이다." 하고
"그는 현재 지족천에 태어나 이 세상의 왕보다도 백배, 천배 호화로운 생활을 하고 있으니 기뻐하라." 하였습니다.
이에 급고독 장자는 슬픔을 그치고 노래를 불렀습니다.

"가야 할 길을 끝내고
괴로움 없이 일체의 관념에서 해탈하고
일체의 속박을 버린 사람은
고뇌 속에서도 슬퍼하지 않는다.

이로 인해 불교에서는 자식이 먼저 죽으면 선배로 생각하여 제사에 아버지, 할아버지가 영가에게 잔을 올리고 절도 하게 되어 있습니다. 사실 생각하면 이 세상의 선배는 먼저 태어난 것만이 아니고 먼저 깨닫고 먼저 죽음을 체험한 사람이 으뜸입니다.

4. 꼬쌈비국 우데나왕의 세 왕비

(1) 마간디야의 딸 우데나

부처님께서 꼬쌈비시 고씨따승원에서 아홉 번째 안거를 지낼 때 그곳의 부호 파와리카와 코싸카, 쿡쿠타가 파와리 캄마와나와 코시타라마 쿡쿠타라마 세 절을 지어 낙성식을 하고자 할 때 꾸루국 바라문 마간디야는 어려서부터 특별히 잘 생긴 딸 우데나를 특별한 사람에게 결혼시키고자 마음먹고 있다가 부처님을 뵙게 되자

"이 사람이야말로 나의 사위가 될 만하다."

하고 고향에 돌아가 아름답게 꾸민 딸을 데리고 왔습니다.

"우리 딸이야말로 부처님께 버금갈 만한 인물이니 부처님께서 취하여 시봉을 시키십시오."

"감사한 말씀이나 내가 왕궁에서 있을 때는 세 부인과 백 명의 악사와 백 명의 무희를 거느리고 살았고, 붓다가야에서는 세 마녀를 보았으나 모두가 몸속에는 부정물이 꽉 차 있는 것을 알고 다

시는 이 세상의 욕망을 취하지 않기로 하였습니다."

바라문이 이 말씀을 듣고 "출가자는 생사를 해탈하였으므로 세속영화에 빠질 리 없다." 하고 크게 깨달았으나

딸 우데나는 "내 몸을 똥·오줌 자루로 생각해." 하고 원한심을 품기 시작하였습니다.

마간디야 바라문은 딸을 데리고 온 김에 앞서부터 간청해 왔던 그의 삼촌에게 부탁하며 500여명의 시녀를 거느린 세 번째 왕후가 되게 하였습니다.

그런데 왕은 인물이 특출한 우데나에게 빠져 먼저 두 왕후에게는 소홀한 점이 많았습니다.

(2) 큰 왕비 싸마빠띠의 불심

큰 왕비 싸마빠띠는 매일 소 한 마리 값인 8까하빠나를 들여 꽃을 사다가 궁중을 치장하였는데 꽃을 사러간 시녀 쿳줏따라가 정원사 쑤마나에게 부처님이 오신다는 말씀을 듣고 따라가 법문을 들은 뒤 당장에 수다원과를 증득하였습니다.

그래서 돌아온 뒤 큰 왕비에게 부처님 이야기를 들려주니 왕비는 크게 감동하고 "너야 말로 감로수를 베푸는 천사이다. 매일 가서 법문을 듣고 와서 우리들에게 법문을 해 다오." 하여 그는 장차 부처님의 여제자로서 재가 여신도 가운데서는 가장 법문을 잘하는 법사 칭호를 듣게 되었습니다.

법문을 들은 왕비와 시녀들은 각기 자신의 방에다 창구멍을 뚫고 부처님 지나가는 것을 보고 경의를 표했습니다. 이 소식을 들은 마간디야는 임금님께 고하여 이들을 책벌하게 하였으나 듣지

않자 이교도들을 동원하여 부처님께 욕을 하도록 하였습니다.

"고따마는 낙타 황소와 같아 바보 멍충이요, 집을 버리고 나온 불효자이며, 남의 집에서 밥을 얻어먹는 거지요, 도둑이며 천벌을 받을 사람이다. 그를 섬기고 따르는 사람들은 함께 지옥에 들어가 고통을 받을 것이니 누구도 가까이 해서는 아니 된다."

하도 욕설을 퍼 붓고 돌아다니니까 일부 시민들은 다소 의심하는 바도 있었지만 굳건한 신자들은 더욱 신심이 굳어졌습니다.

그러나 이것이 너무 오래가면 아니 되겠다 생각하여 아난다가 전했습니다.

"부처님. 꼬삼비를 떠납시다. 환영을 받을 곳도 많이 있는데 구태여 욕을 먹어가며 지낼 필요가 있겠습니까?"

"코끼리가 전쟁터에 나아가면 활에서 화살이 쏟아져도 참아내듯 나는 근거 없는 비난을 참아내리라. 사람들은 대부분 계행을 지키지 않나니 잘 조련된 노새도 훌륭하고 인더스산 준마도 훌륭하며 상아 난 코끼리도 훌륭하지만 자신을 길들인 사람이 더욱 훌륭하다."

하시고 흔들리지 않았습니다.

외도들의 외침은 한정이 있었습니다. 돈을 받고 나와서 데모하는 시위군중처럼 외쳤는데 날마다 돈이 나오지 아니하니 그만 끝이 났습니다. 마간디야가 부처님을 도시에서 쫓아내는 것에 실패하자 그의 삼촌에게 부탁하여 죽은 닭 여덟 마리와 산 닭 여덟 마리를 가져오게 하여 산 닭은 부처님을 위해 요리하게 하고, 죽은 닭은 임금님을 위해 요리하게 하되 큰 부인을 시켜 "산 닭은 부처님을 위해 요리하고 임금님을 위해서는 죽은 닭을 요리하게 하였다." 하였으나 이 또한 대답이 없었습니다.

그러나 부처님은 자신을 위해 산 생명을 죽인 줄 알면 잡수시지 않으시고 임금님 또한 무엇인가 이상한 눈치를 채고 마간디야의 말을 듣지 않았습니다.

(3) 마간디야의 계교와 싸마빠띠의 순교

그런데 임금님은 전래로 정해놓은 규칙을 따라 첫째 왕비 싸마빠띠에게서 1주일, 둘째 왕비 바쏠라갓따에게서 1주일 그리고 셋째 왕비 마간디야에게서 1주일씩 자게 되어 있는데 여기에 불만을 품은 마간디야가 자신의 숙부에게 시켜 어금니를 독으로 씻은 뱀을 가져오게 하여 왕의 비파 속 빈 통에 넣고 꽃다발로 장식해 놓고 말했습니다.

"대왕님 오늘은 꿈자리가 매우 좋지 않으니 대비마마 방에 가시는 것을 삼가주십시오."

그러나 왕은 듣지 않고 싸마빠띠가 보내온 옷을 입고 여러 가지 장식을 걸치고 싸마빠띠의 방으로 가자 미간야도 따라가 이것저것을 살피다가 비파통 위의 꽃을 제치자 꽃뱀 한 마리가 혀를 날름거리며 대왕의 침대 위에 똬리를 틀고 앉았습니다.

놀란 왕은 즉시 시종을 불러 싸마빠띠 이하 500명의 시자들을 한 줄로 세우고 임금님만이 가지는 특수 활을 가져오라 하여 쏘아 죽이려 하였습니다.

그때 싸마빠띠가 시종녀에게 선언하였습니다.

"벗들이여. 이제 우리에게는 다른 탈출구가 없다. 그대들이 각기 자기 자신을 대하는 것처럼 왕과 왕비에 대하여 동일한 감정을 품어라. 누구에게도 분노를 품지 말라."

모두가 눈을 감고 합장하고 섰는데 갑자기 활을 당기던 임금이 "앗!" 하고 쓰러졌습니다. 싸마빠띠가 뛰어가 물었습니다.
"이 어찌된 일입니까?"
"나도 알 수 없는 일입니다. 온 몸에 힘이 빠지며 나도 모르게 쓰러졌습니다."
"어서 일어나십시오."
하여 궁 안으로 모셨습니다. 황후의 시종자들은 각기 자기자리에 돌아가 자기 일에 충실하고 있었습니다.
임금님께서 말했습니다.
"이는 분명 부처님의 은총인 것 같습니다. 나도 오늘부터 부처님을 믿고 따르겠습니다."
"탄생하는 자는 반드시 죽는다고 했습니다. 살아있을 때 좋은 일하고 가십시다."
임금님께서 크게 감동하여 선언하였습니다.
"오늘부터서는 당신과 당신 시종들이 마음대로 가서 부처님 법문을 들으시고 부처님과 그의 제자들을 모셔 공양을 올리십시오."
하여 이튿날부터는 아난존자가 대중스님들을 거느리고 가서 공양하고 법문을 하였습니다.

일이 이렇게 되자 마간디야는 더욱 화를 내어
"기필코 이들을 그대로 두지 않으리라."
생각하고 숙부를 시켜 아마포에 기름을 묻혀 싸마빠띠 궁전을 태우라고 교사하여 궁전이 온통 불 속에 휘감겼습니다.

그때 싸마빠띠 왕후는 500명의 시자들을 모으고

"우리들이 시작을 알 수 없는 윤회의 불 속에서 이 몸을 태운 지 얼마나 되었던가."

설교한 뒤 모두 함께 산화하고 말았습니다.

(4) 마간디야의 과보

이에 왕은 통탄해 마지않다가 범인을 잡기 위해 한 가지 꾀를 내 었습니다.

"잘 죽었다. 내가 하는 일마다 장애를 만들더니 잘 죽었다."

저주하자 신하들이 물었습니다.

"그러면 이 일을 누가 했다고 생각합니까?"

"나를 제일 사랑하는 사람이 했을 것이다."

하니 마간디야가 마침 옆에 있다가

"내가 임금님의 속을 알고 이 일을 시켰습니다."

"참으로 잘 했구나. 내가 그 일에 함께 조력한 사람들에게 큰 상 을 내릴 것이니 모두 통지하여 한 사람도 빠지지 않게 하라."

마간디야는 기쁜 마음으로 사돈네 8촌까지 불러 모으자, 임금님 께서는 쾌재를 부르고 궁전 옆에 큰 구덩이를 파 모두 그들을 줄 로 세워 놓고 머리에는 지푸라기를 덮고 불을 질러 몰살시켰습니 다. 그리고 그 살들을 적사위에 놓아 구워 먹인 뒤 왕비와 그의 삼 촌을 죽게 하였습니다.

부처님은 그때 "옛날 브라마닷따 시절 궁중의 여인들이 물놀이 갔다가 방천에 불을 놓아 사람들을 살해한 이야기"를 설하고 곱사 등이 쿳줏따라가 궁중의 시녀가 되어 전법한 이야기를 들려주고 게송을 읊었습니다.

경전을 외우지 못하더라도 법답게 행하라
탐욕과 분노의 어리석음을 버리고 집착을 여의면
이 세상과 저 세상에서 해탈을 얻을 수 있다.
<중일아함경 23>

(5) 재가신자 판차카

부처님께서 수수마라기라 근처 베사칼라 숲에서 여덟 번째 안거를 마치고 제타동산으로 가다가 재가신자 판차카 다야가 있는 마을에 이르렀습니다. 그는 곡식을 수확하는 과정에서 다섯 가지 방법에 의해 보시를 행하는 습관을 가지고 있었습니다.

첫째 경작지에서 나온 첫 번째 이삭을 바치고
둘째 첫 번째 수확물 가운데서도 가장 으뜸 되는 것을 바치고
셋째 곡물 창고에서 처음 끄집어 낸 곡물을 바치고
넷째 솥에서 요리한 음식 가운데서도 첫 번째 것을 바치고
다섯째 아침 식사에서도 먼저 음식을 바쳤습니다.

그래서 자신의 경작지에서 수확한 옥수수, 보리, 밀 가운데서 최초의 이삭을 거두어 그것을 우유죽으로 만들어 승단에 바쳤고, 알곡 가운데서 탈곡하여 까분 뒤 한 무더기를 만든 후 그것을 부처님께 바쳤습니다.

그리고 곡물을 곡창에다가 저장한 뒤 첫 번째 창고가 개방될 때 맨 처음에 꺼낸 것을 부처님과 승단에 바쳤으며, 모든 솥에서 요리

된 음식 가운데서 가장 먼저 된 음식을 부처님과 승단에 공양하였습니다. 그리고 부처님과 스님들이 오게 될 때에는 부처님과 제자들이 돌아갈 때까지는 음식을 먹지 아니 했습니다.

그런데 하루는 부처님께서 대중스님들과 함께 탁발을 가시지 않고 대중스님들이 탁발을 떠난 후 홀로 방안에 있다가 나갔습니다. 그들 부부를 제도하기 위해서입니다.

탁발시간이 늦어지자 판차카 바라문은 막 공양을 시작하였습니다. 그의 부인은 옆에서 부채질을 하고 있다가 부처님이 오시는 것을 보고 그의 눈에 뜨이지 않도록 음식을 가리고 부채질을 계속하였습니다. 남편이 부처님을 보면 그의 몫으로 정해 놓았던 음식을 먼저 공양할 염려가 있었기 때문입니다.

그런데 그때 음식 그릇에서 이상한 빛이 비쳐 쳐다보니 부처님께서 밖에 와 계시는지라 하는 수 없이 부인은 부채를 놓고 허겁지겁 뛰어나가 부처님께 예배를 드렸습니다. 부처님께서 말씀하셨습니다.

"나, 내것, 그 누구의 것에도 집착하지 않고
멜라색에 대해서도 자유롭다네.
명색이 소멸되었기 때문에
기쁨과 슬픔에 끄달리지 않는다네."

판차카 아내는 그 자리에서 예류과를 얻고 남편의 뜻을 따라 부처님을 안으로 모셔 공양하였습니다. 부처님은 공양 후 말씀하셨습니다.

"솥의 위 부분과 중간, 끝 부분을 가리지 않고
오직 시주자의 정성을 관하나니
비구의 음식은 삶의 수단이 아니라 오직 감사할 뿐이라네."

하여 재가불자 판차카는 비로소 분별심이 모두 없어져 예류과를 증득하게 되었습니다.

(6) 비구니 스님들의 반열반

부처님께서 백일 후에 돌아가신다는 말을 듣고 "우리가 어떻게 부처님 돌아가시는 것을 볼 수 있겠느냐?" 하고 부처님께 가 사루니 부처님께서 물으셨습니다.

"준비가 다 되었느냐?"

"2천 명 비구니 가운데 아라한을 증득한 이가 700명이 넘습니다."

"그렇다면 알아서 하라."

비구니 스님들이 돌아간 뒤 나라의 장군을 불러 "관 480개를 마련하고 이튿날 가보라." 하여 갔더니 비구니 스님들 480명이 모두 앉아서 열반에 들어있었습니다.

부처님은 마하빠자빠디의 사리를 손바닥 위에 올려놓고 "이 탐욕 덩어리! 먼저 가면 어떻고 나중 가면 어떤가?" 하셨습니다.

제59강 부처님의 마지막 법문

부처님의 마지막 법문에는 '42장경'과 '불유교경' 두 가지가 있습니다. 이번 강의에서는 42장경 한 가지만 말씀드리겠습니다.

먼저 4과해탈에 관한 말씀을 하셨습니다.

(1) 사과해탈(四果解脫)

부처님께서 말씀하셨습니다.

"어버이를 하직하고 출가한 사람은 참마음을 알고 본 모습을 사무쳐서 하염없는 법(無爲法)을 깨달아야 사문이라 말할 수 있다. 늘 250계를 실천하여 나아가고 그침이 깨끗하여 네 가지 참되고 거룩한 진리(四聖諦)를 행하면 아라한을 이룬다."

다음은 무위자연에 대한 법문입니다.

(2) 무위자연(無爲自然)

"집을 나온 사문은 욕심을 끊고 애착을 버리어 자신의 마음 근원을 알고 부처님의 깊은 이치를 통달하여 함이 없는 법(無爲法)을 깨닫는다. 안으로 얻는 바 없고 밖으로 구하는 바 없어서 마음이 도에도 묶이지 않고 업에도 매이지 않아서 생각 없고 지음 없으며 닦아 갖지도 않고 깨달아 얻지도 않아서 모든 지위를 거치지 않고 스스로 높고 거룩하나니 이것을 도라고 한다.”

다음은 걸사정신에 대하여 말씀하십니다.

(3) 걸사정신(乞士精神)
“수염과 머리털을 깎고 사문이 되어 진리의 가르침을 받는 자는 세상의 재물을 버리고 밥을 빌어 만족을 느끼며 하루에 한 끼만 먹고 한 나무 아래서는 하루만 잘 뿐 두 번 자지 말라. 사람을 어리석게 가리고 버리는 것은 애착과 욕심이다.”

다음은 나쁜 일을 하지 말고 착한 일을 하라는 지악수선의 말씀입니다.

(4) 지악수선(止惡修善)
“중생은 열 가지 착한 일을 하고 열 가지 악한 일을 한다. 열 가지란 무엇일까. 몸에 세 가지, 입에 네 가지, 뜻에 세 가지가 있으니 몸의 세 가지 악한 일은 죽임, 훔침, 음행이고, 입의 네 가지 악한 일은 두 말, 욕설, 거짓말, 꾸밈말이며, 뜻의 세 가지 악한 일은 탐냄, 성냄, 어리석음이다.”

다음은 죄악을 참회하라 하셨습니다.

(5) 죄악참회(罪惡懺悔)
“사람이 여러 가지 허물이 있되 스스로 뉘우쳐 그 마음을 쉬지 아니하면, 죄가 몸에 돌아오는 것이 마치 흐르는 물이 바다로 돌아감에 점점 깊어지고 넓어지는 것과 같다.

만약 사람이 허물이 있더라도 스스로 잘못을 알아서 나쁜 일을 고쳐 착한 일을 행하면 죄가 스스로 없어지는 것이 마치 병든 사람이 땀을 흘리고 나서 몸이 차차 나아지는 것과 같다."

다음은 인욕정진에 관한 법문입니다.

(6) 인욕정진(忍辱精進)

"악한 사람이 착한 사람이 있다는 말을 듣고 일부러 와서 귀찮게 하고 어지럽게 할지라도 네가 참고 견디어 성내어 꾸짖지 아니하면 그 악한 사람은 스스로 악한 줄 알아서 부끄러워하게 된다."

다음은 나를 멸시하는 자들을 대하는 방법에 관한 법문입니다.

(7) 묵빈이대(默賓而對)

어떤 사람이 여래가 도를 지키고 큰 자비를 행한다는 말을 듣고 일부러 와서 꾸짖고 욕해도 내가 묵묵히 거들떠보지 않았더니 그 사람이 꾸짖고 욕함을 그쳤다. 어떤 제자가 그 까닭을 물으니 부처님께서 말씀하셨다.

"네가 나에게 선물을 주었는데, 내가 받지 않는다면 어떻게 하겠느냐?"

"제가 다시 가져가야지요."

"주고받는 것이 마치 메아리와 그림자 같으니 거기에 끄달리지 말라."

다음 악인들에 대한 것도 마찬가지 입니다.

(8) 악인해현(惡人害賢)

"악한 사람이 어진 이를 해치는 것은 마치 하늘을 우러러 침을 뱉으면 침이 하늘에 올라가지 않고 도리어 자기에게 떨어지는 것과 같고, 바람을 거슬러 먼지를 날리면 먼지가 저쪽 편에 이르지 않고 도리어 자기 몸을 더럽히는 것과 같다. 어진 이를 끝내 해할 수 없고 화가 반드시 자신에게만 돌아와 과보를 받게 된다."

(9) 박문애도(博聞愛道)

"널리 듣는 것만으로 도를 사랑하면 도를 알기 어렵고, 뜻을 지키어 도를 받들면 그 도는 크고 큰 것이다."

다음은 무진복에 관한 말씀입니다.

(10) 거화무진복(炬火無盡福)

"다른 사람들이 널리 베푸는 것을 보고 도와주고 기뻐하면 큰 복을 받게 된다. 마치 한 횃불의 불로 수많은 사람들이 제각기 가지고 횃불에 불을 붙여서 밥을 짓고 어둠을 밝혀도 횃불은 처음과 다름없는 것과 같다."

다음은 공양의 공덕에 관한 말씀입니다.

(11) 공양의 공덕(供養功德)

"악한 사람 백 명에게 공양하는 것이 한 명의 착한 사람에게 공양하는 것만 못하며,

착한 사람 천 명에게 공양하는 것이 한 명의 오계(五戒) 지키는 사람에게 공양하는 것만 못하며,

오계 지키는 사람 만 명에게 공양하는 것이 한 명의 수다원에게 공양하는 것만 못하며,

백만의 수다원에게 공양하는 것이 한 명의 사다함에게 공양하는 것만 못하며,

억 명의 사다함에게 공양하는 것이 한 명의 아라한에게 공양하는 것만 못하며,

십억의 아라한에게 공양하는 것이 한 분의 부처님에게 공양하는 것만 못하며,

천억의 부처님께 공양하는 것이 한 사람의 생각 없고(無念) 머묾 없으며(無住) 닦음 없고(無修) 얻음 없는 성자(無得)에게 공양하는 것만 못하다."

다음은 스무 가지 하기 어려운 일에 대하여 말씀하십니다.

(12) 난중지행(難中之行)
"사람에게 스무 가지 하기 어려운 일이 있다.
① 가난하면서 보시하기 어렵고
② 부귀하면서 도를 배우기 어려우며
③ 일부러 목숨을 버려 죽기 어렵고
④ 부처님의 경전을 얻어 보기 어려우며
⑤ 부처님 계실 때 태어나기 어려우며
⑥ 색심과 욕심을 참기 어렵고
⑦ 좋은 것을 보고 탐내지 않기 어려우며
⑧ 모욕을 당하고 화내지 않기 어려우며

⑨ 힘을 가진 사람이 남을 억누르지 않기 어려우며

⑩ 일을 만나서 무심하기 어렵다.

⑪ 널리 배우고 연구하기 어렵고

⑫ 아만심을 없애기 어려우며

⑬ 무식한 사람을 업신여기지 않기 어렵고

⑭ 마음을 평등하게 가지기 어려우며

⑮ 옳고 그름을 말하지 않기 어렵다.

⑯ 선지식을 만나기 어렵고

⑰ 도를 배워서 견성하기 어려우며

⑱ 환경을 따라 마음이 움직이지 않기 어려우며

⑲ 방편을 잘 알아서 쓰기 어렵다."

다음은 숙명통을 이루는 방법입니다.

(13) 정심수지(淨心守志)

"어떻게 해야 숙명통을 얻을 수 있으며 궁극의 진리를 깨달을 수 있습니까."

"깨끗한 마음으로 뜻을 지키면 궁극의 진리를 깨달을 수 있다. 마치 거울을 닦음에 때가 없어져 밝아지는 것과 같으니, 욕심을 끊고 구함이 없으면 곧 숙명통을 얻게 된다."

다음은 어떤 것이 착하고 힘이 센 것인지 일러주었습니다.

(14) 진선구도(眞善求道)

"무엇이 착한 것이며 무엇이 가장 큰 것입니까?"

"도를 행하고 참(眞)을 지키는 것이 착한 것이요, 뜻과 도와 하나가 되는 것이 큰 것이다."

다음은 잘 참고, 열심히 쉬지 않고 수행하는 방법에 관한 말씀입니다.

(15) 인욕정진(忍辱精進)

"무엇이 힘센 것이며 무엇이 가장 밝은 것입니까?"

"욕됨을 참는 것이 힘센 것이니 악한 마음을 품지 않으므로 마음이 편안하고 몸이 건강하며, 참는 사람은 악한 마음이 없으므로 반드시 사람들의 존경을 받는다. 마음의 때가 다하여서 깨끗해 더러움이 없으면 이것이 가장 밝은 것이니, 하늘과 땅이 생기기 전부터 오늘까지 온누리 있는 바를 보고 듣고 깨닫지 못함이 없기 때문이다."

다음은 애욕과 견도에 관한 말씀입니다.

(16) 애욕심탁(愛欲心濁)

"사람이 애욕의 마음을 품으면 도를 볼 수 없는 것이 마치 맑은 물에 손을 넣어 저어 버리면 많은 사람들이 와서 아무리 들여다보아도 그림자를 볼 수 없는 것과 같다. 사람이 애욕에 얽히어 마음이 흐려지므로 도를 볼 수 없는 것이니 너희들 사문들은 마땅히 애욕을 버려라. 애욕의 때가 다해야만 도를 볼 수 있느니라."

(17) 견도암광(見道暗光)

"도를 보는 자는 마치 횃불을 들고 어두운 방에 들어가면 어두움은 곧 사라지고 밝음만 홀로 남는 것과 같으니 도를 배워서 진리를 보면 무명은 곧 사라지고 지혜의 밝음만이 영원히 남는 것과 같다."

다음은 생각을 다스리는 법을 말씀하셨습니다.

(18) 무념이행(無念而行)

"나의 법은 생각하되 생각함이 없이 생각하며, 행하되 행함이 없이 행하며, 말하되 말함이 없이 말하며, 닦되 닦음이 없이 닦는 것이다. 이 이치를 아는 사람은 진리와 가깝지만 모르는 사람은 더욱 멀어진다."

(19) 관천지념(觀天地念)

"하늘과 땅을 살피어 덧없다고 생각하고 세계를 살피어 덧없다고 생각하고 신령스런 마음이 곧 깨달음이라고 살펴보라. 이와 같이 알면 빨리 도를 얻을 것이다."

다음은 무아와 명예에 대한 법문입니다.

(20) 자체무아(自體無我)

"몸을 이루는 4대가 제각기 이름만 있을 뿐 자체가 없다고 생각하라. 자체가 없으므로 그것은 허깨비와 같으니라."

(21) 구명피로(求名疲勞)

"사람이 욕망을 따라 이름을 구하지만 이름이 드러나면 몸은 벌써 늙어 버리는 것이다. 세상의 이름만을 탐하고 도를 배우지 않으면 헛되이 몸만 피로하게 할 것이니 마치 향을 살라 향냄새를 맡지만 향이 다 탄 뒤에는 몸을 태울 수 있는 불이 그 뒤에 남아 있는 것과 같다."

다음은 재색, 탐욕에 대한 법문입니다.

(22) 재색선인(財色善刃)
"재물과 이성을 사람들이 버리지 못함이 마치 칼날 끝에 묻어 있는 꿀을 탐하는 것 같다. 한 번 먹을 것도 못 되지만 어린 아이가 핥으면 곧 혀가 끊어지고 만다."

(23) 탐욕약니(貪慾溺泥)
"사람들이 처자와 가정에 얽매이는 것이 감옥보다 심하니 감옥은 풀려날 때가 있지만 처자는 멀리 여읠 생각이 나지 않는 까닭이다. 애욕의 세계에 빠져 버리면 다른 데 머리를 돌릴 수 없으니, 비록 호랑이에 잡혀 먹히더라도 그 마음은 달게 여겨진다. 이것은 진흙 속에 스스로 몸을 던져 빠지는 것과 같으니 이러한 사람을 범부라 하고 애욕(愛慾)의 문을 뛰쳐나와 모든 번뇌의 티끌을 벗어난 이를 아라한이라고 한 것이다."

다음은 이성에 대한 법문입니다.

(24) 색욕최강(色欲最强)
"애욕은 이성에 대한 욕망보다 강한 것이 없다. 이성에의 욕망은 커서 끝이 없으니 마침 하나뿐이어서 그만이지 같은 것이 두 가지라면 온 세상 사람들 가운데 도를 이루는 사람이 하나도 없을 것이다."

(25) 애욕소수(愛慾燒手)

"애욕에 빠진 사람은 마치 횃불을 들고 바람을 거슬러 가다 반드시 손을 태우는 화를 입는 것과 같다."

(26) 혁낭중예(革囊衆穢)

하늘 신이 아름다운 여자를 부처님께 보내 부처님의 뜻을 깨뜨리려 하자 부처님께서 말씀하셨다.

"온갖 더러운 것을 꾸려 싼 가죽주머니가 내게 와서 어찌하자는 것이냐." 하니

하늘 신이 듣고 더욱 공경하였다.

다음은 비유법문입니다.

(27) 유목여행(流木如行)

"도를 닦는 사람은 마치 물에 뜬 나무가 물결 따라 흘러가는 것과 같으니, 나무가 양쪽 언덕에 닿지 않고 사람 손에 잡히지도 않고 귀신에게 가로막히지 않고 소용돌이에 머물지 않고 또한 썩지도 않으면 이 나무는 반드시 바다에 들어갈 것이다. 도를 배우는 사람이 정욕에 빠지지 않고 모든 삿된 도에 휘말리지 않고 정진하여 함이 없는 곳(無爲處)에 이르면 이 사람은 반드시 도를 얻게 될 것이다."

(28) 신물견색(愼勿見色)

"너의 뜻은 믿을 수 없으니 너의 뜻을 삼가 믿지 말라. 이성을 항상 멀리 해야 하니 이성을 가까이 하면 화가 생길 것이다. 아라한과를 얻은 뒤라야 너의 뜻을 믿을 수 있을 것이다."

(29) 여연화불착수(如蓮華不着水)

"이성을 삼가 보지 말고 함께 말하지 말라. 만약 함께 말하는 사람은 바른 마음으로 이렇게 생각해야 한다. 나이 많은 사람은 어머니나 누님처럼, 나이 적은 여인은 누이동생이나 딸처럼 생각하여 그들을 제도할 마음을 낼지언정 옳지 못한 생각을 품어서는 아니 된다."

(30) 피욕건초화(避欲乾草火)

"도를 닦은 사람은 마치 마른 풀을 몸에 두른 사람이 불길을 멀리 피하듯 반드시 욕심을 멀리 해야 한다."

(31) 사심단음(邪心斷婬)

어떤 사람이 음욕이 그치지 않는 것을 걱정하여 스스로 신(腎)을 끊고자 하므로 이렇게 이야기해 주었습니다.

"신을 끊는 것은 마음을 끊는 것만 같지 못하니 마음은 부리는 자와 같아서 부리는 자를 그쳐 버리면 따르는 자는 모두 따라서 그친다. 삿된 마음을 그치지 않으면 신을 끊은들 무슨 이익이 있겠는가."

부처님께서는 옛 가섭 부처님의 게송을 말씀하셨습니다.

"욕심은 네 뜻에서 생겨 나오고
너의 뜻은 생각에서 나오나니
생각과 뜻 두 마음이 고요해지면
색욕도 아니요 음행도 아니네."

(32) 애욕생우(愛欲生憂)

"사람은 애욕을 좇아 근심이 생기고 근심을 좇아 두려움이 생긴다. 만약 애욕을 떠나면 무슨 근심과 두려움이 있겠는가."

(33) 진중한마(陳中限魔)

"도를 닦는 자는 마치 한 사람이 만 사람과 더불어 싸울 적에 갑옷을 걸치고 싸움터로 나가매 어떤 사람은 미리 겁을 집어 먹고 어떤 사람은 도중에서 물러나고 어떤 사람은 싸우다 죽지만 어떤 사람은 마침내 이기고 돌아오는 것과 같다.

사문이 도를 배움에 마땅히 그 마음을 굳게 가져서 용맹 정진하여 나타나는 경계를 두려워하지 않으면, 모든 마구니를 깨뜨리고 깨달음을 얻게 될 것이다."

다음은 중도에 관한 말씀입니다.

(34) 중도탄금(中道彈琴)

어떤 사문이 밤에 가섭부처님의 유교경(遺敎經)을 외우는데 그 소리가 슬프고 느리며 꾸준히 나아가지 못하고 뒤로 물러설 생각을 품으므로 부처님께서 말씀하셨습니다.

"거문고 줄이 너무 팽팽하거나 느슨하면 소리가 나지 않듯 도를 배우는 것도 그와 같아서 마음이 고르고 알맞으면 도를 깨달을 수 있다."

(35) 구염청정(垢染淸淨)

"어떤 사람이 쇠붙이를 녹여 찌꺼기를 버리고 두들겨 그릇을 만들면 그 그릇이 정교하고 좋은 것 같이, 도를 배우는 사람도 마음의 더러운 때를 버리면 그 수행이 깨끗해지는 것이다."

(36) 인명수유(人命須臾)
부처님께서 어떤 사문에게 물으셨습니다.
"사람의 목숨이 얼마 사이에 있는가?"
"며칠 사이입니다."
"너는 아직 도를 모른다."
다시 한 사문에게 물으셨습니다.
"사람의 목숨이 얼마 사이에 있는가?"
"밥 먹을 사이입니다."
"너도 아직 도를 모른다."
다시 또 한 사문에게 물으셨습니다.
"사람의 목숨이 어느 사이에 있는가?"
"숨 한번 내쉬는 사이에 있습니다."
"착하고 착하다. 너는 도를 바로 알았다."

다음은 구도자의 자세에 대한 말씀입니다.

(37) 필종경전(必終經典)
부처님은 말씀하셨습니다.
"도를 닦는 사람은 마치 벌꿀을 먹으면 복판(중간)이나 겉(가장자리)이 모두 단 것과 같다. 나의 경전도 그러하여 그 이치는 모두 상쾌하며, 행하는 사람은 도를 얻을 수 있다."

(38) 도인단욕(道人斷欲)
"도를 닦는 사람은 애욕의 뿌리를 뽑는 것이 마치 달려 있는 구슬을 딸 적에 하나하나 그것을 따면 반드시 다할 때가 있는 것과 같아서, 악이 다하면 도를 얻게 된다."

(39) 학불여밀(學佛如蜜)

"여래의 도를 배우는 자는 여래의 가르친 바를 모두 믿고 따라야 한다. 마치 꿀을 먹으면 중간도 달고 가장자리도 단 것과 같이 나의 경도 또한 그와 같다."

(40) 진도이행(眞道異行)

"사문이 도를 행하는데 있어 억지로 연자매(곡식을 찧는 방아)를 끄는 소와 같이 몸은 비록 도를 행하는 척하나, 마음의 참 도는 행하지 않는 거짓 꾸미는 수도를 해서는 안 된다. 마음의 참 도를 행하면 따로 도를 행하려고 할 필요가 어디 있겠는가."

(41) 직심념도(直心念道)

"도를 닦는 사람은 마치 소가 무거운 짐을 지고 가다가 깊은 진흙 수렁 속에 빠졌을 때 아무리 피로해도 좌우를 돌아보지 않고 진흙 수렁을 빠져나와야만 숨을 돌려 쉬는 것 같이 해야 된다."

(42) 견명극진(見名隙塵)

"나는 왕의 자리를 문틈에 지나가는 먼지로 보며
금과 옥의 보배를 기와 자갈처럼 보며
흰 비단을 떨어진 누더기로 보며
대천세계를 작은 겨자씨로 보며
큰 바닷물을 발에 바르는 기름처럼 보며
방편으로 여는 문을 변화한 보배 무더기로 보며

위없는 진리(無上乘)를 꿈속의 비단과 금으로 보며
불도(佛道)를 허공의 꽃처럼 보며
선정을 우뚝 선 수미산처럼 보며
열반을 밤낮으로 깨어있는 것으로 보며
삿되고 바른 것을 여섯 용이 춤추는 것으로 보며
이기고 지는 세상의 변화를 철따라 피고 지는 꽃과 같이 본다."

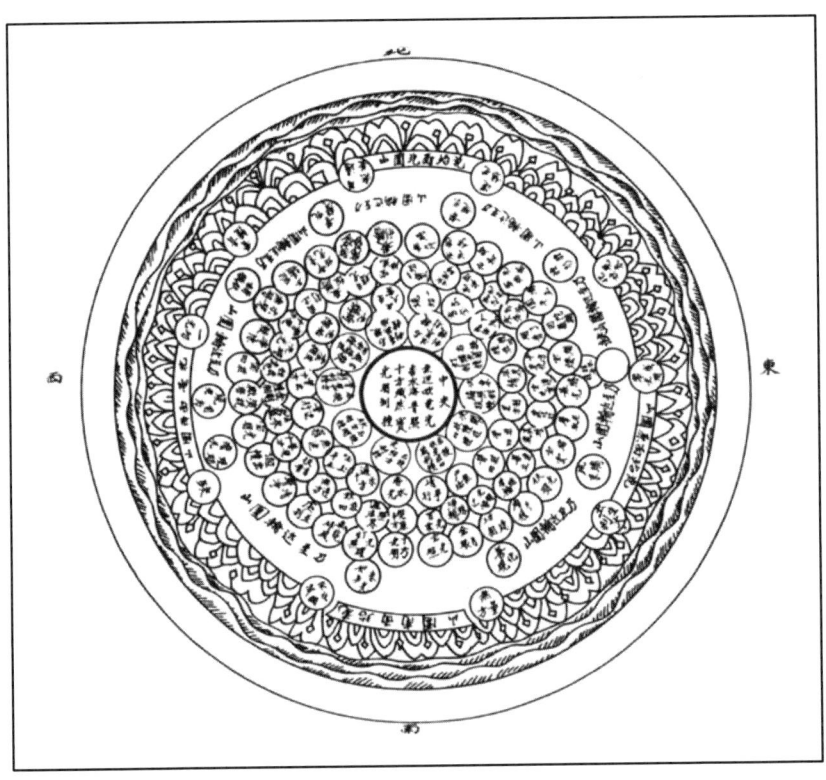

제60강 반열반(般涅槃)

　이렇게 42장경과 유교경을 통해 장차 모든 제자들이 어떻게 살아갈 것인가의 길을 밝힌 부처님은 아난존자를 보고 마지막 의심스러운 것이 있으면 물으라 하였습니다.

1. 아난다의 의심

　"부처님, 비구는 혼자 살아야 하기 때문에 여자관계가 매우 복잡합니다. 여자를 어떻게 대하여야 합니까?"

　"대체로 비구는 여자를 만나지 않고 보지 않는 것이 좋다. 만일 보더라도 서로 이야기하지 말고, 부득이 이야기하게 될 때는 자기보다 나이가 많은 사람은 어머니 혹은 누이로 대하고, 손아래 되는 사람은 동생처럼 대하고, 아주 어린 사람은 딸 혹은 손녀로 대하라. 왜냐하면 여자는 정으로써 통하면 계를 망치고 몸을 망치는 까닭이다."

　"부처님께서 열반에 드시면 어떻게 장례를 치러야 할까요?"

　"여래와 벽지불, 기타 불제자는 전륜성왕의 장례의식과 같이 해야 한다. 먼저 향물로 온 몸을 씻은 다음 깨끗한 솜으로 몸을 싸고 그 위에 모단(毛緞)을 두른 뒤 영구는 금관에 넣고 피마자기름을 뿌린 다음 그 금관을 철곽에 담고 철곽을 마지막 전단향곽에 넣어라. 그리고 화단(火壇)은 여러 가지 이름의 향나무로 쌓고 그 위에 관을 놓아 다비(茶毘＝화장)하여 장례를 치러라.

다 탄 다음에는 사리(舍利＝유골)를 거두어 10자 길목에 4등분하여 탑묘를 세워라. 후세에 사람들이 지나가다가 그것을 보면 저절로 착한 마음을 낼 것이다.”

부처님께서 이와 같이 소극적인 여성관이나 형식적 장례의식을 이야기하신 것은 자기 자신이나 전륜성왕 혹은 벽지불, 불제자들을 위해서가 아니라 오직 말세 중생들을 위한 한 방편에 불과했습니다.

그러나 아난다는 이 말을 듣고 슬픔에 복받쳐 세존의 침상을 등지고 흐느껴 울었습니다.

부처님은 아난을 부르고 타이르듯 말했습니다.

“아난다야, 슬퍼하지 말라. 만나는 자는 반드시 이별이 있다고 늘 말하지 않았느냐. 나는 오늘밤 최후에 대열반에 들 것이니 나가서 말하라. 사람들에게 마지막 친견코자 하는 자가 있으면 와서 친견하라고….”

아난다는 억지로 울음을 그치고 공회당으로 나와 이 소식을 전했습니다. 사람들은 모두 놀라며 너도나도 머리를 헤치고 울며 부처님의 발밑에 절했습니다. 그러나 한 사람씩 절을 하다가는 날이 새어도 끝이 나지 않겠기 때문에 가족 단위로 절을 하여 그 날 밤 제1각에야 겨우 끝났습니다.

2. 수발타라의 제도

그 때 헐레벌떡 군중 속을 헤치며 뛰어오는 한 백발노인이 있었습니다. 아난다는 부처님께서 너무 괴로워하실까 염려하여 그를 들여보내지 않자,

"백세나 되는 늙은이가 불원천리(不遠千里)하고 세존을 뵈러 왔는데 안 된단 말이 웬 말입니까?"

하고 한참 시비가 일었습니다. 그 때 세존께서 그 소란한 소리를 듣고,

"무엇 때문인가?"

물으셨습니다. 사실대로 여쭈니,

"내 지금 그를 기다리고 있노라"

하여 수발타라는 기뻐 어찌할 바를 모르고 부처님의 발에 절하고 우러러 뵈었습니다.

"세존님, 저는 세존님과 논쟁하려고 온 것이 아니고 의심이 있어 물으러 왔습니다. 이 세상에 모든 사문과 바라문과 그 밖의 외도들이 모두 제각기 자기만이 일체의 지혜를 가졌고 자기 이외의 모든 종파는 다 사교라 합니다. 그러니 어떤 것을 진짜 사문이라 하고 어떤 것을 진짜 해탈이라 합니까?"

세존은 퍽 기뻐하셨습니다. 이것은 45년 설법의 맨 마지막 종합적인 물음이고 모든 사람들이 다 같이 의심하고 있는 문제이기 때문입니다.

"어떠한 법이라도 그 법(法) 가운데 바를 정(正)자가 있으면 정도(正道)이고 바를 정자가 없으면 사도(邪道)이다. 하물며 거기 일체지(一切智)가 있고 해탈지(解脫智)가 있다면 더 말 할 것이 있겠느냐."

하고 8정도를 낱낱이 설명하여 주셨습니다. 수발타라는 밝고 명랑한 얼굴로 부처님을 바라보며 한 가지 청을 더 하였습니다.

"세존님, 제가 비록 늙었으나 부처님의 법을 다 얻고자 하오니 허락하여 주옵소서."

부처님은 쾌히 승낙하고 그의 청을 따라 3귀의 5계를 주었습니다. 그리고 아난다에게 말했습니다.

"아난다야, 내가 수발타라에게 즉석에서 출가를 허락하는 것은 그의 근기가 성숙하여 능히 불도를 감당할 만하기 때문이다. 그러나 앞으로 외도로서 불도에 귀의하고자 하는 자가 있으면 적어도 4개월간 경전과 승가의 범절을 익힌 뒤에 그의 진실됨이 발견되면 계를 주어 입교시키도록 하라. 나의 법이 오래가면 갈수록 외도가 나의 옷을 입고 나의 법을 어지럽게 할 것이다. 너희들의 지혜로써는 아직 어리석은 중생들의 몸과 마음을 한 번에 보아 알기 어렵기 때문이다."

수발타라는 부처님의 자비 교화를 받고 백세 늙은 몸으로 불제자가 되었으나 차마 부처님의 열반하시는 모습을 자기 눈으로는 볼 수가 없다 하여 부처님께 허락을 얻은 뒤 단정히 앉아 그 자리에서 열반에 들었습니다. 참으로 보기 드문 일입니다. 옛말에 '아침에 도를 듣고 저녁에 죽어도 좋다' 하였는데, 곧 수발타라를 두고 한 말이 아닌가 생각됩니다.

3. 부처님의 반열반

부처님은 마지막으로 물을 만한 모든 것을 빠짐없이 물어 뒤에 후환이 없게 하라 하였습니다.

"비구들아, 만약 마음에 무슨 의심이 있으면 물으라. 뒤에 내가 없을 때 들었더라면 좋았을 것을 후회하는 일이 있으면 아니 된다."

아난다가 다시 한 번 대중을 위해 물었습니다.

"세존님, 세존님께서 생존하실 때는 세존을 스승으로 삼아 왔으나 열반에 드신 뒤에는 누구로서 스승을 삼으리까? 또 수행의 근본은 무엇으로 삼고, 6군(群) 비구는 무엇으로서 다스리며, 경전은 어떻게 결집하면 좋겠습니까?"

"너희들은 내가 죽은 뒤 스승이 없어졌다고 생각해서는 안 된다. 내가 말한 법과 율이 너희들의 스승이다. 이 법에는 스스로를 이롭게 하고 남도 이롭게 하는 법이 모두 갖추어져 있다. 나는 인간과 천상에 있어 이미 제도할 만한 모든 것을 다 제도하였고 아직 구제되지 않은 자도 구제받을 수 있는 인연을 맺어 놓았다. 이제부터 너희들은 스승과 제자가 서로 아끼며 이 법을 전해가면 여래의 법신(法身)이 항상 존재하여 멸망하지 아니할 것이다.

또 수행에 있어서는 4념처(身·受·心·法)로써 근본을 삼고 6군(群)비구는 좋은 말로 일러 듣지 아니하면 경고하고, 경고해도 듣지 아니하면 묵언(默言)으로서 대하라.

경전의 결집은 반드시 그 경전 머리에 '이렇게 내가 들었다. 어느 때 부처님께서 어느 곳에서 누구누구와 함께 누구누구를 위해서 설했다'라고 쓰고 맨 끝에는 '모든 대중이 즐거운 마음으로 듣고 믿고 받아 받들어 행했다'라고 쓰라."

말을 끝낸 부처님은 고요히 계시는데, 유독 신색이 밝고 광채가 났습니다. 아난다가 이상히 여겨 물었습니다.

"세존님, 제가 여래를 25년 동안이나 모셔 왔지만 오늘처럼 성안(聖顔)에 광채가 찬란히 빛난 일이 일찍이 없었습니다."

"오, 아난다야, 여래의 얼굴에 비친 빛은 두 가지 까닭이 있다. 첫 번째는 위 없는 정각을 이루었을 때이고, 두 번째는 성명(性命)을 여의고 열반에 들 때다. 그 동안 아난다는 여래의 시봉에 수고가 많았다. 너는 변치 않는 무한의 자애와 친절한 몸과 입과 뜻으로 여래를 잘 섬겨온 지 오래이므로 너는 복덕을 많이 쌓았으니 게을리 하지 말고 열심히 공부하라. 그리하면 머지않아 출리를 얻을 것이다."

그리고 또 말씀하셨습니다.

"내가 입멸한 뒤에 나의 탄생지와 성도지, 초전법륜지, 열반지 등 이 네 곳은 장차 신앙을 가진 사람들의 예배처가 될 것이니 소홀히 하지 말라."

과연 그곳은 부처님의 유언과 같이 탄생지인 까삘라국의 룸비니공원과 성도지인 마가다국의 붓다가야 보리수 및 초전법륜지인 바라나시의 녹야원, 마지막 열반지인 쿠시나가라의 사라쌍수는 불적의 4대성지로 세계 모든 불자들이 순례지가 되고 있습니다.

그 뒤 부처님은 4선8정을 통해 세 번이나 오르내리다가 그만 반열반에 드셨습니다. 때는 서력 기원전 486년 2월15일 만월일(滿月日)이었습니다.

중국과 우리나라에서는 이렇게 해서 열반하신 부처님의 일생을 다음과 같이 모두 8상(相)으로 나누어 설명하고 있습니다.

① 도솔내의상(兜率來儀相) : 도솔천으로부터 강생, 어머니의 태에 드신 것

② 비람강생상(毘藍降生相) : 어머니의 태로부터 룸비니 공원에서 탄생하신 것

③ 사문유관상(四門遊觀相) : 궁중의 4문을 구경하고 생로병사를 통감하신 것

④ 유성출가상(踰城出家相) : 궁중의 성을 넘어 설산으로 출가하신 것

⑤ 설산수도상(雪山修道相) : 29세에 출가하여 6년 동안 설산에서 수도하신 것

⑥ 수하항마상(樹下降魔相) : 보리수 밑에서 온갖 번뇌를 항복받고 위없는 정각을 이루신 것

⑦ 녹원전법상(鹿園傳法相) : 베나레스에서 5비구를 제도하고 세계인들을 위해 일생 동안 진리를 전한 것

⑧ 쌍림열반상(雙林涅槃相) : 사라나무 사이에서 구원법신(久遠法身)의 진리에 안주(安住)하신 것

4. 분신사리(分身舍利)

(1) 곽시쌍부(廓示雙趺)

부처님의 시신(尸身)은 법식대로 잘 모셔 천관사(天冠寺) 화장터로 옮겨졌습니다. 그런데 그 때 대카샤파 존자가 바파성으로부터 쿠시나가라성으로 가는 도중 5백 제자와 함께 한 숲속에서 쉬고 있었는데 나행자(裸行者) 한 사람이 한 손에 만다라(曼陀羅) 꽃을 들고 쿠시나가라성 쪽에서 걸어왔습니다.

"어디에서 오십니까?"

"쿠시나가라성에서 옵니다."

"그럼 우리 부처님의 소식을 들으셨습니까?"

"그분은 벌써 열반에 드신 지 여러 날이 되었습니다. 나도 거기서 이 꽃을 얻었습니다."

이 말을 들은 대카샤파 존자는 크게 놀라며 비구들을 데리고 급히 천관사로 달려 갔습니다.

다비일(茶毘日)이 되어 천관사에서는 말라나국의 족장 4사람을 시켜 불을 붙였으나 전혀 타지 않으므로 우팔리가 보고,

"이는 분명 카샤파존자가 오시지 않은 까닭이니 기다려 보자."

하고 있을 때 곧 카샤파존자가 당도하였습니다. 카샤파는 그의 제자들과 함께 오른쪽으로 세 번 돌고 부처님의 발에 절한 다음 비통한 소리로,

"세존이시여, 어찌 이렇게 빨리 대열반에 드셨나이까? 세존의 열반이 너무도 빠르지 않습니까?"

하니 부처님은 그의 두 발을 관 밖으로 쑥 뻗어 내놓으셨습니다. 왜 그랬을까요? 이것은 여러분이 각자 꿰뚫어야 할 관문(關門)의 하나입니다. 만일 이 한 도리를 터득한다면 8만4천 법문이 시루 위의 떡이요 소반 위의 밥입니다.

(2) 분신사리(分身舍利)

대카샤파의 예배가 끝나자 부처님의 시신은 곧 점화되었습니다. 관곽은 순식간에 깨끗이 타 숯덩이 하나도 남지 않았습니다. 그런데 그 속에서 이상한 광명이 쏟아져 나왔습니다.

그것은 부처님의 유해가 낱낱이 정골사리(精骨舍利)로 변해 있었기 때문입니다.

'사리(Sarira·舍利)'란 신골(身骨)·유신(遺身)·영골(靈骨)이라 번역하니 타고 남은 뼈라고 하여야 옳은 말입니다. 그러나 오늘날 우리가 이해하고 있는 사리는 작은 구슬 모양으로 된 정골사리입니다. 대개 이러한 사리는 6바라밀의 공덕으로 생기며, 계·정·혜(戒·定·慧)로 훈수(勳修)하여 생긴다 하였는데, 불전에서는 전신(全身)사리, 쇄신(碎身)사리, 생신(生身)사리, 법신(法身)사리 4가지로 구분하여 설명하고 있습니다.

전신사리는 다보부처님(多寶佛)과 같이 온 몸이 그대로 사리인 것이고,

쇄신사리는 샤카무니부처님의 사리와 같이 몸에서 나온 낱알의 사리를 말하며,

생신사리는 여래가 멸도하시기 전 머리카락, 손톱, 발톱 등 유물을 남겨 인(人)·천(天)이 공양케 한 것이고,

법신사리는 8만 대장경과 모든 경전을 곧 사리로 간주하는 것입니다.

그런데 부처님께서는 쇄신사리가 수없이 쏟아져 나와 부처님의 상례에 참석했던 여러 나라의 대신들은 이것을 보고 각기 자기들의 인연을 내세워 가지고 가려고 주장했습니다. 마가다국 아사세왕과, 베살리성의 이차족, 라마가국(羅摩伽國)의 사람들은 '부처님도 우리와 같은 찰제리족이므로 우리가 모셔야 한다' 하고, 까삘라국의 싸끼야족은 '부처님은 우리나라 출신이니 우리가 모셔야 한다' 하고, 또 쿠시나가라국의 말라족은 '부처님은 우리 땅에서 돌아가셨으니 우리가 모셔야 한다'고 제각기 주장하였습니다.

이때 향성(香姓) 바라문과 성연(性烟) 바라문, 돌로나(突路拏) 바라문들이 이 광경을 보고 큰 소리로 외쳤습니다.

"여러분, 우리 부처님은 오직 자비와 평등, 인욕으로서 일체중생을 제도하셨습니다. 그런데 이 평화의 성자 앞에서 그의 사리를 놓고 4성을 논하고 연고를 따져 서로 시비를 논한다면 결국 부처님의 명예를 더럽히는 일밖에 안됩니다. 그러니 부처님의 사리를 똑같이 분배하여 나누어 봉안하도록 합시다."

이 말에 모든 군신들이 동의하여 부처님의 사리를 마가다국의 아사세왕과 베살리성의 이차족, 암마라할파국의 발이족(跋離族), 까삘라국의 샤카족, 라마가국의 식이족, 페슬노의 바라문족, 바파성의 말라족, 쿠시나가라국의 말라족이 똑같이 여덟 등분하여 나누고, 향성 바라문은 사리를 담았던 항아리를 가져갔는데 필발라국의 모리야족이 너무 늦게 와서 화장터에 흩어진 재를 모아 가니 전인도에 부처님의 사리탑은 8개, 병탑 1개, 재탑 1개 하여 모두 열개의 탑이 생기게 되었습니다.

5. 경(經)과 율(律)의 결집

(1) 3장의 결집

부처님의 입멸 소식이 전해지자 사방에서 모여든 수만 명 비구들은 모두 비탄에 빠져 슬퍼하고 있는데, 그 가운데서 오직 선현(善現)이라는 비구가 홀로 태연하게 말했습니다.

"여러분, 여러분은 무엇을 그렇게 걱정하는가? 부처님께서 계실 때는 이것은 해야 된다. 이것은 해서는 안 된다 하고 번거로운 제재를 받았다. 그러나 부처님께서 돌아가셨으니 하고 싶은 것은 하고, 하고 싶지 않는 것은 아니하면 되지 않겠는가. 오직 이것은 각자에게 있으니 걱정하지 말라.”

이 말을 들은 대카샤파와 아니룻다는 크게 놀라 기강을 바로 잡아 교단을 유지하는 데는 비법 비율이 세력을 얻기 전에 법률을 결정하지 아니하면 안 된다 생각하고 곧 아사세왕의 후원을 얻어 5백 나한의 대표자들을 죽림정사 서남쪽 7엽굴 석실에 모으고 토론하여 경률을 결집하였습니다.

제1 상좌에는 카샤파 존자가 좌정하고, 그 옆에는 계율을 가장 잘 알고 있는 우팔리 존자가 율의 송출자가 되고, 가장 불법을 많이 들은 아난 존자가 경의 송출자가 되어 들은 대로 때와 장소, 들은 사람들과 들은 법문 내용을 낱낱이 외우면 나머지 장로들이 그것을 인증하여 차례로 결집하였습니다.

그러나 이렇게 결집된 경률은 문자의 기록이 아니고 오직 입과 입을 통해서 구구전전(口口傳傳)하였으므로 때로는 문장에 착오가 생기고 때로는 그의 해석을 달리하는 사람들이 생기게 되어 불멸후 1백 년경부터 7백년 사이에는 제2·3·4 결집을 하게 되었고, 그 외에도 많은 논저(論著)가 나와서 경과 율을 해석하게 되었으니 이것이 3장(三藏 : 經·律·論)이 나오게 된 동기입니다. 그러므로 3장 중 경과 율은 부처님의 말씀이고 그것을 해석한 논은 후세 불자들의 논리입니다.

(2) 천태(天台)대사의 교상판석

중국 천태(天台)대사의 교상판석(敎相判釋)에 의하면 부처님께서 처음 성도 후 3·7(21)일 동안에 ≪화엄경(華嚴經)≫을 설하고,

깨달은 진리를 있는 그대로 모두 말해 마쳤으나 사람들이 그것을 잘 알아듣지 못했으므로 다시 퇴보하여 ≪아함경(阿含經)≫을 12년 동안 설하고, ≪방등경(方等經)≫을 8년 동안, ≪반야경(般若經)≫을 21년 동안, ≪법화경(法華經)≫을 8년 동안, 그리고 ≪열반경(涅槃經)≫을 하룻날 하룻밤 사이에 설하여 49년간 8만4천 법문을 하셨다 하여

아함십이방등팔(阿含十二方等八)
이십일재담반야(二十一載談般若)
종담법화우팔년(終談法華又八年)
시즉명위일대교(是則名爲一代敎)

라 하였습니다. 그러나 실제 부처님께서 법을 설한 시기는 45년이 되는데, 여기서는 49년으로 되어 있으니 재고해 보아야 할 일이지만 그러나 많은 사람들이 이것을 근거하여 불경을 해석하고 있으므로 잠깐 여기에서 소개한 것입니다.

6. 제일가는 제자들

부처님께서 45년간 제도하신 불교신도는 수백만에 달합니다. 그러나 그 가운데서도 가장 대표할 만한 열 사람을 뽑아 10대 제자라 합니다.

① 두타제일 마하카샤파 존자(頭陀第一 大迦葉尊者)
② 다문제일 아난존자(多聞第一 阿難尊者)
③ 지혜제일 사리풋다 존자(智慧第一 舍利弗尊者)

④ 해공제일 수보리 존자(解空第一 須菩提尊者)

⑤ 설법제일 푸루나 존자(說法第一 富樓那尊者)

⑥ 신통제일 목갈라나 존자(神通第一 目犍連尊者)

⑦ 논의제일 가전연 존자(論議第一 迦栴延尊者)

⑧ 천안제일 아나율 존자(天眼第一 阿那律尊者)

⑨ 지계제일 우팔리 존자(持戒第一 優婆離尊者)

⑩ 밀행제일 라훌라 존자(密行第一 羅睺羅尊者)

그런데 여기에 마하구치라(摩訶拘稀羅)와 마하겁빈라(摩訶劫賓那)를 더하여 12대 제자라 이르기도 합니다.

10대 제자 가운데 아난다와 아나율은 찰제리 출신이고, 수보리는 바이샤 출신이며, 우팔리는 수드라, 사리풋다와 목갈라나, 마하카샤파는 바라문 출신입니다.

또 비구니 제자들도 무시할 수 없는 활약으로 비구교단을 애호하였으나 지나치게 비구의 통제를 받아 겉으로 나타난 것이 없습니다. 그러나 기원정사 동북의 원원정사란 대도량이 있어 근 천여 명의 비구니가 항시 수행하고 있었습니다. 그 가운데 마하빠자빠띠 비구니가 최장으로 그들을 거느리셨는데 신통제일 연화색비구니, 선정제일 교담미비구니, 송경제일 법흥비구니, 숙명제일 묘현비구니가 이름이 높았고, 부처님의 재세시 부인으로 계시던 야소다라와 아난다를 사모하다 출가한 마등가도 다음 세상엔 모두 불과를 이루어 널리 중생을 제도할 것이라 하여 수기를 받았습니다.

BBS TV강의 (하)

활안스님 붓다를 말하다

發 行 日 | 2013년 8월 30일

발 행 처 | 불교통신교육원
편　　저 | 활안 한 정 섭

인　　쇄 | 이화문화출판사
02-732-7091~3

발행처 | 477-810　경기도 가평군 외서면 대성리 산 185번지
전　 화 | (02) 969-2410(금강선원)
등록번호. 76. 10. 20. 경기 제 6 호

값 15,000원